유아과학교육 강의계획안

주	강의주제	능력단위	능력단위요소	수행준거
1주	Chapter1 과학교육의 목적과 필요성	해당사항 없음	해당사항 없음	· 과학적 지식의 변화와 발전을 이해할 수 있다. · 과학의 본질과 특성을 이해할 수 있다. · 유아과학 교육과정의 방향을 이해할 수 있다.
2주	Chapter2 구성주의와 유아과학교육	해당사항 없음	해당사항 없음	· 구성주의와 객관주의 차이점을 이해할 수 있다. · 구서주의 유형을 이해할 수 있다. · 구성주의 이론에 기초한 과학교사의 역할을 이해할 수 있다.
3주	Chapter3 유아과학교육의 역사적 배경 및 최근동향	해당사항 없음	해당사항 없음	· 새과학운동의 필요성과 개혁기에 대한 이론을 탐구할 수 있다. · 유아과학교육의 현대적 의미를 해석할 수 있다.
4주	Chapter4 우리나라 유아과학교육의 발전과정	해당사항 없음	해당사항 없음	· 현대유아과학교육 내용을 분석할 수 있다. · 현대유아과학교육 과정의 변천과정을 사회학과 연결하여 이해할 수 있다. · 유아과학교육의 역사적인 배경을 이해할 수 있다.
5주	Chapter5 유아과학교육의 교수원리	유아과학교육 수원리와 방법 (0701040106-13V1)	과학활동 교수단계수립 (0101040106-13V1.3)	· 과학교육의 교수법을 이해할 수 있다. · 과학교사로서의 역할을 수행할 수 있다. · 과학교육의 교수단계에 따라 교수활동을 할 수 있다.
6주	Chapter6 유아과학교육을 위한 환경	유아과학교육 교수원리와 방법 (0101040106-13V1)	자연친화적 실내 · 외 환경구성 (0701040106-13V1.1.3 과학교육평가 (0701040106-13V1.3.)	· 자연친화적 환경을 구성할 수 있다. · 과학교육을 위한 평가 내용을 이해할 수 있다. · 환경평가(실내 · 외 안전, 교재교구안전, 동 · 식물의 안전)를 점검할 수 있다.
7주	Chapter7 유아과학교육을 위한 평가	유아과학교육 교수원리와 방법 (0701040106-13V1)	과학교육평가 (0701040106-13V1.3)	· 과학교육을 위한 평가내용(탐구기술, 탐구내용, 탐구태도)을 이해할 수 있다. · 환경평가(실내 · 외 안전, 교재교구안전, 동 · 식물의 안전)를 실시 할 수 있다.
8주	Chapter8 계절의 특징	과학교육의 실제내용과 방법 (0701040106-13V1)	계절의 특징에 따른 환경구성 (0701640106-13V1.3)	· 계절에 특징과 특성을 파악할 수 있다. · 계절과 연관된 사람, 동 · 식물 음식 의 특징을 이해한다.

주	강의주제	능력단위	능력단위요소	수행준거
9주	Chapter9 프로젝트 중심 과학활동의 실제	과학교육의 실제 내용과 방법 (0701040106-13V1.3)	생물(동 · 식물) 프로젝트 (0701040106-13V1.3)	· 동 · 식물에대한 주제를 선정하고 그에 따른 교수개념을 수립할 수 있다. · 동 · 식물 프로젝트 경험을 통해 탐구하는 태도를 갖도록 지도할 수 있다. · 동 · 식물에 대한 탐구활동을 과학적으로 조직할 수 있다.
10주	Chapter9 프로젝트 중심 과학활동의 실제	과학교육의 실제 내용과 방법 (0701040106-13V1)	무생물 (물 · 흙(돌)프로젝트) 0701040106-13V1.3)	· 물 · 흙(돌)에 대한 주제를 선정하고 그에 따른 교수개념을 수립할 수 있다. · 물 · 흙(돌)프로젝트 경험을 통해 탐구하는 태도를 갖도록 지도할 수 있다. · 물 · 흙(돌)에 대한 탐구활동을 과학적으로 조직할 수 있다.
11주	Chapter10 프로젝트 중심 과학활동의 실제	과학교육의 실제 내용과 방법 (0701040106-13V1)	기상(비.바람)프로젝트 (0701040106-13V1.3)	· 비와 바람에 대한 주제를 선정하고 그에 따른 교수개념을 수립할 수 있다. · 비와 바람프로젝트 경험을 통해 탐구하는 태도를 갖도록 지도할 수 있다. · 비와 바람프로젝트 활동계획안을 수립할 수 있다.
12주	Chapter11 프로젝트 중심 과학활동의 실제	과학교육의 실제내용과 방법 (0701040106-13V1)	공간(공기, 소리, 빛) 프로젝트 (0701040106-13V1.3)	· 공기 · 소리 · 빛에 대한 주제와 교수개념을 수립할 수 있다. · 공기 · 소리 · 빛 프로젝트 경험을 통해 탐구하는 태도를 갖도록 지도할 수 있다. · 공기 · 소리 · 빛 프로젝트 활동계획안을 수립할 수 있다.
13주	Chapter13 프로젝트 중심 과학활동의 실제	과학교육의 실제 내용과 방법 (0701040106-13V1)	감각(후각, 미각, 촉각, 무게, 색) 프로젝트 (0701040106-13V1.3.3)	· 후각 · 미각 · 촉각 · 무게 · 색에 대한 활동자료를 적절하게 배치할 수 있다. · 후각 · 미각 · 촉각 · 무게 · 색 프로젝트 경험을 통해 탐구하는 태도를 갖도록 지도할 수 있다. · 후각 · 미각 · 촉각 · 무게 · 색 프로젝트 활동계획안을 수립할 수 있다.
14주	Chapter13 주제중심 과학활동의 실제	과학교육의 실제 내용과 방법 (0701040106-13V1)	주제중심과학 프로젝트 (0701040106-13V1.3)	· 주제중심과학 프로젝트를 통해 유아의 흥미와 요구를 고려하여 적절한 시기에 개방적인 질문을 할 수 있다.
15주	Chapter13 주제중심 과학활동의 실제	과학교육의 실제 내용과 방법 (0701040106-13V1)	주제중심과학 일일교육활동 (0701040106-13V1.3)	· 주제중심과학 일일교육활동의 목표와 내용에 근거하여 편성, 운영, 평가를 할 수 있다. · 주제중심과학 일일교육활동을 위한 주간계획안을 작성할 수 있다.

유아과학교육

이기현

SCIENCE IN EARLY CHILDHOOD EDUCATION

양성원

머리말

유아기 특징을 한 마디로 정의한다면 호기심의 시기라고 할 수 있습니다. 이러한 호기심은 특히, 유아들로 하여금 끊임없이 무엇인가를 탐구하도록 자극하는 원천이 됩니다. 우리는 지금까지 과학의 원천이 되는 유아들의 탐구심을 과학과 연결시키기 위한 작업으로 "가르친다"는 것에 충실해 왔습니다. 그러나 21세기에 이르러 바이오, 나노, 인지과학(BINC), 인공지능(AI), 등의 비약적인 발달은 인류가 지금까지 유지해왔던 모든 종류의 과학적 기술과 방법을 송두리째 흔들어 놓게 되었습니다.

따라서 더 이상 유아들에게 과거와 같은 방법으로 과학을 가르친다는 것은 불가능하게 되었습니다. 왜냐하면 오늘날의 과학은 그 발전의 속도와 양 그리고 질적 수준의 변화가 대단히 빠를 뿐만 아니라, 지금까지 알고 있던 과학지식이 새로운 발견과 발명으로 인해 부정되거나 무용지물이 되기 때문입니다.

그러므로 21세기를 살아가는 오늘날의 유아에게 필요한 과학교육은 시대에 따라 변화될 수 있는 과학지식과 정보가 아닌, 과학에 대한 본질적이고 근본적인 개념을 유아 스스로 형성할 수 있도록 돕는 내용과 과정이어야 합니다. 여기서 본질적이고 근본적인 과학개념이란 우리가 살고 있는 자연(NATURAL)에 존재하는 절대적인 법칙을 말합니다.

그러므로 본 책에서는, 유아에게 필요한 과학교육은 구성주의 입장에서 과학은 자연을 탐구하는 과정이라는 전제하에, 과학교육을 계획하고 운영할 수 있는 지식, 기술, 태도를 습득할 수 있도록 하였습니다.

특히, 과학교육은 유아 스스로 과학적 개념을 발견하도록 한다는 통합적 구성주의 입장에서, 주제중심 과학교육에 대한 실제 프로그램을 예시하였습니다. 이를 통해, 유아교사가 적절한 교수계획과 방법을 수립하여 운영할 수 있는 지침이 되도록 하였습니다.

본 책의 내용은 모두 4개의 PART로 구성되어 있습니다.

PART I 에서는 과학교육의 목적과 필요성, 구성주의 개념, 유아과학교육의 관점에 대한 이론적 기초를 이해할 수 있도록 구성하였습니다.

PART II 에서는 유아과학교육의 역사적 배경과 최근 동향, 우리나라 유아과학교육의 변화 발전 방향을 고찰하는 내용을 수록했습니다.

PART III 에서는 유아과학교육의 교수원리와 방법, 유아과학교육을 위한 환경과 평가에 대한 내용을 알아볼 수 있도록 구성하였습니다.

마지막으로 PART IV 에서는 과학교육의 실제 내용과 방법, 주제중심 과학교육의 실제에 대한 구체적인 방법을 제시하였습니다.

이 책이 유아과학교육의 본질에 접근하고자 하는 교사, 대학에서 유아교육을 전공하는 학생, 이 분야에 관심을 가지고 있는 모든 관련 전문가, 그리고 대학원생에게 유익한 교재가 되기를 바랍니다.

이 책의 집필과정에서 사진자료를 정리해 준 이현아 선생, 대구대학교 사범대학 부속영광 유치원에서 실제 수업을 통해 수업모형을 제공해 준 정진희 선생과 원아들 그리고 언제나 무언의 격려로 힘이 되어 주고 있는 김종훈, 김종서에게 따듯한 감사와 사랑을 보냅니다.

끝으로 본 책이 나오기까지 기다려 주시고 성원해 주신 양성원 여러분께 진심으로 감사드립니다.

2016년 8월

이 기 현

목 차

PART Ⅰ

유아과학교육의 이론

유아들은 선천적으로 호기심을 가지고 태어난다. 특히, 유아들의 이러한 호기심은 인간 고유의 학습능력과 연관이 될 뿐만 아니라 그들의 생활환경을 탐구해가는 과정을 통해 자연스럽게 지적 호기심으로 발전한다. 즉 그들 주변 환경이 얼마나 지적 호기심을 자극할 수 있는 환경인가에 따라 유아들의 탐구활동은 민감하게 자극을 받게 된다.

따라서 유아과학교육이란, 교사가 유아들의 탐구활동의 특징을 이해하고 유아가 탐구해야 할 내용과 탐구과정을 잘 조직하여 유아에게 형식적 · 비형식적 탐구학습이 가능하도록 환경을 조성해주는 것이다.

PART Ⅰ에서는 유아과학교육의 기초 이해를 돕는데 목적을 두고 과학교육의 목적 및 필요성과 구성주의와 유아과학교육과의 관계에 대해 알아보고자 한다.

학습목표

1. 유아과학교육의 본질과 특성 및 유아과학교육의 방향을 이해한다.
2. 유아과학교육과 구성주의와의 관련성을 이해한다.
3. 구성주의에서 요구되는 유아과학교사의 자질을 이해한다.

주요 용어

유아과학교육, 과학의 본질, 유아의 호기심과 과학, 탐색활동, 과학적 소양, 과학의 방향, 구성주의, 인지적 구성주의, 객관주의, 사회문화적 구성주의, 통합적 구성주의, 구성주의적 과학교육

chapter 1

과학교육의 목적과 필요성

유아들이 호기심과 흥미를 가지고 무언가를 발견하고, 탐구하고, 조사하는 모습은 종종 과학자의 모습과 비유되곤 한다. 유아들은 마치 과학자들이 사고하듯 끊임없이 사고하고, 그러한 끊임없는 "사고"의 과정을 통해서 과학적 개념을 형성하게 된다. 결국 유아들에게 과학이란 발견인 동시에 과학적 사고의 형성인 것이다(이경우, 이정환, 1995; Howe, 1993).

따라서 과학 탐구과정은 새로운 지식을 산출해낼 수 있는 수단이 되기 때문에 유아과학에서 가장 중요하게 여기는 핵심사항이다. 이와 관련하여 최근 활발하게 연구되고 있는 구성주의적 관점은 새로운 사회 변화에 맞는 과학교육의 한 대안으로 크게 부각되고 있다. 이 관점은 1990년대 이후 교수-학습 방법의 두드러진 변화의 하나로 유아의 능동적인 사고 과정을 인식하고 격려하는 방법을 추구하는 것이다. 즉 과학적 지식이 외부적인 강화나 강요에 의해 교사로부터 유아에게 전달되는 것이 아니라, 과학적 지식은 유아 자신의 내면세계에서 자주적으로 구성된다는 점을 강조하는 것이다(유경숙, 1998; Good, 1996; Kamii & Devries, 1978; Piaget, 1970, 1973; Vygotsky, 1978).

여기서는 이러한 시각에 기초하여 지금까지의 과학교육에 대한 일반적인 생각을 검토해 보고 유아와 과학과의 관계를 살펴보기로 하겠다.

능력단위(분류번호)	• 해당사항 없음	
능력단위요소	• 해당사항 없음	
학습목표(수행준거)	• 과학적 지식의 변화와 발전을 이해할 수 있다. • 과학적 본질과 특성을 이해할 수 있다. • 유아과학의 특징과 방향에 대한 이해를 증진할 수 있다.	
지식(Knowledge)	기술(Skill)	태도(Attitude)
• 과학적 지식의 쇠퇴와 변화 이해 • 유아과학교육의 방향에 대한 이해	• 과학의 발전 방향 분석 및 진단능력 • 과학교육 내용 및 구성에 대한 진단능력	• 유아의 개별성을 존중하는 태도 • 과학교육 내용에 대한 개방적인 태도
수행내용	• 과학적 지식의 변화 • 과학의 본질과 특성 • 유아와 과학교육의 방향	

출처 : 국가직무능력표준(www.ncs.go.kr)

01 과학적 지식의 변화

1. 알고 있는 과학의 양

과학교육에 있어서 사실적인 지식의 양에 초점을 둔다면 가장 큰 어려움은 이제까지 알려진 정보의 양이다. 지금까지 알려진 과학의 양은 연구 분야만도 5만 가지가 넘는 것으로 알려져 있다(Hurd, 1990). 이제까지 알려진 과학 정보를 보고하기 위해 정기적으로 간행되는 전문잡지만도 12만 종류가 넘는 것을 감안한다면, 오늘날의 모든 과학을 습득하기 위해서는 한 사람이 1시간당 400만 단어를 읽어야 한다는 계산이 나온다(Hurd, 1985). 이와 같은 맥락에서 네이스비치(Naisbitt, 1982)는 매일 6,000~7,000종류의 과학 서적이 발행되고 있다고 보고 하였다. 그에 따르면,

『오늘날 과학적이고 전문적인 정보는 매년 13% 정도 증가하는데 이것은 매 5.5년마다 2배가 된다. 그러나 그 비율은 새롭고 좀 더 강력한 정보 시스템과 과학자의 수적 증가로 인해 아마도 곧 매년 40%로 증가될 것으로 예상된다. 그것은 데이터가 20개월마다 2배가 된다는 것을 뜻한다. 1985년까지 정보의 양은 약 4배 내지 7배가 될 것이다.』

이와 같은 견해를 따른다면 2020년까지 세계의 지식의 양은 73일마다 2배가 될 것이다. 이는 해마다 필요한 지식의 양이 3개월 반이 되면 2배가 된다는 것을 뜻한다. 이는 결국 오늘날 알려진 과학 지식의 양은 엄청나며, 동시에 매우 빠른 속도로 그 양이 증가한다는 것을 말하고 있는 것이다.

따라서 인간에게 알려진 과학의 양이 매우 많기 때문에 유아들의 경우, 성인도 모르는 질문을 하는 것은 전혀 놀라운 일이 아니다. 예를 들어 유아들에게 곤충의 성장 과정을 가르치게 되었다고 가정하자. 그러면 과학 시간에 애벌레의 변태 과정을 공부하고 이러한 과정을 딱정벌레나 나방, 나비 등에 적용시켜 관찰할 것이다. 이제 교사는 변태를 지도할 수 있는 준비가 된 것이다. 즉 애벌레가 나비가 된다는 변태를 실제

의 단원 자료를 가지고 수업을 한다. 그런데 이때 예상치 못하게 어떤 유아가 집게벌레에 대한 질문을 하였다고 하자. 아마도 그 유아의 집에서는 이 벌레가 많이 발견되었기 때문에 이런 질문을 하였을 수도 있다.그렇다면 이 상황에서 교사는 무엇을 해야 할까? 교사가 변태 과정에 대해서는 많이 알고 있지만 집게벌레에 대해서는 모른다면 어떻게 대답해야 하겠는가?

또 다른 예도 있다. 이번에는 간단한 연장을 다룬다고 가정하자. 유아들이 그들 자신의 기계를 고안할 때 한 유아가 기중기에 대해 질문하였다. 이때 교사가 기중기에 대해 모른다면 궁지에 빠지게 될 수도 있을 것이다. 그렇다면 교사는 과연 어떻게 해야 할까?

이와 같은 사례를 통해서 우리는 과학에 대해 아무리 많이 공부하고 배워도 결코 유아들의 호기심과 탐구심을 채워줄 수 없다는 사실을 알 수 있다(Martin, 1997, 임청환 역, 2000).

2. 과학적 지식의 쇠퇴와 변화

과학에 있어서 사실적인 지식의 양에 초점을 둘 때 또 다른 어려움이 있는데 이는 과학적 지식이 쇠퇴할 가능성이 있다는 것이다. 오늘날 우리가 아는 지식이 몇 년이 지나면 다른 정보로 대치될 수 있다. 예를 들어 1956년 이전에는 인간의 체세포는 48개(24쌍) 염색체라고 알고 있었으나 1956년 인간의 염색체 수는 48개가 아닌 46개라는 사실이 밝혀졌다(Therman, 1990). 1950년대 인간의 체세포에는 48개 염색체가 있다는 소위 불명확한 지식을 확실한 지식으로 생각하고 생물학을 공부하던 모든 사람에게는 어떤 일이 일어났을까? 그 잘못된 사실에 대해 우리는 무엇을 할 수 있을까?

오늘날 기술자가 배우는 전문적인 지식의 절반은 3.2년 정도의 기간만 지나면 좀 더 새로운 지식으로 바뀌게 된다고 한다(Braun, 1991). 따라서 과학적 지식, 특히, 새로운 지식이 발견되면 쇠퇴할지도 모르는 사실적 지식들을 배우는 것이 과연 중요한 것인지를 고려해 보아야 한다. 특히, 과학에 있어서 사실적인 지식에 초점을 맞출 경우, 또 다른 문제는 과학적 지식은 변화한다는 사실이다. 과학적 연구는 종종 이전에 받아들였던 이론을 버리고 또 다른 이론을 채택하기도 한다.

기본적인 현상에 대한 이해는 연구가 추가되거나 신기술, 재발견된 조사, 심층적인 연구 등으로 변할 수 있다. 여기에 해당하는 하나의 예는 빛에 관한 이론이 있다. 오늘날 과학 교과서에서 빛은 입자와 파동 둘 다의 특성을 보여주는 광자로 구성되어 있다고 되어있다. 그러나 이러한 빛의 특성이 알려진 것은 겨우 70년 정도밖에 되지 않았다. 1900년대 초기에 플랑크, 아인슈타인과 그 밖의 다른 과학자들에 의해 알려지기 전에는 과학 책에서 빛은 엄밀히 말해 파동의 특성을 보인다고 쓰여져 있었던 것이다(Martin, 1997, 임청환 역, 2000).

또 다른 예를 보면 육지와 바다는 영구적으로 움직이지 않는다는 이론 대신에 육지와 바다는 움직이는 판 위에 놓여 있다는 판 구조 이론이라는 현대적 개념이 약 40년 전에 제시되었다. 이러한 사실들은 과학적 지식이 꾸준하게 변화한다는 것을 보여 주는 몇 가지 예에 불과하다.

02 과학의 본질과 특성

오늘날 우리가 과학(science)이라고 알고 있는 것은 원래는 철학(philosophy)이라고 불렀다. 철학이라는 단어는 아리스토텔레스 시대에 사랑(philos)과 지혜(sophia)라는 두 단어가 합쳐져서 만들어진 것이다. 따라서 철학은 문자 그대로 '지혜에 대한 사랑'이란 뜻이다. 과학이란 단어는 '앎'을 의미하는 라틴어(scientia)에서 파생된 것이다. 라틴어에서 유래한 과학의 사전적인 정의에 근거하면, 과학은 지식의 소유, 또는 체계적으로 정리된 사실, 혹은 진리를 다루는 학문으로 일반적인 법칙들과 기능 숙달의 조작을 나타내는 것이다(Stein, 1967).

그러므로 과학의 주된 목적은 자연에서 관찰되는 현상을 설명하고 기술하는 것이다. 이러한 설명과 묘사는 개념과 이론 그리고 과학 법칙으로 구체화되며, 이런 모든 것은 과거로부터 지금까지 줄곧 검증되어 왔고 잠정적으로 맞는 것으로 받아들이고

그림 1–1 ❙ 과학의 본질은 세심한 관찰이다.

있다. 이러한 개념, 이론, 법칙은 체계적인 관찰, 확고한 추론, 그리고 과학적 방법의 확실한 적용에 기초를 두고 있는 것으로 보편적으로 적용 가능하다고 간주되는 것이다[그림 1–1].

이와 같은 과학은 다음과 같은 몇 가지 독특한 특성을 가지고 있다(Martin, 1997; 임청환 역, 2000).

✚ **첫째, 과학은 권위와 권위주의를 거부한다.** 많은 사람은 가설의 검증이 과학자의 주요 임무라고 생각한다. 그러나 이런 과정이 많은 실험으로 행해지기는 하지만 대부분의 과학적 연구는 가설의 옳음을 검증하기보다는 그것의 특징을 반증하려고 한다. 만약 오랜 시간 동안 그 가설을 반증하지 못하면 그것을 진실로 받아들인다. 이것의 좋은 예는 피아제(Piaget)의 연구를 둘러싼 논쟁에서 찾아볼 수 있다. 그는 스위스의 사립학교를 다니는 영·유아라는 매우 한정된 범위 안에서 연구를 하였다. 따라서 많은 연구자들은 피아제가 자신의 주장을 일반화시키기 위해 사용한 표본이 대표성이 없다는 이유로 그의 주장에 부정적 견해를 지니고 있었다. 그러나 많은 연구자들은 피아제의 이론을 반증하려 했지만 반증할 수 없다는

것을 알게 되었다. 그리고 반증을 위한 모순된 경우보다는 그의 이론에 대한 긍정적인 후속 연구가 행해져서 점점 더 많은 사람들이 그의 이론을 받아들이게 되었다.

+ 둘째, 과학은 정직하다. 과학자들은 그들의 연구 결과를 발표한다. 그리고 이러한 출판물은 사람들에게 똑같은 실험을 반복하게 함으로써 가설을 반증하거나 증명하도록 해 준다. 좋은 예는 1989년 두 명의 대학 교수가 저온의 핵융합 반응을 일으키는 과정을 발견하고 이를 발표한 것이다. 핵융합 반응은 태양 에너지의 원천과 같은 것으로 수소 원자 4개의 원자핵이 결합하여 헬륨 원자 하나의 원자핵을 형성할 때 발생한다. 이 과정에서 많은 양의 에너지가 발생하는데, 이것은 수소 원자 4개의 원자핵이 결합할 때 가지는 에너지가 1개의 헬륨 원자핵의 에너지보다 많기 때문이다. 수소를 사용한 핵융합 과정은 자동차, 발전소 그리고 공장의 이상적인 에너지 원천이며, 수소는 물에서 얻을 수 있기 때문에 지구상에서 얼마든지 얻을 수 있는 어마어마한 에너지원이다. 그러나 이러한 반응을 이용하기에는 방사능의 문제와 고온에서 발생한다는 문제가 있다. 그렇기 때문에 낮은 온도에서의 핵융합 반응을 위한 시스템을 개발하려는 것은 지극히 당연한 것이었다. 두 명의 교수는 상온에서 핵융합 반응을 발생시키는 방법을 발견했다는 것과 그들이 수행한 실험의 절차를 상세히 발표하였다. 그러나 다른 연구자들은 두 명의 교수들에 의해 발견된 것과 똑같은 시스템으로 실험을 반복했지만, 그들은 그렇게 할 수 없었다. 그 결과 이 연구의 결점이 명백하게 드러났고 처음 연구 결과를 발표한 교수들은 연구 결과를 철회해야 했다(Wade, 1993).

+ 셋째, 과학은 관찰된 현상에 대한 초자연적인 설명을 거부한다. 사이비 과학으로 언급되는 마술, 점성술, 초능력자인 자각, 식물의 감정, 바이오리듬 등은 체계적인 관찰 자료가 부족하고 잘못된 추론이나 서투른 과학적 방법을 이용한다. 그러나 과학은 초자연적 설명이 아니라 자연적인 설명을 추구한다. 예를 들어, 두뇌 생리학자들은 초능력 현상을 의학적으로 설명하기 위해 노력하고 있다.

+ 넷째, 과학은 절대적 진리를 획득하는 것이 가능하다는 개념에 대해 회의적이며 이

를 거부한다. 과학자들은 자연계에 항상 어느 정도의 불확실성이 있을 것이라는 것을 인정한다. 심지어 한때 진실이라고 여겼던 뉴턴의 운동 법칙도 어느 정도 회의적이다. 실제로 아인슈타인의 상대성 이론은 뉴턴의 법칙에 예외가 있음을 보여 주고 있다.

✚ 다섯째, 과학은 간결하다. 과학에서 만약 하나의 관찰에 몇 개의 다른 설명이 있다면 가장 간단한 것이 선택되어진다. 간결함은 과학의 특징이다. 뉴턴의 법칙은 물체의 움직임을 매우 간단히 설명한다. 예를 들어 뉴턴의 제1법칙은 외부에서 힘이 가해지지 않는다면, 정지 상태에 있는 물체는 계속 정지하려 하고 직선 운동 상태에 있는 물체는 그 방향과 그 속력으로 계속 운동하려고 한다고 진술한다. 이것은 아인슈타인의 일반 상대성 이론에서 간단한 하나의 등식 $E = mc^2$으로 축소된다. 다윈의 진화론은 간단하고 매우 핵심적인 문장인 '적자 생존'으로 줄여져 있다. 간결함은 또한 과학교육의 질을 위한 핵심이다. '모든 미국인들을 위한 과학'에서는 "학교는 많은 정보를 제공하기보다는 가장 중요한 개념과 기능을 선택하여 깊이 있게 이해하는데 초점을 맞추어야 한다(Rutherford & Ahlgren, 1990)"고 주장한다. 과학교사협회 NSTA(National Science Teacher Assciation, 1982)에서도 더 적게 그러나 더 좋게, 즉 양보다 질을 강조하고 있다.

✚ 여섯째, 과학은 일관성을 추구한다. 과학의 기본개념이란 자연 세계에 있는 모든 사물과 현상은 일정한 패턴으로 움직이고 기본적인 법칙은 우주 공간의 어느 곳이든 똑같이 적용된다고 가정한다. 예를 들어 과학자는 우주의 모든 물질은 지구에서 발견된 원소와 같은 것으로 구성되어 있다고 믿는다.

03 유아와 과학교육

1. 유아의 호기심과 과학

유아들은 천성적으로 지적 호기심을 가지고 있다. 이와 같은 호기심은 유아들에게서 나타나는 하나의 특징이며 과학자들과 함께 공유하는 특성으로서 그들의 주변 세계에서 자연스럽게 길러지는 것이다. 따라서 유아들은 호기심의 대상이 되는 것을 만져 보고, 움직여 보고, 냄새 맡아 보고, 들어 보고 하면서 배우게 된다. 이러한 호기심을 유아가 선천적으로 가지고 있는 인지적 욕구로 보았던 듀이(Dewey, 1897)는 유아의 호기심은 이를 유발시킨 대상에 대하여 계속 알아보고자 하는 욕구를 가질 때 흥미로 발전한다고 하였다(이수남, 2001 재인용).

1930년대부터 구체적으로 연구되기 시작한 호기심은 인간 및 동물의 생존에 직접 관계되는 동기인 동시에 탐색, 인지 행동이라고 일컬어지게 되었다. 즉 호기심은 생득적인 것으로 신기성, 의외성, 복잡성 등 자극적 특징에 접하면 촉발되며, 무엇이 신기하고 의외이며 복잡하게 느껴지느냐 하는 것은 경험에 따라 차이가 있을 수 있다. 즉 호기심은 생득적인 것으로 개인마다 차이가 있으므로 동일한 상황에 대해서도 호기심의 정도는 다르다[그림 1-2].

또한 호기심은 외적 자극에 대한 지각적 호기심과, 신념 · 지식 · 사상 등에 대한 인지적 호기심의 두 가지로 구별되는 경우도 있고, 명확한 방향이 없는 광범위한 정보에 대한 확산적 호기심과 특수화된 정보를 추구하는 특수한 호기심의 두 가지로 구별되는 경우도 있다(전형미, 2000; Cowan, 1992).

특히, 호기심 있는 유아들의 특성을 살펴보면(Bradbard & Endsley, 1980)

첫째, 주위 환경에서 새롭고, 이상하고, 부조화스럽고, 신비한 요소가 있으면 유아들은 그것에 관심을 가지고 움직여 보고, 조작해 보고, 그것에 관한 정보를 찾는 등 집중적으로 반응하는 행동을 한다.

둘째, 자극들을 지속적으로 검토해 보고 탐색하는 행동을 한다.

그림 1-2 ┃ 유아들의 지적 호기심은 때와 장소를 가리지 않으나, 그 호기심의 정도와 대상은 개인에 따라 다르다.

셋째, 독립적이고 주도적이며 자신감이 있다. 따라서 호기심이란 주변 환경의 모든 사물과 현상을 만지고, 보고, 듣고, 냄새를 맡으면서 그 사물의 개념을 터득하게 하는 탐구적 태도인 것이다(박찬옥, 1993; Maryann, 1987).

호기심을 자극하는 방법으로는 모델링과 강화가 매우 유용하다. 유아는 강화된 상태에서 더 많은 질문을 하고 따뜻하게 격려해 주는 성인과 함께 있을 때 사물에 대해 더 많이 추론하고 탐색한다. 유아들의 호기심과 어머니의 양육태도 간의 상관관계에 관한 연구에서 앤슬리(Endsley, 1979)는 권위적인 부모보다도 민주적인 부모가 유아와 더 자주 상호 작용을 하며, 더욱 긍정적인 행동을 나타내며, 더 많은 탐색행동을 할 수 있도록 격려한다고 밝히고 있다.

코란과 롱이온(Koran & Longion, 1982)은 유아들에게 호기심을 갖도록 유도하는 방법에 대하여 다음과 같이 언급하고 있다.

첫째, 호기심을 자극하기 위해 다양하고, 새로우며, 변화 있고, 모순된 사건을 적극 활용한다.

둘째, 유아들에게 책, 잡지, 신문, 퀴즈 그리고 조작할 수 있는 사물을 제공한다.

셋째, 유아들의 수업을 미리 계획된 활동으로 진행하기보다는 흥미 있어 하는 주제를 다룬다.

넷째, 호기심을 느끼고 스스로 학습할 수 있는 과학학습 영역을 구성한다.

다섯째, 유아들이 질문하고 호기심 있는 행동을 나타낼 때, 그리고 보다 넓은 범위에서 사물이나 사건에 대해 탐색하는 행동을 보일 때, 그들을 인정하고 보상한다. 그리고 유아들이 어떤 대상에 대하여 호기심을 보일 때 격려한다.

여섯째, 유아들을 위해 적절한 모델이 되어 준다.

일곱째, 부모들은 자녀가 경험해야 하는 새롭고 복잡한 사물이나 사건을 제공하고 자녀의 모델로서 행동할 수 있도록 격려한다.

새로운 자극은 유아들에게 호기심과 탐색활동을 자극하게 되는데 이러한 탐색행동은 주위환경에 따라 민감하게 영향을 받는다[그림 1-3].

헨더슨(Henderson, 1987)은 유아들의 호기심과 탐색활동에 대한 세 가지 특성을 다음과 같이 제시하였다.

그림 1-3 ❙ 유아의 탐색활동은 실제 생활환경과 관계가 있다.

첫째, 새로운 것은 유아들에게 호기심을 불러일으킨다.

둘째, 유아가 탐색행동을 하면서 호기심을 나타내는 정도는 유아마다 그 양과 종류에 따라 상당한 차이가 있다.

셋째, 이러한 유아들의 탐색행동은 새로운 자극에 호기심을 불러일으키지만, 주위에 성인 또는 친구들이 있을 때와 없을 때에 따라 달라진다. 이때 유아는 탐색행동을 통하여 정서적으로 안정되기도 한다.

2. 유아과학교육의 방향

세이건(Sagan, 1989)은 "우리는 과학과 기술에 크게 의존하는 사회에 살고 있으나, 거의 대부분의 사람은 이러한 과학과 기술에 대해서 잘 모르고 있다"라고 하였다. 이는 결국 우리의 일상적인 생활 속에서 과학과 기술을 이해하려는 "과학적 소양"이 부족하다는 것을 의미한다. 이러한 관점에 비추어 볼 때 바람직한 유아과학교육이란 어렸을 때부터 과학적 소양을 길러 주고 과학에 흥미를 가지도록 돕는 것이라고 할 수 있다.

그러나 1960년대 이전까지만 하더라도 과학교육은 과학적 사실을 가르치는 데 치중하였다. 특히, 앞에서 살펴본 바와 같이 과학적 사실을 가르친다는 것은 오늘날 거의 불가능한 일이 되어버렸고, 지식과 결과 중심의 과학교육에서 벗어나 과학적인 능력, 사고 과정을 중시하는 과정 중심의 과학교육에 대한 필요성이 널리 알려지게 되었다. 즉 유아과학교육에서 강조해야 할 점은 '과학적 사실을 알려 주는 것'이 아니라 '탐구과정' 또는 '탐구하려는 태도'인 것이다(권영례, 2000).

따라서 유아과학교육의 목적은 주변 세계에 대한 지식의 구성뿐 아니라 정신적이고 조작적인 기술과 태도를 발달시키는 것이다. 특히, 홀트(Holt, 1990)는 유아과학교육의 목적을 '유아로 하여금 과학하는 과정에서 사물의 특징을 이해하고, 자연 현상에 적응하며, 현재의 생활은 물론 장래의 생을 즐길 수 있게 한다'고 함으로써 유아의 과학적 특성과 함께 인지적인 면과 정의적인 면을 강조하고 있다. 그러므로 유아들의 일상생활을 통한 과학경험은 미래의 과학발달을 성취할 수 있는 중요한 요소가 되

그림 1-4 ▎과학은 긍정적인 태도, 흥미, 호기심 등에 의해 발달한다.

기 때문에 유아과학교육에서는 과학에 대한 긍정적인 태도를 발달시킬 필요가 있다(Johnston, 1996).

더욱 과학에 대한 긍정적인 태도는 유아가 스스로 흥미를 느낄 수 있는 활동, 사고를 촉진하고 도전할 수 있는 활동, 그리고 자연스럽게 호기심과 의문을 가질 수 있는 활동 등에 의해서 발달한다[그림 1-4]. 그러므로 미래에 대비한 과학적인 사람으로 교육하기 위해서는 유아기부터 과학적 과정 기술과 태도를 고무시켜 과학적인 사고와 태도를 형성할 수 있도록 도와주어야 한다(지성애, 1994).

한편, 세계과학교육의 흐름을 주도하고 있는 미국의 경우, 유아과학교육의 목표는 과학적 소양을 갖춘 '과학적 교양인'을 기르는 데 두고 있다. 미국의 과학교사협회 NSTA는 과학적 소양을 갖춘 사람의 특성을 다음과 같이 설명하고 있다(이경우, 이정환, 1989 재인용).

① 과학개념, 과학적인 과정과 방법, 과학적인 가치를 일상생활의 의사결정 과정에서 사용한다.

② 과학과 기술이 사회에 어떤 영향을 끼칠 것인가하는 것뿐만 아니라 사회가 어떻게 과학과 기술에 영향을 주는가를 이해한다.

③ 사회는 자원의 배당을 통해 과학과 기술을 통제한다는 것을 이해한다.

④ 인간의 복지 향상에 과학과 기술의 유용성뿐만 아니라 한계성도 이해한다.

⑤ 과학의 주요 개념, 가설, 이론을 알고 그것들을 사용할 수 있다.

⑥ 과학과 기술이 주는 지적 자극의 진가를 맛볼 수 있다.

⑦ 과학적 지식은 탐구과정과 개념적 이론에 의존하여 산출되는 것을 이해한다.

⑧ 과학적인 증거와 개인적인 의견을 구별한다.

⑨ 과학의 발달을 인식하며 과학적 지식이 잠정적이고 증거가 축적되면 변화한다는 것을 이해한다.

⑩ 기술의 적용과 기술의 사용에 수반되는 결정을 이해한다.

⑪ 연구와 기술 발달의 가치를 식별할 수 있는 충분한 지식과 경험을 가지고 있다.

⑫ 과학교육의 결과로 더 풍부하고 훨씬 더 열성적인 세계관을 가지고 있다.

⑬ 신뢰할 만한 과학적, 기술적 정보의 출처를 알고 있으며 의사결정 과정에서 이것을 사용한다.

그렇다면 과학적 소양을 기르기 위한 유아과학교육은 어떻게 이루어져야 할 것인가?

다행히도 유아는 타고난 탐구자이며, 선천적으로 지적 호기심과 사물에 대한 흥미를 가지고 태어난다. 즉 유아는 호기심이 많고 탐색하는 특징이 있으며, 주변의 변화에 적응할 수 있는 능력을 자연스럽게 갖추고 있으므로 유아에게 과학은 생활이며 놀이를 의미한다. 말하자면 유아에게는 이미 과학적 소양의 씨가 있다는 것이다.

이와 같은 과학적 소양을 기르기 위한 과학교육의 방향에 따라 미국 과학진흥협회(Association for the Advancement of Science)는 프로젝트 2061을 발표하였다(Martin et al., 1997; 전형미, 2000 재인용). 특히, 프로젝트 2061에서는 교사교육의 확산, 기술교육, 과학교육 기회의 확대, 통합적 교육과정을 통해 직접적인 조작을 통한 과학활동이 유아의 정신적 조작과 연계되어 실제로 사고 과정이 이루어질 수 있도록 교육이 전환되어야 함을 강조하고 있다.

그림 1-5 ❙ 과학은 일상생활의 문제를 해결해 가는 과정이다.

프로젝트 2061에 명시하고 있는 유아과학교육은 STS(Science Technology Society) 교육에서도 알 수 있는 바와 같이 유아의 일상생활 문제와 연관된 내용을 강조하는 교육에 중점을 두고 있다[그림 1-5]. 즉 학교에서 배운 과학 또는 기술적 지식이 각 개인에게 더 유용하게 사용될 수 있도록 함으로써, 그들 자신의 행동을 향상시키고 미래의 시민으로서 발전된 기술사회에 책임있게 행동할 수 있도록 하자는 것이다. 이상의 내용을 기초로 하여 21세기에 필요한 과학적 소양을 갖출 수 있도록 하기 위한 유아과학교육의 방향을 제시하면 다음과 같다(이경민, 2010).

- **첫째, 교육목표가 탐구중심이어야 한다.** 이는 유아기 과학교육이 '과정으로서의 과학' 그 이상이어야 함을 의미한다. '과정으로서의 과학'에서는 유아들이 관찰하고, 추론하고, 실험하는 등 과정 기술들을 배우고 익히는 활동에 국한되기 쉽다. 과학학습의 중심은 탐구이며, 여기에서의 탐구는 '과정으로서의 과학' 이상의 것을 의미한다. 탐구는 "과학의 과정들"을 포괄하는 것으로, 유아들이 과정과 지식을 경합하여 과학적으로 추론하고 비판적으로 사고함으로써 과학에 대한 이해를 함양하는 것을 말한다[그림 1-6].

탐구활동에 참여하는 유아들은 사물과 사건을 기술하고, 문제를 제기하고, 설명을 구성하고, 현재의 과학지식에 비추어 그러한 설명을 테스트하고, 자신의 생각을 다른 사람들과 함께 나눈다. 또 문제를 찾아내고 비판적으로 사고하며, 대안적인 설명을 고려한다. 이러한 과정에서 유아들은 과학적 추론 능력과 사고 기능을 결합하여 과학을 능동적으로 이해한다. 따라서 유아기 과학교육은 단순히 과학활동의 과정을 경험하거나 즐기는 것을 넘어서는 탐구과정이 되도록 하여야 한다.

+ **둘째, 교육과정이 유동적이어야 한다.** 구성주의에서는 학습자가 확장된 개념을 구성하고 그 과정에서 사고력을 증진시키는 것이 중요하다. 따라서 교육과정을 구성하고 결정할 때는 유아가 중심에 있어야 한다(National Research Council, 1996). 그러기 위해서는 교사의 의도에 의해 확정되고 고정된 교육과정이 아니라 유아의 흥미와 요구에 조정되고 변화되는 교육과정이어야 한다. 즉 유아들이 가지고 있는 질문과 생각을 기반으로 유아의 흥미, 지식, 이해, 능력, 경험에 적합한 교육과정을 설계하고 적용하여야 한다.

그림 1-6 | 과학자의 기본 소양은 탐구하는 태도이다.

그림 1-7 ❙ 과학적 과정은 눈으로 보고 손으로 만져 보고 생각하는 것이다.

또한 단편적인 활동보다는 주요 개념을 중심으로 탐구를 통해 깊이 있는 학습이 가능하도록 학습내용을 정교하게 구성할 필요가 있다. 미국 과학교사협의회인 NSTA(1992)에서는 "Less is more"를 강조하고 있다. 이는 단편적인 지식이나 정보들을 많이 학습시키기보다는 유아에게 의미 있는 주제들을 깊이 탐구하는 것의 중요성을 언급한 것이다. 따라서 교사들은 계획된 교육과정을 실행하는 차원을 넘어 유아의 흥미와 요구가 반영될 수 있도록 유동적인 교육과정을 운영하여야 한다. 또한 단편적인 활동 위주를 탈피하여 유아의 발달 단계에 적합하고, 유아가 흥미를 나타내는 주제가 다른 교과목들과 연계된 통합적 교육과정을 운영하여야 한다.

✚ **셋째, 교육내용은 생활중심이어야 한다.** 유아는 자신의 주변 세계에 대한 호기심을 가지고 탐구하려는 태도를 가지고 생활 속에서 과학과 관련된 문제를 인식하여 해결하고 새로운 것을 창조하려는 과정을 거칠 때 과학적 개념이나 지식을 자연스럽게 습득한다.

유아에게 의미 있는 학습이 이루어지기 위해서는 과학 내용을 유아와 친숙한 생활 주변에서 찾아야 하며, 과학적 사실이나 중요한 법칙은 유아의 상상력의 범위 내에서 경험과 조직이 가능한 것으로 구성하여야 한다. 즉 과학교육 내용의 조직은 유아의 흥미와 생활을 중심으로 가깝고 쉬운 것에서부터 멀고 어려운 것으로 조직해야 한다.

따라서 유아의 과학교육은 유아 스스로 자신의 주변 세계에 대한 개념적 인식을 높여 갈 수 있도록 유아의 실제 생활과 관련이 있는 내용으로 진행하여야 한다.

✚ **넷째, 학습과정이 능동적이어야 한다.** 과학활동은 능동적 과정((National Research Council, 2000)이므로 유아 스스로 생각하고 활동하는 과정에 역점을 두어야 한다. 따라서 과학활동은 유아 스스로 자신이 궁금한 것들에 대한 답을 찾기 위해 여러 가지 다양한 방법으로 탐구하고, 성인 또는 또래들과 상호작용하면서 지식을 형성해 가는 것이다. 이러한 지식 형성과정에서 유아는 현재 자신이 알고 있는 과학적 개념과 다양한 방법을 통해 새롭게 알게 된 과학적 개념을 서로 연계해 간다.

따라서 교사가 유아의 과학활동을 격려하기 위해서는 유아의 흥미에 기초하여 그들이 직접적, 능동적, 즉각적으로 참여하도록 도와주어야 한다. 즉 유아에게 제공되는 과학경험은 유아의 관심을 끄는 주변의 모든 현상과 사건들을 직접적인 과학활동으로 연결시켜야 한다.

여기서 능동적 과정(active process)이란 신체적 활동과 정신적 활동을 함께 일컫는 말로 손으로 하는 활동(hands-on activity)과 정신적인 경험(minds-on experience)을 포함한다[그림1-7].

이를 위해 교사는 탐구중심의 과학활동을 계획하고 유아의 경험과 사고, 아이디어, 표현방법의 다양성을 존중하고 이를 지지해 주면서 유아가 수준 높은 이해에 도달할 수 있도록 지원하여야 한다. 또한 교사는 유아의 탐구 능력을 확장하기 위한 질문을 통해 유아 스스로 자신의 경험에 의미를 부여할 수 있도록 지원하여야 한다. 특히, 탐구의 모든 단계에서 교사는 유아의 과학활동을 안내하고, 촉진하고 격려하면서 유아가 자신의 아이디어를 표현할 수 있도록 환경을 만들어 주어야 한다.

✚ 다섯째, 접근방식이 통합적이어야 한다. 유아과학교육의 통합적 접근은 유아들의 영역 활동을 과학중심으로 하거나, 과학활동을 주제나 단원에 통합하여 계획하는 것을 의미한다. 유아는 발달 특성상 통합적 존재이므로 특정 영역에서 과학활동을 수행하기보다는 여러 활동 영역(예: 문학, 수학, 미술)과 연결하여 주제중심의 통합적 접근으로 심화 · 확대해 나가는 것이 더욱 효과적이다.

이러한 유아과학교육의 통합적 접근은 프로젝트중심의 접근법을 강조하는 STS 과학교육에서도 강조하고 있다. 과학-기술-사회를 강조하는 STS(Science-Technology-Society) 과학교육은 유아들의 일상생활에 유용한 과학개념과 탐구과정에 초점을 둘 뿐 아니라 유아가 속해 있는 사회적인 문제, 즉 자연보호, 건강, 환경, 에너지 등과 관련된 지역의 모든 문제를 확인하고 해결하는 것까지 포함하고 있다.

따라서 이러한 관점에서 유아과학교육은 유아의 통합성에 근거하여 다른 영역의 활동과 관련지어 통합 과학활동으로 이루어져야 하며, 유아의 일상생활과 관련된 과학 및 주변의 사회적 문제를 함께 다루는 통합 과학 교육의 방향으로 나아가야 한다.

chapter 2

구성주의와 유아과학교육

과학적 지식이란 교사에 의해 유아에게 쉽게 전달되는 것도 아니고 유아의 일상적인 경험만으로 자연스럽게 획득되는 것도 아니다. 다만 과학이란 문화적, 사회적, 역사적 고찰의 맥락 속에서 이해될 수 있는 구성활동으로 인간의 필요와 사고의 변화에 의해 수정될 수 있는 지식인 것이다. 즉 과학적 지식은 교사와 유아가 함께 경험하고 조사하는 과정을 통해 도출된 생각을 서로 토론하면서 구성되어진다.
이와 같은 맥락에서 구성주의 과학교육 이론을 별도로 살펴보는 것은 바람직한 유아과학교육의 교수-학습 방법에 대한 방향을 제시해 주는 이론적인 틀이 된다. 그러므로 본 장에서는 구성주의 이론과 유아과학교육과의 관계를 살펴보고, 구성주의적 과학교수법의 하나인 상호 작용 교수법을 소개하고자 한다.

능력단위(분류번호)	• 해당사항 없음	
능력단위요소	• 해당사항 없음	
학습목표(수행준거)	• 구성주의와 객관주의 차이점을 이해할 수 있다. • 구성주의 유형에 관한 이론을 탐구할 수 있다. • 구성주의와 유아과학과의 연계성을 이해할 수 있다. • 구성주의 이론에 입각한 유아과학교사의 역할을 이해할 수 있다.	
지식(Knowledge)	기술(Skill)	태도(Attitude)
• 구성주의이론의 철학적 관점과 유형에 대한 이해. • 구성주의와 유아과학교육과의 관계.	• 인지적 구성주의와 사회문화적 구성주의를 분석하는 능력. • 사회문화적 구성주의와 통합적 구성주의를 비교분석할 수 있는 능력.	• 과학적 지식을 탐구하는 열의. • 구성주의 관점에서 유아의 개별성을 존중하는 태도.
수행내용	• 구성주의 이론의 철학적 관점. • 구성주의 유형과 유아과학교육. • 구성주의와 유아과학교사의 자질.	

출처 : 국가직무능력표준(www.ncs.go.kr)

01 구성주의 이론의 철학적 관점

구성주의는 역사적으로 오래전부터 철학자들이 지식이란 무엇이며, 인간이 지식을 어떻게 형성하게 되느냐에 대한 물음, 즉 인식론에 관한 논쟁에서 비롯되었다. 인식론은 인식적인 방법적 탐구활동을 통하여 지식에 대한 본질적인 의미를 밝히려는 것으로 이러한 인식론적 관점은 객관주의 인식론과 주관주의 인식론으로 구분할 수 있으며, 주관적 인식론에 근거하고 있는 것이 바로 구성주의다(안부금, 2002).

또한 구성주의는 고대 그리스의 인식론에서 출발하였으나 현재에 이르기까지 교육의 지배적인 이론의 위치를 차지하고 있던 것은 논리적 실증주의, 즉 객관주의 인식론이었다. 구성주의는 그 기본 전제를 학습자 중심의 교육 환경에 두고 있으며, 지식은 전수되는 것이 아니라 구성되는 것으로 간주하는 것이다. 지식 구성을 인지 활동의 결과로 간주하면서 의미 있는 지식의 구성은 질문, 혼돈, 불일치, 부조화 등에 의해 촉진된다고 보고 있다. 반면 객관주의 인식론에서는 지식이 현존하는 개별 인식 주체와는 달리 독립적인 실제 세계를 나타내는 것이라고 보며, 이 지식이 독립적인 실제 세계를 정확히 반영할 때만 옳은 것(맞는 것)으로 간주하는 것이다(Martin, 1997).

이와 같이 철학적 인식론을 중심으로 구성주의와 객관주의를 비교한다면, 구성주의 관점에서 지식은 한 개인의 직접적인 관찰이나 반성적 사고, 그리고 논리적 사고에 의해 구성되는 것이다. 즉 누군가 알려 준 사실을 그대로 받아들여서 자신의 지식으로 형성하는 것이 아니라, 알려 준 사실이라도 그 사실을 자신의 경험에 비추어 검토하고 그것을 스스로 이해하게 됐을 때, 그것을 지식으로서 받아들이게 된다는 것이다. 따라서 지식은 개인의 내부에서 구성되어 존재하는 것으로 간주한다(권성기, 1998).

반면, 객관주의 관점에서 지식은 개인의 경험이나 사고 특성과는 상관없이 개인의 외부에 존재하는 것으로, 이미 만들어져 있는 어떤 절대적인 진리와 지식이 있어서 이것을 언어와 글, 또는 그림 등의 매체를 통해 전달해 주고 가능한 한 많이 알게 해 줌으로써 형성하게 된다는 입장이다. 이 관점에 의하면 교육은 이전까지 인류가 쌓아

온 많은 지식을 학습자의 수준에 맞추어 교사의 일방적인 언어나 다른 상징체계를 통해 전달해 주는 방식이 되어야 한다.

구성주의 관점과 객관주의 관점은 학습자에 대해서도 각기 다른 관점을 가지고 있다. 구성주의에서 학습자는 능동적으로 지식을 구성해 나가는 자율적이고 주체적인 책임감 있는 존재인 것이다(강인애, 1997). 즉, 지식을 전달하는 것은 교사가 아니고 학습자가 스스로 자신의 지식을 구성해 나가는 교육의 중요한 주체가 되는 것이다. 또한 학습자는 뚜렷한 개성을 가진 존재이며 어느 누구도 똑같은 생각을 가지고 있지 않으며, 따라서 그들의 생각이나 아이디어는 독창적이고 때에 따라서는 상상을 초월할 수 있다는 것을 전제로 한다. 반면, 객관주의 입장에서 학습자는 지식을 수동적으로 받아들이는 수용자 또는 습득자이다. 따라서 교사가 전달해 주는 지식을 그대로 정확하게 받아들이는 학습자가 가장 성공적인 학습자라고 할 수 있다.

구성주의와 객관주의는 또한 교수-학습에 대해서도 관점을 달리 하고 있다. 구성주의 입장에서 학습은 학습자의 능동적인 인지 작용과 사회 · 문화적인 상호 작용을 통해 끊임없이 구성되어 가는 것이다(주민수, 1999). 즉, 구성주의는 구체적인 상황 속에서 지식의 구성을 강조하기 때문에 현실의 복잡한 상황이 그대로 제시되고 현실의 문제와 실제적인 상황이 가장 중요한 학습 내용이 된다. 그러므로 이 관점에 의하면 학습 내용을 미리 구체적으로 짜기가 어려우며, 또한 주어진 각각의 상황적 맥락에서 스스로 지식을 구성해 나갈 수 있는 역량을 기르는 것이 교육의 목표인 것이다. 결과적으로 구성주의는 학습자 중심의 능동적인 교수-학습 환경을 실천하고자 하는 것이다[그림 2-1].

반면, 객관주의는 교수-학습을 추상적이며 보편적인 지식을 전달하는 과정으로 보는 것이다. 즉 외부 세계에 대한 내용과 구조를 학습자로 하여금 그대로 묘사하도록 하는 것이 교육의 목표인 것이다(Burstein, 1999). 따라서 이 관점에 의하면 학습자들이 배울 내용은 미리 체계적이고 구체적으로 짜여져 있다.

마지막으로 구성주의와 객관주의는 교사에 대한 관점이 각기 다르다. 구성주의에서는 교사가 정답을 가지고 있지 않으며, 설령 정답을 가지고 있다 하더라도 그것은 교사 자신에게 적용될 정답이지 학습자에게 그대로 적용될 정답은 아니다. 이 새로운

그림 2-1 ❙ 구성주의는 학습자인 유아의 수준에서 출발하는 것이다.

관점에서는 지식 전달로서의 교사는 더 이상 의미가 없다. 따라서 구성주의 입장에서 교사는 학습자가 스스로 자신의 맥락에서 지식을 구성하고 문제를 해결해 나갈 수 있도록 하는 안내자, 조언자, 학습 촉진자, 공동 학습자이다. 반면, 객관주의에서 교사는 객관적 지식을 미리 알고 있으며, 정답이나 해결책을 가지고 있는 사람이기 때문에 그 지식을 전달하고 교육과정을 실행하는 것이 교사의 역할이다. [표 2-1]은 구성주의 이론의 철학적 관점을 객관주의적 관점과 비교한 것이다(강인애, 1997).

표 2-1 ❙ 객관주의와 구성주의의 차이점

	객관주의	구성주의
지식	고정적이고 확인할 수 있는 대상	개인의 사회적 경험을 바탕으로 하여 개인의 인지적 작용에 의해 지속적으로 구성, 재구성되어지는 것
지식의 특징	초역사적, 초공간적, 범우주적인 성격	특정 사회, 문화, 역사, 상황적 성격의 반영과 구현
현실	규칙으로 규명 가능하며 통제와 예측이 가능	불확실하며, 복잡하고, 독특하고, 예측 불가능.

	객관주의		구성주의
최종목표	모든 상황적, 역사적, 문화적인 것을 초월해 적용할 수 있는 절대적 진리와 지식의 추구		개인에게 의미 있고, 타당하고, 적합한 것이면 모두 진리이며 지식이 됨
주요용어	발견 일치		창조 구성
교수-학습 방법	• 추상적인 지식과 상황에 관계없이 적용될 수 있는 지식을 제공 • 가능한 한 현실을 단순화하고 소화시킬 수 있는 작은 단위로 세분화하여 제시 • 모든 지식은 수업 이전에 미리 세밀한 계획에 따라 구조화, 순서화, 체계화하여 제시 • 교사와 유아의 역할 : 지식의 전달자와 지식의 습득자로서의 관계 • 개별적 학습 환경 : 개인 과제, 개인 활동, 개인의 성취동기를 강조 • 지시의 암기와 축적		• 항상 구체적인 상황을 배경으로 한 지식을 제공 • 현실의 복잡함을 그대로 여과없이 제시하여 인지적 도전을 유도 • 모든 지식과 과제는 항상 실제적 상황을 전제로 하여 전개되고, 다루는 과제도 실제로 사회에서 대면하게 될 성격과 특성을 지닌 것으로 제시 • 교사와 유아의 역할 : 유아의 학습을 도와주는 조언자, 촉매자로서의 교사와 자율적이고 적극적이고 책임감있는 학습의 주체로서의 유아의 역할 • 협동학습 환경 : 다양한 견해에 대한 인식 습득 • 문제해결력, 사고력, 인지적 전략의 습득, 지식의 전이성 강조
수업 설계와 분석	• 누가 • 언제 • 어느 만큼	• 수업설계자/교사 • 수업 전 • 세분화, 순서화, 연계화	• 유아 개개인이 스스로 • 수업하는 과정 중에 지속적으로 • 전체적 학습목표만 설정
수업 평가	• 누가 • 언제 • 형태	• 수업설계자/교사 • 학습목표 설정할 때와 학습 완료할 때 • 객관식 평가	• 유아 본인, 또래친구, 그리고 교사 • 수업하는 과정 중에 지속적으로 수행 • 다양한 형태(객관식, 주관식, 관찰, 포트폴리오, 프로젝트, 저널 등)

02 구성주의의 유형

구성주의의 관점이 발전되어가면서 구성주의 이론가들끼리 서로 입장을 달리하는 경향이 나타났는데, 그 경향은 크게 두 가지로 나눌 수 있다. 하나는 개인의 인지적 구성 과정에 초점을 두는 '인지적 구성주의(cognitive constructivism)'이고, 다른 하나는 학습에 미치는 사회 문화적 영향력을 중요시하는 '사회 문화적 구성주의(sociocultural constructivism)'이다(이경우, 조부경, 김정준, 2000 재인용; Fosnot, 1996). 인지적 구성주의와 사회 문화적 구성주의는 지식이 구성되는 것이라는 관점에서는 공통적이나 유아가 지식을 구성하는 방법에 대해서는 관점을 달리한다.

인지적 구성주의 관점에서는 지식이 유아 개개인의 경험을 통해 자신만의 방법으로 구성되어진다고 보는 것인데, 피아제에 의하여 이론화되고 폰 글자서펠트(Ernst von Glaserfeld)에 의해 발전되었다(Cobb, 1996). 반면 사회 문화적 구성주의 관점에서는 유아가 문화적 맥락 속에서 경험하는 것이 지식 구성에 중대한 영향을 미친다고 보고 있으며 이러한 이론적 기초는 비고츠키(Vygotsky), 다비도프(Davydov), 이나가키(Inagaki) 등에 의해 발전되었다.

인지적 구성주의와 사회 문화적 구성주의 관점 간에 '안다는 것'과 '학습한다는 것'의 의미가 무엇인지에 관한 갈등은 한동안 계속되어 왔다. 현재까지도 정신이 개인의 머릿속에 있는 것인지, 아니면 개인의 사회적 행위 속에 있는 것인지에 대한 논쟁과 학습이 일차적으로 인지적인 재조직의 과정인지 아니면 실제로 지역사회에 적응하는 문화적인 과정인지에 대한 논쟁이 계속되고 있다. 그러나 최근에는 두 관점을 통합함으로써 교육을 훨씬 의미 있게 할 수 있다는 주장이 설득력을 얻고 있다.

1. 인지적 구성주의

구성주의라는 말은 피아제(1973)가 인간이 어떻게 학습하는가에 대한 자신의 이론을 설명하기 위해 학습이 이루어지는 사고의 과정에서 지식이 어떻게 변화하고 구성되어 가는가를 언급하기 위해 처음 사용하였다. 그 후 코만(Korman)이 1976년 그의 저서 『Constructive Play』에서 "구성주의"라는 용어를 구체적으로 쓰기 시작하였다. 특히, 피아제는 '안다는 것'은 기억된 정보들을 열거할 수 있는 것 이상의 그 무엇을 포함한다고 하였다. '안다는 것'은 정보를 조직하고 새로운 지식에 부합될 수 있는 개념의 기초를 형성하는 것으로 지식은 정지된 것이 아니라 변화하고 변형된다는 것이다.

피아제는 학습과 교수에 대한 기존의 생각을 변혁시켜 학습자의 역할을 조작적 사고자, 지식의 구성자, 능동적 학습자로 보았다. 웨이트 스트피안스키(Waite-Stupiansky,

1997)는 이 3가지 학습자의 역할에 대한 개념 규정이 인지적 구성주의를 대변한다고 하였으며 세부 내용은 다음과 같다.

- **첫째, 조작적 사고자로서의 유아이다.** 유아들의 사고 과정을 이해하기 위해서는 조작적 사고의 개념을 이해해야 한다. 조작은 논리적 사고의 기본 요소로서 사람의 마음에 존재하는 논리적 · 가역적 관계이며, 사물과 사람들 간의 행동과 실제적인 상호 작용을 통해서 형성된다(Piaget & Inhelder, 1969). 따라서 전조작기 유아들은 조작적 사고가 어려우나 구체적 조작기의 유아들은 정교한 사고자가 되면서 점차 이러한 행동들을 정신적으로 수행하기 시작한다.

  인지적 구성주의는 과학의 내용보다 과정을 중요시하며, 개별 유아의 사고구조 발달에 초점을 두고 있다. 따라서 모든 논리적 사고는 구체적인 조작을 통해 개별 유아의 사고 과정에서 지식으로 구성되어진 것이므로 학습의 내용은 유아의 발달 단계에 부합되어야 한다. 왜냐하면 유아의 발달 수준을 능가하는 것은 유아의 학습에 의미를 주지 못하기 때문이다.

- **둘째, 지식의 구성자로서의 유아이다.** 유아들은 적극적으로 새로운 경험을 지각하고 의미를 얻으려고 노력하여 지식을 구성한다. 유아들의 경험은 물리적 경험과 논리 · 수학적 경험으로 나누어 볼 수 있는데, 물리적 경험을 통해서는 사물의 속성을 생각하는 경험적 추상이 일어나며, 논리 · 수학적 경험을 통해서는 사물과 사물 간의 관계를 생각하는 반성적 추상이 일어난다. 피아제는 유아들의 사고 속에서 어느 한쪽의 추상이 일어나지 않는다면 다른 쪽의 추상도 일어나지 않는다고 하였다. 즉 이와 같은 과정이 유아들에게는 사고를 개발하는 과정이며 스스로 의미와 지식을 구성하는 과정인 것이다[그림 2-2].

  유아의 경험은 평형화의 과정을 통하여 지식으로 구성된다(Fosnot, 1996). 평형화란 동화와 조절을 통해 내적인 행동을 스스로 규제해가는 역동적인 과정이다. 만약 새로운 정보나 생각들이 학습자의 최근 사고와 잘 맞는다면 새로운 정보나 생각들은 동화되어 기존의 지식 체계를 더욱 강화하게 된다. 그러나 새로운 정보, 경험, 생각들이 기존의 사고와 맞지 않는다면 인지적으로 불균형 상태를 이루면서 새로운 지식과 기존 지식 간의 균형을 이루기 위해 기존의 사고방식을 변화시

그림 2-2 | 유아들은 이전의 경험을 토대로 새로운 지식을 구성해 간다.

키는 조절의 과정이 일어난다(Waite-Stupiansky, 1997). 유아들은 이러한 동화와 조절에 의해 지속적으로 기존의 지식을 수정해 나간다.

+ 셋째, 능동적 학습자로서의 유아이다. 유아가 지식을 구성할 때 놀이는 거의 완벽한 전후관계를 제공한다. 놀이를 하는 동안 유아는 규칙과 과정을 자유롭게 개발한다. 둘 이상의 유아들이 모였을 때 그들은 놀이를 지속시키기 위해 협상하고 그 규칙에 동의하고 자신들의 생각, 경험, 예측 등에 따라 자료들을 나름대로 조작한다. 결국 유아들은 그들의 놀이에 적극적으로 참여함으로써 능동적인 학습을 하게 된다.

2. 사회 문화적 구성주의

사회 문화적 구성주의는 유아 스스로 지식을 구성해나간다는 인지적 구성주의의 기본개념에는 동의하지만 피아제의 단계 이론에는 동의하지 않는다. 즉 영역에 따라 능력이 달라질 수 있다는 관점으로서, 내용을 잘 아는 영역에서는 보다 높은 수준의 추론이 가능하다는 추장이다. 사회 문화적 구성주의에 의하면 사회적 상호 작용은 학습의 필수요인이다. 유아 ↔ 성인, 유아 ↔ 유아의 관점을 서로 비교하고 토론함으로써 유아들은 타인의 관점을 고려하기 시작한다. 유아들이 객관적이며 자율적으로 사고하기 시작하는 것은 사회적 상호 작용을 통해서 이루어지는 것이라고 사회 문화적 구성주의는 주장한다. 즉, 발달이란 교육을 앞서는 것이 아니라 교육에 힘입어 교사 · 부모 등 연장자와의 지속적인 상호 작용을 통해 이루어진다는 것이다(Vygotsky, 1986).

비고츠키도 피아제와 마찬가지로 지식의 구성은 발달적이라고 보았다. 그러나 그는 자발적 개념과 과학적 개념을 서로 분리시켰다. 자발적 개념이란 피아제가 말하는 준 개념에 해당되는 것으로 유아들이 일상적인 경험을 통하여 스스로 생각함으로써 자연스럽게 터득하게 되는 것이다. 이와는 달리 과학적 개념이란 자발적으로 구성된다기보다는 구조화된 교실 상황 속에서 이루어지는 좀 더 형식적이고 문화적으로 합의된 내용이라는 것이다(이경우 외, 2000 재인용; Fosnot, 1996). 과학적 개념과 자발적 개념은 서로 다르게 발달되지만 상호 밀접한 관련을 맺고 있기 때문에, 자발적 개념이 발달됨으로써 과학적 개념을 보다 쉽게 습득할 수 있게 된다.

그러므로 과학적 개념을 구체적인 예에 적용시키려면 유아는 자신의 경험에서부터 그것이 의미하는 것이 무엇인지를 생각해 보아야 한다. 동시에 유아는 일상적인 경험을 학교에서 배운 체계 속에 끼워 맞추어 추상적인 것에서 구체적인 것으로, 구체적인 것에서 추상적인 것으로 변환시킬 수 있어야 한다. 이러한 양 방향으로의 이동은 필수적이다. 다시 말해서 유아는 일상적인 경험들을 과학적인 개념체계로 전환하고, 체계적인 구성을 일상적인 경험에 적용하는 것 사이를 오가면서 이해하게 되는 것이다(Howe, 1996).

비고츠키(1986)는 언어가 사고 발달의 기초가 될 뿐만 아니라 사고를 형성하고 구체화하는 등 사고 중재의 역할을 한다고 보았다. 언어와 사고는 역동적인 관계에 있기 때문에 사고는 언어로, 언어는 사고로 지속적인 관계 변화가 일어난다. 사고와 언어 간의 관계는 살아 움직이는 과정이며, 사고는 언어를 통해 생성된다.

특히, 사회 문화적 구성주의에서 지식의 구성 과정은 내재적인 동시에 외재적이며, 이전의 지식이 특정 영역에서 지속되는 경우 연령별로 거의 일정한 지식을 구성한다고 본다(이경우 외, 2000). 따라서 유아들이 관심 분야에 대한 세부 지식을 축적해가면 그 부분의 학습을 쉽게 할 수 있고, 그것이 다음 학습을 이끌어가는 기초로서 작용하게 된다. 이와 같이 학습의 기초 토대로서 방향을 제시해 주는 것을 구속능력이라고 하며, 구속능력은 사회 문화적 구성주의에서 매우 중요한 개념이다.

이나가키(Inagaki, 1992)는 구속능력을 인지적 구속능력, 문화적 구속능력, 사회적 구속능력으로 나누고, 인지적 구속능력을 다시 생득적 지적 능력과 습득된 특정 지식으로 나누었다. 인지적 구속능력에서 이나가키는 유아들의 타고난 초기의 능력을 피아제보다 더 많이 인정하였으며(Gelmam, 1979), 경험을 통하여 얻은 세부 지식 또한 지식의 구성 과정에 도움이 된다고 보았다. 즉 유아들은 경험이 많은 특정 부분에 대해서는 더 잘 추론할 수 있다는 것이다.

문화적 구속능력이란 사회의 대다수 구성원들이 공유하는 문화유산의 총체로서 문제해결능력뿐 아니라 학습과 발달에 도움이 된다. 물리적 시설이나 사회단체, 언어 같은 상징, 상식, 신념 등이 모두 이에 해당된다. 사람들은 이러한 문화적 구속능력을 가지고 쉽고 빠르게 지식과 기술을 습득할 수 있게 된다(Miyake & Hatano, 1991).

사회적 구속능력에는 타인의 행동, 타인과의 상호 작용, 사회적 맥락 등이 포함된다. 비고츠키(Vygotsky, 1978)는 유아 혼자보다는 성인의 지도나 능력 있는 또래와의 협동을 통하여 지식의 습득이 보다 효율적으로 이루어진다고 하였다. 처음에는 성인의 도움을 받으면서 문제를 부분적으로 해결해가다가 점차 전체에 대한 책임을 맡게 되고 결국 스스로 문제를 해결하게 된다(Wersch, 1979).

특히, 비고츠키는 학습의 사회적 구성을 가정하였는데, 인지는 사회적 상황에서 시작되며 유아들은 어른들과 함께 완성된 성과를 수행하기 위한 책임을 나누어야 한다고 하였다. 즉 유아들은 자신이 할 수 있는 것은 스스로 수행하고 어른은 나머지를 돕는 방법이다. 이러한 유형의 상호 작용이 자연적으로 일어나면서 어른들은 유아가 스스로 할 수 있는 것에 대한 기대를 점차로 늘려 간다. 이와 같은 비고츠키의 상호 작용 과정에 대한 개념을 우드(Wood), 브루너(Bruner) 및 로스(Ross, 1976)는 비계설정(scaffolding)이라고 명명하였으며, 이와같은 비계설정의 모델을 시각화하면 [표2-2]와 같다(이경민, 2000, 재인용; Cazden, 1998).

표 2-2 | 비계설정의 모델

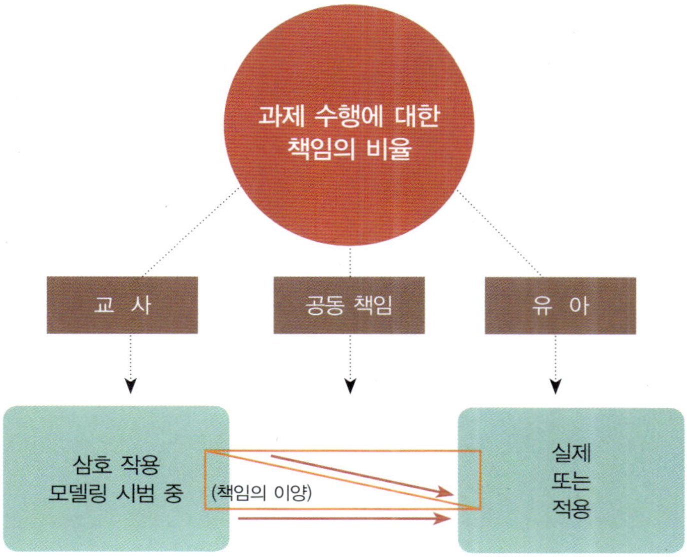

비계설정은 교수-학습 과정에서 교사에게 주어지는 역할을 좀 더 명쾌하게 보여준 개념이다. 교사는 유아들이 현재 가지고 있는 과학적 지식에 대한 이해를 나눈다는 기본 가정을 갖고 유아들을 가르치고 지원한다. 교사-학습 과정은 최적의 학습을 조장하기 위해 공동으로 책임을 나눈다. 학습에 대한 과정을 공동 책임지는 상황에서 교사는 점진적으로 유아 스스로 터득할 수 있도록 도와주며 학습 수행에 대한 책임을 줄인다. 사회적으로 구성된 학습은 교사-유아 상호 작용에 의해 학습자에 초점을 둠으로써 폭넓은 학습이 이루어질 수 있는 기회를 제공한다. 이러한 상호 작용은 폭넓은 문화적(실생활, 어른들의 세계, 상호 심리적 기능) 경험과 새로운 관점을 자신의 개념과 통합시키는 쪽으로 옮겨가는 변화 속에서 시작된다. 특히, 이와 같은 체계는 교사가 유아 발달에 대한 유용한 통찰력을 가지고 유아들에게 적절한 안내를 하는 데 중요한 역할을 한다(Fleer, 1992b).

더욱이 유아들은 또래 집단 속에서 서로 상호 작용함으로써 지식을 구성해 나간다. 그러므로 스스로 문제를 해결해나갈 만큼의 지식이 충분하지 않은 유아라 할지라도 주제에 대해 서로 질문하고 의사소통함으로써 상호 도움을 줄 수 있다[그림 2-3]. 사

그림 2-3 ❙ 유아들의 지식은 실제적인 경험과 의사소통을 통해 구성되어 간다

고의 변환은 학습자가 이미 알고 있거나 생각하고 있는 것과 타인의 행동과 사고 간에 불균형을 경험할 때 일어날 수 있다. 또래 간의 상호 작용을 통해 제공된 전후관계는 논리적 지각을 개발할 수 있는 자연스러운 학습 환경이기 때문이다. 그러므로 교사의 역할은 유아들이 타인의 관점을 보거나 들으면서 스스로 해결할 수 있도록 돕는 것이다.

3. 통합적 구성주의

인지적 구성주의와 사회 문화적 구성주의는 모두 구성주의라는 기본 틀 속에 있다. 구성주의라는 틀 안에서 서로 다른 세부 관점을 가지고 있는 두 구성주의가 통합되어야 한다고 보는 최근의 동향을 통합적 구성주의라고 하고 이 관점을 분석해 보면 다음과 같다.

✚ 첫째, 지식의 구성 측면이다. 지식의 구성이란 개인의 내적 과정인 동시에 문화를

떠나서 존재할 수 없다. 왜냐하면 문화 속에서 개인의 인지적 구조가 어떻게 상호 작용하는지를 관찰하지 않고는 그 구조를 완전히 이해할 수 없기 때문이다. 그렇다고해서 문화가 지식 구조에 전적으로 영향을 미치는 유일한 실체라고 보아서도 안 된다(이경우 외, 1999 재인용; Fosnot, 1996). 개인이 지식을 구성하는 과정은 사회 문화적 실재에 대한 참여를 배제하고는 이루어질 수 없기 때문이다. 즉 인지적 구성주의자들이 중요시하는 자기 조직의 과정에는 이미 어느 정도 사회 문화적 요인이 내재되어 있는 것이다. 또한 유아를 둘러싼 사회 문화적 실재에는 이미 개별 유아의 능동적인 자기 조직이 전제되어 있다. 사회 구성원 간의 공유된 지식의 이해는 개별 유아의 이해를 토대로 하는 것으로 개별 유아의 이해와 진단에 의해 수립된 의미는 서로 밀접하게 연관되어 있다(이경우 외, 1999 재인용; Cobb, 1996). 결국, 능동적인 개인의 지식 구성은 문화적 실재의 참여와 자기 조직으로 이루어지는 것이다.

+ **둘째, 학습과정과 내용의 측면이다.** 인지적 구성주의에서는 학습의 과정을 강조하고, 실제로 사회 문화적 구성주의에서는 학습의 내용을 강조하지만, 과정 하나만 또는 내용 하나만으로 양분할 수는 없는 것이다. 학습자 스스로 지식을 구성해나가면서 학습의 과정을 무시하는 결과나, 결과를 무시하는 과정은 올바르지 않다. 즉, 내용이 없는 과정이나 과정이 없는 내용은 있을 수 없기 때문이다. 그러므로 학습은 과정과 지식이 함께 상호 작용할 때 이루어진다는 사고가 중요하다.

+ **셋째, 상호 작용 측면이다.** 인지적 구성주의에서는 사물을 직접 조작해 보는 구체적인 경험, 즉, 사물과의 상호 작용을 통해 유아 스스로 지식을 구성해나가는 것을 강조하였으며, 사회 문화적 구성주의에서는 교사나 또래 간의 언어적 상호 작용을 통한 지식의 구성과정을 중요시하였다. 지식의 구성을 위해서는 신체적 활동과 물체와의 조작행위가 정신활동의 주요 부분으로 전이되어야 한다(이경우 외, 1999). 그러기 위해서 유아 스스로 직접 하는 활동뿐 아니라, 사고 수준이 높은 성인이나 또래 간의 언어적 상호 작용 또한 중요하다. 그러므로 두 가지 요소가 함께 이루어질 때 비로소 지식이란 학습자 내부에서 구성되며 사회 문화적 요인들과 상호 작용할 때 의미가 있다는 구성주의의 기본원리와 일치하게 된다.

03 구성주의와 유아과학교육

21세기 다원주의 사회가 도래함에 따라 절대적인 가치를 추구하기보다는 상대적 가치가 사회 전반에 만연되어 있으며 이는 과학교육에도 예외는 아니다(이경민, 2010). 특히, 구성주의는 현재 과학교육에 가장 현저하게 영향을 미치고 있는 패러다임이다(김민경, 홍혜경, 이지연, 이정욱, 2006). 구성주의는 과학적 지식을 절대성에서 상대성으로, 불변성에서 가변성으로 인식하는 인식론적 관점(Mattews, 1994)으로 지난 1980년대 이후 지금까지 수행된 과학 교육 관련 연구들과 교육 현장에 절대적인 영향을 미치고 있다(Appelton, 1997; Fensham, Gunstone, & White, 1994; Lorsbach &Tobin, 2002; Mattews, 2000; McComas, 2000; Martin, 2009).

여러 세기 동안 철학자들은 "지식을 구성하는 것이 무엇인가"에 대한 논쟁을 벌여왔다. 구성주의에서 지식은 학습자 자신이 관찰, 회고, 논리적 사고를 함으로써 개인적으로 구성된다는 관점이다(Martin, 2009). 따라서 지식이란 교사가 필수적으로 유아에게 전수해야 하는 대상이 아니라 유아들이 자발적으로 구성해야 하는 앎의 총체이다(von Glaserfeld, 1989).

따라서 구성주의 철학에 입각한 과학교육은 유아의 개념에 대한 이해와 구조가 형성되어가는 과정에 중점을 두며, 개별 유아의 주관적인 관심과 흥미에 초점을 맞춰야 한다. 또한 지식을 구성하기 위해서는 교사의 일방적인 설명이 아니라 유아 스스로 관찰, 조작, 분석, 종합하는 활동을 통해 과학적 개념이나 원리를 탐구하고 발견해야 한다(교육부, 2007).

구성주의에서의 학습이란 현재보다 진보되고 복잡한 사고를 향한 움직임으로 단순히 사실과 개념을 축적하는 것 이상이다. 학습자는 다양한 관점뿐 아니라 다양한 자료로부터 정보를 얻으며, 자신이 얻은 결론에 도달하기 위해 이를 사용한다[그림 2-4]. 이러한 유형의 사고를 지적 자율이라고 부르며(Kamii, 1985), 지적 자율의 추구는 구성주의 교육의 목표이기도 하다. 이러한 자율적 사고는 유아기 때부터 구체적이며 직접적인 경험을 통해 형성된다(Waite-Stupiansky, 1997). 피아제에 의하면 유아들은 적극적으로 사물을 경험하는 동안 기존의 지식과 새로 발견한 지식 간의 불균형을 경험하다가 동화와 조절의 과정을 거쳐 균형을 이루어 나름대로 무엇인가를 알게 된다(Waite-Stupiansky, 1997).

그러므로 구성주의 입장에서 유아들은 이미 알고 있는 지식, 경험, 개념화와 연관된 학습을 통하여 스스로 개념을 구성하는 주체이다(Martin, 2009). 유아들은 자기 주변에서 관찰할 수 있는 것을 단순히 모방함으로써 학습하는 것이 아니라 스스로 사고하고 문제해결을 해본 결과로 학습한다(Tobin, 1991). 즉 유아들이 인지적 불균형을 평형으로 만들기 위해 상황의 시행착오를 경험하고 다양한 사고를 시도하고, 다양한 것을 해 보고, 가장 가능해 보이는 것을 확인하는 과정을 거친다. 유아들은 이러한 학습과정에서 적극적인 참여자로서 학습을 통해 지식을 풍부하게 구성한다.

특히, 구성주의에서 교사는 학습의 계획 및 실행 시 유아로 하여금 적극적으로 참여하게 하여, 유아가 의미 있는 것을 발견하고 그 결과를 내면화시킬 수 있도록 돕는 역할을 한다. 따라서 교사는 질문을 통해 유아들의 선 개념을 이해하고 이미 구성된 정보를 주제와 어떻게 연결시키는가를 파악하고, 이를 바탕으로 유아가 정보를 재구

그림 2-4 | 과학적 개념은 실제 탐구과정을 통해서 얻어진다.

성하도록 도와줌으로써 유아의 탐구활동이 바람직한 결과를 도출해낼 수 있도록 도와주어야 한다(Martin, 2009).

구성주의 교수-학습 전략은 교육과정과 주제 영역들을 구분하지 않고 주제에 대한 기본개념이나 개념체계를 학습하도록 하는 것이다(Schifter & Fosnot, 1993). 구성주의의 주된 교수-학습 목표는 개념의 발달과 변화에 있기 때문에 교수-학습 과정안은 큰 개념 또는 대주제를 중심으로 구성하여야 한다. 구성주의에서의 모든 주제는 다른 개념과 부합되는 기본개념을 가지고 있어서 교육과정을 주제별로 완전하게 구분 지을 수 없으며, 지식은 중복되고 통합된다고 보기 때문에 총체적인 접근이 적절한 것이다(이경민, 2010).

이러한 관점에서 구성주의적 과학교육을 살펴보면 다음과 같다.

- **첫째, 구성주의 관점에서 지식이란 학습자가 어떤 대상에 관해 수행하는 학습 활동에서부터 시작된다.** 즉 지식은 전달될 수 있는 것이 아니라 개인이 스스로 구성해야 한다는 것이다. 이러한 관점에서 과학적 지식은 사실이나 절차가 아니라 관련성을 알아내는 활동이라고 본다(유경숙, 1999). 피아제(1973)는 과학적 지식이란 학습자의 인지 구조와 외부 환경과의 상호 작용을 통해 자신의 지식을 구성하는 능동적인 과정이라고 보았다. 그는 이러한 상호 작용을 평형화라고 하였는데, 평형화는 학습자의 인지 구조가 외부 환경에 동화되었을 때, 그리고 이 과정에서 자신의 인지 구조를 외부 환경에 맞추어 조절함으로써 일어나는 것이다[그림 2-5].

  마틴(Martin, 1997)은 과학학습이란 기존에 가지고 있던 개인적 이론을 구성하거나 재구성하는 과정이라고 보았다. 그것은 지속적으로 기존의 지식을 발전시키고, 각각의 유아에게 자기만의 독특한 방법으로 예측할 수 있게 하는 힘을 제공하는 것으로 구조화된 망 속에서 개념을 구성하는 과정이다.

  한편 손더(Saunder, 1992)는 학습자의 예측과 관찰 결과를 조정하여 지식을 구성하는 데 다음과 같은 세 과정을 소개하고 있다. 첫 번째 과정은 학습자가 감각적 자료의 실체를 거부하는 경우로 학습자는 무의식 중에 인지적 도식을 재구조화하지 않으려고 하고, 새로운 감각적 자극을 무시하면서 자신의 인지적 도식을 고집

그림 2-5 ❙ 유아들은 연령에 따라 개념형성의 방법이 다르다.

하는 것이다. 두 번째 과정은 학습자가 자신의 인지 도식을 바꾸는 것이다. 즉 감각적 자료를 신뢰하고 수용하여 인지 도식을 재구조화하는 것으로 자신의 인지 도식을 교정하거나 바꿈으로써 의미 있는 학습이 가능하게 된다. 그리고 세 번째 과정은 학습자가 스스로 관찰한 결과와 자신의 감정을 분리하는 경우이다. 학습자는 인지적으로 스스로를 분리하여 생각함으로써 예측한 것과 관찰한 것을 토대로 자신을 객관화시키는 것이다.

✚ **둘째, 구성주의는 학습자가 자신이 배우는 방식, 즉 학습과정에 중점을 둔다.** 이것은 유아과학교육이 과학적 정보나 지식의 학습에 강조점을 두기보다는 과학하는 방법을 학습하는 데 강조점을 두어야 함을 의미한다. 즉 유아과학은 관찰하는 방법, 창조하는 방법, 새로운 아이디어를 제안하는 방법, 그것을 종합하고 분석하고 평가하는 방법을 학습하는 데 그 일차적 목적이 있다. 과학하는 방법은 과학의 과정적 접근을 의미하는 것으로, 과학적 지식보다는 과학적 사고를 중심으로 호기심과 의문을 갖고, 스스로 관찰하고, 분류하고, 실험하고, 문제해결을 위해 아이디어를 적용해 보는 등의 활동을 포함한다(Copple, Sigel, & Saunders, 1984). 이

러한 과정적 접근기술에 대해서는 학자들마다 다양한 견해를 제시하고 있지만, 공통적으로 관찰하기, 비교하기, 측정하기, 분류하기, 실험하기, 예견 및 추론하기, 창안하기 등을 포함시키고 있다(신은수 외, 1996; 유경숙, 1999; Althouse, 1987).
특히, 알도우스(Althouse, 1987)는 과학교육에 있어 과정적 접근은 교사에게나 유아에게 흥미를 주며 학습의 방향이 교사에 의해 결정되기보다는 유아에 의해 결정된다고 하였다. 이를 위해 교사는 "이것은 탐구를 자극하는 활동인가?", "이 활동에서 유아는 어떻게 과학적 개념을 얻게 될 것인가?", "적절한 과학적 도구를 제공하였는가?", "어떻게 적절하게 개입할 것인가?" 등 발달적으로 적절한 활동의 선택은 물론 과학적 지식의 구성에 대한 발생학적 측면을 고려해야 한다고 주장하였다.

✚ **셋째, 구성주의는 사전 지식에 대한 요인을 중점적으로 다룬다.** 구성주의 관점에서 보면 학습자는 자신이 갖고 있는 이전 경험이나 사전 지식에 비추어 지식을 재조직화하고 재구성한다(Chan & Carol, 1992). 구성주의 관점에서 볼 때, 어린 유아도 어떤 형식적인 과학교육을 받기 이전부터 주변 세계와 일상적인 경험을 통해 여러 가지 사물의 특성과 현상에 대해 나름대로 이해하고 있는 개념이 있는데, 이것을 선 개념, 사전 개념, 사전 지식이라고 한다(황의명, 조형숙, 2001; Wittrock, 1992). 즉, 유아들은 과학적 지식이 전혀 없는 백지상태로 수업에 임하는 것이 아니라 이해하고 있는 이전 개념과 새로운 경험이나 현상과의 상호 작용을 통해서 능동적으로 의미를 구성하는 것이다.
즉, 유아들의 학습 능력은 그들의 사전 지식에 기초하기 때문에 어린 유아라 할지라도 과학적 주제에 대한 탐구학습이 가능하다고 보는 것이다(Inagaki, 1992). 따라서 오수벨(Ausubel)의 주장처럼 의미 있는 학습이 이루어지기 위해서는 유아가 이미 알고 있는 수준을 잘 고려하고, 새로운 지식을 제공할 때는 단편적인 것으로 산만하게 제공하기보다는 특정 형태로 일관성 있게 구조화하여 제공해야 함을 알 수 있다.

✚ **넷째, 구성주의 관점에서 볼 때 학습이 일어나기 가장 좋은 조건은 학습자가 문제 상**

황에 부딪혔을 때, 즉 알고 있는 해결절차가 없을 때이다. 유아는 자신이 이미 알고 있는 것(이전 경험)과 과학활동 중에서 일어나는 실제 현상에 차이가 있을 때 기존의 지식에 대해 의문을 갖게 된다(piaget, 1973). 이것이 바로 구성주의 과학 이론에서 말하는 인지적 불일치의 개념이다. 이러한 인지적 불일치가 계속적으로 드러나게 되면 유아는 기존에 자신이 알고 있던 개념을 변화시켜야 한다는 생각을 하게 되며, 이것이 개념의 변화를 가져오도록돕는다(Bitner, 1993). 따라서 구성주의 과학교육 이론이 제시하는 교수 방법의 가장 중요한 원리는 유아들의 이전 경험이 갈등을 일으키도록 하는 것일 때 유아가 보다 적극적으로 탐구과정에 참여하여 과학적 개념을 습득한다는 것이다(조형숙, 1999).

요약하면, 유아과학교육은 유아 중심의 능동적인 교수–학습인 구성주의적 교수 전략을 실시함으로써 유아들 스스로 유의미한 개념 변화를 일으킬 수 있도록 접근해야 한다. 이를 위해서는 교사는 수업을 실시하기 전에 개별 유아가 가지고 있는 이전 경험을 잘 파악하고 유아들이 과학활동에 적극 참여하도록 하며, 과학적 개념에 도전할 수 있도록 격려하는 활동을 제시해야 한다[그림 2–6].

그림 2–6 | 과학교육은 유아들이 가지고 있는 개별적인 경험이 중요하다.

04 구성주의와 유아과학교사의 자질

현대와 같은 정보화, 과학화 시대에 대처할 수 있는 적극적이고 능동적인 인간을 육성하기 위해서는 과학교육에 대한 의식의 전환이 필요하며, 이러한 필요성은 우수한 교사의 자질을 요구한다. 이러한 관점에서 보면 실제적인 과학경험을 계획하며 실천하고 그 결과를 평가하여 다시 새롭게 지식을 구성해가는 데 역점을 두는 구성주의에서는 "준비된 교사", "완성된 교사"가 아니라 "준비하는 교사", "완성하려는 교사"로서 끊임없이 자신의 교수 활동을 성찰하고 다시 계획하고 실천하려는 의지를 가진 교사를 필요로 한다. 따라서 이러한 시각에 따라 최근 구성주의 이론에 기초한 유아과학교사가 갖추어야 할 자질에 관하여 교사의 과학적 지식, 과학활동에 대한 반성적 사고, 과학교수 방법을 중심으로 살펴보고자 한다.

1. 과학적 지식

최근 들어 유아교사의 전문성에 대한 논의가 활발해지면서 교사의 전문적 지식의 형성 및 발달이 강조되고 있다. 교육 현장에서 교사가 내리는 수많은 교육적 결정 중 '무엇을 가르칠 것인가?'에 대한 내용을 결정하는 것이 가장 중요하다고 할 수 있는데, 이러한 교육내용은 바로 교사가 가지고 있는 교육내용에 관한 지식에 의해 결정된다. 교육내용에 관한 지식이란 각 영역에서 가르치고자 하는 개념들에 대한 지식으로 그 개념들은 각 학문 영역 내에서 보는 사실 · 용어 · 개념들과 그들의 관계나 각 학문 영역 간에 나타나는 개념의 상호 관련성, 특정 교과에 대한 인지적 · 개인적 성향들을 포함할 수 있다(Reynold, 1992; 안부금, 2002 재인용). 따라서 유아과학교육의 내용 선정도 역시 교사의 과학적 지식으로부터 나온다고 할 수 있다.

레이놀드(Reynold, 1992)와 그의 동료에 의한 사례연구에서 교과에 대해 지식이 빈약한 교사들은 교과서에만 의존하고 그대로 따르는 데 비해, 풍부한 지식을 가지고 있는 교사들은 교과서뿐만 아니라 자신들의 지식과 신념에 기초하여 내용을 결정한다는 사실을 밝히고 있다. 이것은 결국 과학교육의 내용에 관해 결정을 할 때 교사의 과학적 지식이 중요한 변수라는 것을 말해 주고 있다. 그러므로 교사의 정확하고 풍부한 과학적 지식은 유아과학교육에서 가장 필수적이라고 할 수 있으므로, 먼저 교사의 과학적 지식이 어느 정도인지 파악하는 일이 선행되어야 할 것이다.

한편 교사의 과학적 지식 수준을 파악하는 데 유용한 도구로서 그물망의 활용이 권장된다.

그물망이란 전체 학습 영역 내에 포함될 개념을 규정하고 이 개념들을 가장 일반적인 개념부터 특정한 개념까지 포함되도록 위계적인 배열로 조직하는 것을 말한다(Navak &Staff, 1981). 즉, 과학교육 내용에 대한 그물망은 교사들이 지닌 지식의 내용 및 구조를 파악하기 위한 도구로써, 교사가 스스로 교육내용에 대한 전체적인 개념들의 틀을 구성할 수 있도록 하며, 주제를 계획할 때 주제와 관련된 교육내용을 위한 기본 틀로 사용할 수 있다. 여러 선행 연구들 역시 그물망은 지식의 내용 및 조직 방식의 변화를 측정할 수 있는 매우 유용한 도구이며(Lee, 1995, Morine-Dershimer, 1991), 또한 교사들의 교수-학습 방향을 설정하는 데 도움이 된다고 보고하고 있다[표 2-3].

표 2-3 | 과학교육 내용에 대한 그물망은 교사와 유아들이 함께 연구할 내용의 도구를 미리 파악할 수 있게 해 준다.

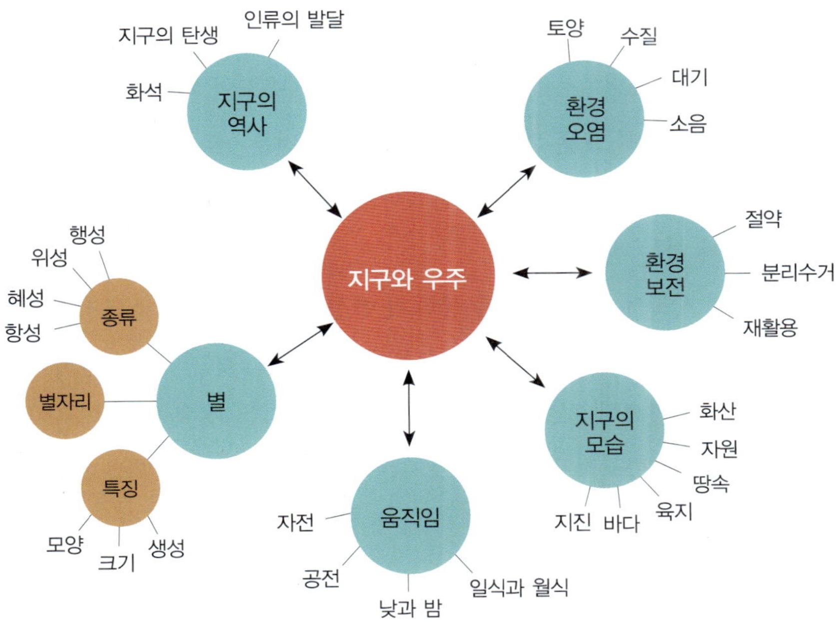

2. 반성적 사고

반성적 사고는 듀이에 의해 1933년에 소개된 것으로 새로운 개념은 아니다. 듀이는 반성적 사고란, 어떤 신념이나 실천행위에 대하여 그것의 원인이나 그 결정의 궁극적인 결론, 혹은 장기적인 영향에 대하여 적극적이고 지속적이며 주의 깊은 배려를 하는 것이라고 말한다. 즉 반성적 사고는 과거나 현재의 행위에 대한 비판적 사고를 통하여 미래의 어떤 행동을 이끌어내도록 하는 과정이다. 숀(Schon, 1987)은 반성적 사고의 특징을 전문직에 종사하는 사람들이 현장에서 어떤 문제에 직면했을 때, 이를 자신이 가지고 있는 전문적인 지식에 근거하여 문제를 여러 각도에서 분석하고 그분석의 결과에 따라 자율적으로 결정을 내리고, 내려진 결정은 사회 · 윤리적으로 적합하고 타당하게 되는 것이라고 하였다.

그러므로 특히, 유아교사들에게 반성적 사고가 강조되는 이유는 교사의 사고 과정과 신념 체계가 교수 활동에 큰 영향을 미치면서도, 교수 행위는 매우 불확실한 실천 행위이기 때문이다. 따라서 유아교사가 지녀야 하는 지식은 이론을 현장에서 적용하는 실천적 지식이라는 특수성을 가지고 있다(박은혜, 1996). 또한 교사의 반성적 사고는 유아의 학습과 자신의 교수 행위에 대해 주의 깊게 고찰하고 의사결정하는 과정을 통해 유아들로 하여금 그들의 학습이 스스로의 노력에 의해 능동적으로 이루어지도록 하는 사려 깊은 교육을 가능하게 하기 때문이다(Henderson & Hawthrone, 2000).

결론적으로 훌륭한 교수(teaching)는 실험과 재검토, 숙고와 재적용의 과정이고 훌륭한 교사(teacher)는 교수의 모든 과정을 다 알고 있는 전문가로서 그들 자신을 보는 것이 아니라 유아들이 반응하는 형태와 선택하는 유형을 지켜보는 학습자로서 자신을 바라볼 수 있어야 하는 것이다.

이상의 반성적 사고에 대한 검토를 통해서 반성적 사고는 구성주의적 관점에서 파생되었음을 알 수 있다. 즉 학습자가 지식을 능동적으로 통합하고 그들의 경험과 환경의 탐색으로부터 필요한 정보를 선택적으로 획득한다는 것에 대한 믿음이며, 이러한 믿음은 곧 교사에게도 적용된다. 가르치는 것을 배우는 것은 평생 동안의 과정이며, 유아뿐 아니라 교사도 평생 학습자가 되어야 한다는 것을 시사해 준다.

한편, 코흐(Koch, 1999)는 교사들이 과학적 소양을 형성하기 위해서는 자신의 경험에 대해 반성적으로 사고하는 과정을 거치는 것이 중요하다고 지적하면서 이를 위한 방법으로 과학 자서전 쓰기, 과학 저널 쓰기, 과학자 면담하기 등의 방법이 효과적이라고 하였다. 특히, 과학교수에 대한 반성적 사고는 반성적 저널 쓰기의 활용을 통해 향상될 수 있음을 제안하고 있다(박은혜, 1999).

듀이(1933; 안부금, 2002 재인용)는 반성적 저널 쓰기의 구체적 방법으로 첫째, 특정 상황에 대하여 의문 가지기, 둘째, 그에 대한 가설 세우기, 셋째, 해결책 찾기의 3단계를 제안하였다. 셜벅(Surbek)과 그의 동료들도 반성적 사고의 단계를 기초로 저널 쓰기 순서를 제시하였는데, 그 순서는 반응–확장–결과에 대한 고려의 세 단계이다(박은혜, 1999). 이 외에도 저널 쓰기의 방법은 여러 가지가 있는데, 어떤 방법을 선택하든지 간에 가장 핵심이 되는 것은 저널을 쓰는 사람으로 하여금 자신이 경험한 것을 일단 기술하고 기술한 내용의 원인을 비판적으로 분석한 후 미래에 자신이 취할 행동과 그 행동의 결과를 예측하도록 기록하는 것이다.

3. 과학교수 방법

과학교육의 변화는 과학교수법의 변화와 직결된다. 급격히 변화하는 현대 사회에서 요구되는 것은, 많은 양의 지식을 습득하는 것보다는 무진장 많은 정보 속에서 필요한 것을 수집하고 적절하게 조직하여 사용할 수 있는 능력이라고 할 수 있다(조부경, 백은주, 2001). 따라서 유아교육 분야에서도 과학적인 내용 그 자체를 다루기보다는 구성주의 관점에 기초하여 지식 구성의 과정을 중시하는 방법이 필요하다(Piaget, 1973; Saunders, 1992).

구성주의 관점에 의하면, 진정한 개념 구성 및 변화는 수업 이전에 가진 유아들이 사전 지식 및 개념을 이해하는 것이 우선이므로 유아의 생각과 설명을 출발점으로 하여 틀린 개념을 수정하는 교수 방법 및 전략이 요구된다[그림 2–7]. 또한 유아 중심의 학습이 될 수 있도록 유아 스스로 의미 있는 지식 형성을 위한 기회를 제공해야 하며, 유아의 현재 인지 수준에서 도전할 수 있는 경험 및 활동을 제공해 주는 등의 교수 방법이 효과적이다. 뿐만 아니라 결과 위주의 접근보다 과정적 접근이 효과적인데, 이는 교사에게나 유아에게 흥미를 유발하며, 학습의 방향이 교사에 의해 결정되기보다는 유아에 의해 결정되도록 해 주기 때문이다.

이와 유사하게, 블랙(Black, 1992)등은 구성주의 교수 방법으로 다음의 일곱 가지 사항을 제시하고 있다.

첫째, 유아의 수업 이전 경험을 고려할 것

둘째, 유아의 지식과 관련하여 실용적인 경험을 제공할 것

셋째, 유아 스스로 생각할 수 있는 기회를 제공할 것

넷째, 협동 학습을 강조할 것

다섯째, 수업에서 토의 활동을 격려할 것

여섯째, 학습하는 방법을 학습하도록 자극할 것

일곱째, 학습을 도와주는 수업 환경을 조성할 것 등을 제시하였다.

한편, 하위(Howe, 1993)는 인지발달 수준에 기초한 교육보다는 유아의 흥미와 경험

그림 2-7 ❙ 유아과학교육은 지식 그 자체의 내용보다 지식 구성의 중시되어야 한다.

에서 얻어진 사전 지식과 유아에게 의미 있는 사회 · 문화적 맥락에 기초하여 교육한다면 어린 유아에게도 어떤 내용이든지 심도 있는 과학교육이 가능하다고 제안하고 있다. 또한 신은수 등(1994)도 사고 발달에서 갈등과 유아 자신에 의한 지식 형성을 강조하면서 유아기 과학학습의 능력을 높게 평가할 뿐만 아니라, 사전 경험에 기초한 지식의 확장 및 다양성을 중시하고 있다. 이상의 선행연구를 토대로 구성주의 과학교수 방법의 특징을 정리해 보면 다음과 같다.

첫째, 유아들의 능동적인 참여와 직접 조작의 감각적인 경험

둘째, 유아의 창의적 사고 및 탐색 활동의 강조

셋째, 대집단보다는 소집단의 강조

넷째, 유아들의 사고와 행동의 병행

다섯째, 인지적 갈등을 통한 문제해결의 과정이라고 할 수 있다(안부금, 2002).

따라서 구성주의적 교사는 유아에게 과학적 지식을 전달하는 지식전달자의 역할에서 벗어나 적절한 언어적 · 비언어적 개입을 통해 유아가 주도하는 학습이 이루어질 수 있도록 돕는 역할을 하여야 한다.

연습문제

1. 다음 문장을 읽고 맞으면 O, 틀리면 X를 하세요.

1) 교사는 철저한 학습준비를 통해 유아가 필요로 하는 탐구심과 호기심을 채워주어야 한다.(　　)

2) 유아과학은 절대적인 가치와 진리를 바탕으로 한다.(　　)

3) 유아과학 교육의 목적은 주변세계에 대한 지식의 구성뿐 아니라 정신적이고 조작적인 기술과 태도를 발달시키는 것이다.(　　)

4) 구성주의적 입장에서 과학교육은 교사의 의도에 의해 확정되고 고정된 교육과정이어야 한다.(　　)

5) 유아의 호기심을 자극하는 방법은 모델링과 강화가 매우 유용하다.(　　)

6) 교사는 유아의 탐구과정 단계에서 유아의 과학활동을 안내하고 격려하면서 교사의 아이디어를 활용한다.(　　)

7) 객관적인 관점에서 지식은 개인의 외부에 존재하는 것으로 절대적인 진리와 지식이다.(　　)

8) 인지적 구성주의와 사회적 구성주의는 구성주의라는 입장에서는 서로 다른 이론이다.(　　)

9) 구성주의 입장에서 유아들은 이미 알고 있는 지식과 경험을 개념화와 연관된 학습을 통해 스스로 개념을 구성한다.(　　)

10) 훌륭한 교사는 실험과 재실험, 숙고와 재적용을 과정을 알고 있다.(　　)

2. 다음 문장을 읽고 적합한 용어를 써서 완성하세요.

1) 과학은 (　　　　)와 권위주의를 거부한다.

2) 과학은 관찰된 (　　　　)에 대한 초자연적인 설명을 거부한다.

3) 구성주의는 (　　　　)지식에 대한 요인을 중점적으로 다룬다.

4) 구성주의는 학습자가 자신이 배우는 방식, 즉 (　　　　　　)에 중점을 둔다.

정답 : 1. 1) X, 2) X, 3) O, 4) X, 5) O, 6) X, 7) O, 8) X, 9) O, 10) O
2. 1) 권위, 2) 현상, 3) 사전, 4) 학습과정

PART II

유아과학교육의 발전

1960년대 이전의 유아교육에 대한 흐름은 사회성 발달을 위한 놀이중심 교육이었다. 그러나 1957년의 스푸트닉 쇼크와, 피아제와 브루너의 인지발달이론은 유아과학교육과정을 발전시키는 계기가 되었다. 미국의 경우, 인지발달에 기초한 과학교육과정은 유치원에서부터 초 · 중등학교까지 연계한 프로그램을 단원별로 구성하게 되었고, 이는 우리나라 유치원 과학교육과정에도 많은 영향을 주었다. 그러나 인지발달에 기초한 유아과학교육은 그 성과가 기대치에 미치지 못하는 결과를 가져왔다. 이에 따라 현대과학교육은 인지발달의 핵심요인인 사고의 구조보다는 유아의 직접적인 경험에서 나오는 사전 경험을 강조하게 되었다.

즉, 현대 유아과학교육은 유아들의 일상생활 속에서 경험하는 실제 내용들을 연관지어 과학의 일반원리를 이해하고 판단할 수 있도록 돕는 것으로 발전하였다.

한편, 우리나라 유아과학교육의 발전과정과 동향을 살펴보는 것은, 미래 유아과학교육의 발전방향을 제시하기 위한 기초작업이 될 것이다.

PART II에서는 먼저 유아과학교육의 역사적 배경에 대해 알아보고, 우리나라 유아과학교육의 역사와 현대 우리나라 유아과학교육의 변천사에 대해 살펴보고자 한다.

학습목표

1. 유아과학교육의 역사적 배경을 알기 위해 새과학운동기를 이해한다.
2. 과학교육의 현대적 동향을 이해한다.
3. 우리나라 과학교육의 역사를 이해한다.
4. 현대 우리나라 과학교육과정의 내용을 이해한다.

주요 용어

ESS 프로그램, 스푸트닉쇼크, STS교수학습방법, 유치원교육규정, 인지발달, 탐구생활, 과학적 기초능력

chapter 3

유아과학교육의 역사적 배경 및 최근 동향

과학교육의 역사를 살펴보면 1950년 이전에는 암스트롱(Armstrong, 1913)에 의한 발견적 지도법과 듀이(1916)에 의한 흥미 위주의 교육에 영향을 받았고, 60년대에는 브루너(1960)의 과정적 접근법과 피아제(1965)에 의한 발생학, 그 외 여러 가지 이론에 영향을 받아 과학교육의 현대화 운동이 일어나기 시작하였다. 특히, 1957년 소련이 우주선 스푸트닉을 발사하면서 세계적으로 과학교육의 개혁 운동이 일어나게 되었다. 그 결과 1960년 이후에는 지식의 성장을 이해하려는 발생학적 측면과 연관하여 과정을 강조하는 입장의 이론이 두드러지게 되었다. 즉 유아들은 어떻게 학습하는가, 어떤 활동을 어떻게 제시해야 하는가, 유아들의 재미있는 생각을 어떻게 펴 나아가게 하며 과학적 지식을 습득하게 할 것인가 등에 초점을 맞추게 된 것이다(방인옥 외, 2000).

따라서 유아과학교육의 역사적 배경과 최근의 동향을 살펴보는 데 있어서 20세기 이후를 중심으로, 1957~1979년의 새과학교육 운동의 시기와, 1980년대 이후의 개혁시기, 그리고 현대적 동향으로 나누어 살펴보겠다.

능력단위(분류번호)	• 해당사항 없음	
능력단위요소	• 해당사항 없음	
학습목표(수행준거)	• 새과학운동의 필요성과 개혁기에 대한 이론을 탐구할 수 있다. • 유아과학교육의 현대적 의미를 해석할 수 있다.	
지식(Knowledge)	기술(Skill)	태도(Attitude)
• 새과학운동의 사회적 요인 • 과학교육 개혁기와 프로그램 개발	• 새과학운동기와 과학교육 개혁기의 프로그램 비교분석능력 • 현대적 과학교육의 목표에 대한 평가 능력	• 과학교육의 발전방향을 적극적으로 모색하는 태도 • 과학교육의 핵심과제를 탐구하려는 적극적인 태도
수행내용	• 새과학교육 운동기의 과학교육 • 과학교육 개혁기 • 유아과학교육의 현대적 동향	

출처 : 국가직무능력표준(www.ncs.go.kr)

01 새과학교육 운동기

1957년 스푸트닉 소크 이후 미국의 학교 교육과정에 대한 대대적인 개혁의 움직임이 일어났는데, 이때 특히, 피아제의 구성주의 이론과 브루너(1960)의 "연령에 관계없이 유아의 인지발달 단계에 맞는 주제라면 어떠한 주제든 효과적으로 가르칠 수 있다"는 주장이 유아과학교육과정을 변화시켰다. 피아제가 제안한 인지발달 이론에 의하면 유아기는 전조작기적 사고의 특징을 가지고 있으므로, 사물과의 직접적인 상호작용을 통해 유아 스스로 구체적 지식 형성과 논리-수학적 사고의 발달을 촉진한다는 것이다(Piaget, 1962, 1972). 결과적으로 피아제의 유아에 관한 인지 이론은 현대 과학교육의 핵심이 되었고, 과학활동에 대한 유아의 능동적인 참여와 직접적인 경험을 중시하는 다양한 유아과학교육 프로그램 개발의 이론적 기초를 제공하게 되었다.

1960년대 초반, 과학교육에 대한 관심이 증가하고 인지발달에 대한 연구가 활발해지면서 초등 과학교육에 대한 지원을 강화시켰으며, 유치원에서부터 초등학교 6학년까지의 아동을 위한 과학교육 프로그램들이 미국에서 개발되었다.

새과학교육과정이라는 이름으로 개발된 이들 프로그램은 500여 종이 넘는데(Spodek, 1982). 이 가운데 ESS(Elementary Science Study), SCIS(Science Curriculum Improvement Study), SAPA(Science-A Process Approach) 프로그램 등은 가장 대표적인 것으로 우리나라 유치원 및 초등학교 과학교육과정에도 많은 영향을 주었다(엄기영, 1999).

특히, 이들 프로그램에서는 논리적 사고, 과학적 사고, 과학적 개념의 발달을 강조하였는데 여기서는 ESS, SCIS, SAPA 프로그램에 대해 간단히 살펴보기로 하겠다.

+ 첫째, ESS 프로그램은 미국 교육개발센터(Education Development Center)에서 전통적인 과학교육 방법을 개선하기 위해 1958년 개발한 것으로 유치원에서 중학교까지 사용할 수 있는 물리학, 생물학, 지구과학 및 수학을 포함한 56개 단원으로 구성되어 있는 것이다. 교육목적은 유아들에게 주변 세계에 대한 지식과 통찰력을 확대해 나가고 그것을 즐기도록 하는 데 있으며, 구체적 목표는 합리적인 사고 과

정 기르기, 조작하기, 의사소통하기, 개념 알기, 과학에 대한 긍정적인 태도 기르기 등 인지적인 면, 정의적인 면, 정신운동적인 면의 발달을 돕는 데 있다.

한편 교육내용은 중요한 과학의 기본개념이면서 동시에 유아의 흥미를 끌 수 있는 것을 중심으로 하여 물리과학, 생물과학, 수학 등으로 구성되어 있다. 그리고 단원마다 교사가 참고할 수 있는 지침서가 있으며, 한 단원이 여러 학년에 걸쳐 나선형으로 전개되는데, 유아의 흥미 및 호기심에 따라서 유동적으로 사용할 수 있도록 구성된 것이 특징이다.

이 프로그램의 강조점은 유아들의 탐구심과 능력을 계발하려는 것으로 유아 스스로 다양한 자연 현상과 사물들을 조작하고 탐구하면서 과학적 발전의 즐거움을 경험하도록 하였다. 56개의 단원 가운데 유치원 교육과정과 관련된 것으로는 교실 내의 동물, 콩의 한살이, 나비, 올챙이, 식물 기르기, 햇빛과 그늘, 프린트, 모빌, 악기 만들기, 균형 등이 있다. 특히, 교수 전략은 교사의 사전실험, 비구조적 환경에서 제시된 자유롭게 탐색하고 스스로 발견하는 도입단계, 제시된 자료를 여러 방법으로 이용하고 글이나 그림으로 된 지침이 제공되는 활동 진행 단계, 유아의 경험과 실험에 의한 구체적 개념에서 추상적 개념으로 이동하는 일반화 단계 등의 4단계로 이루어진다(Hawkins, 1965). 평가는 단원별 평가가 아니라 종합적인 관점에서 이루어지는데, 수량화된 객관적 시험 및 행정가나 교사가 고안한 주관적 평가 방법이 실시된다.

✚ 둘째, SCIS 프로그램은 캘리포니아 대학에서 피아제 이론에 근거하여 개발한 것으로 과학 과정을 강조한 것이다. 유치원에서부터 초등학교 3학년까지의 과학교육을 위한 "Beginnings" 단원에서 색깔, 모양, 질감, 냄새, 소리, 크기, 양, 위치, 생물체 등의 9개 주제를 제시하고 이를 탐구함으로써 유아의 관찰력과 식별력, 그리고 과학에 대한 이해뿐만 아니라 언어의 발달을 돕는 데 목표를 두고 있다.

이 프로그램의 내용은 물리과학과 생명과학 체계로 구성되어 명확하며, 일관성 있게, 발달적으로 계열화되어 있는 것이 특징이다. 물리과학 체계는 변화와 상호 작용의 기본개념에 근거하여 물체, 상호 작용과 조직, 하위 조직과 변인, 위치와 방향, 에너지, 모델의 단원으로 구성되어 있다. 생명과학 체계는 생물체환경의 상호 작용에 대해 계속해서 관심을 갖도록 구성되었으며, 생물체, 생의 주기, 인구, 환경, 지역사회, 생태계의 단원으로 이루어져 있다. 교수 전략은 탐구-개념-적용의 3단계 학습 주기를 강조한다. 탐구 단계에서 교사는 구체적인 자료를 제시해 주고 유아가 탐구할 수 있도록 언어적인 자극을 제공한다. 개념 단계에서 교사는 계획한 활동에 유아가 참여하도록 구체적인 언어로 지시하고 설명하는 역할을 한다. 적용 단계에서 교사는 유아가 개념 단계에서 학습한 것을 적용하는 데 중점을 둘 수 있도록 안내한다. 유아는 실험에 개별적 혹은 소집단으로 참여하고, 수업은 완전히 개방적인 토의로만 진행할 수 있다.

특히, 평가는 각 부의 마지막 활동으로 이루어진다. 각 부에 제시된 마지막 단원은 과학활동에 대한 유아의 이해 정도를 알 수 있도록 하는 평가활동을 제시하고 있다. 유아가 작업하는 동안, 교사가 관찰함으로써 유아 개개인의 이해 정도를 파악하며 각 활동에 대한 부분 평가는 실시하지 않는다.

✚ 셋째, SAPA 프로그램은 미국 과학진흥협회에서 개발한 것으로서 과학 과정 기술의 발달을 중심으로 교육과정이 구성되어 있으며, 특히, 유치원에서는 관찰, 분류, 수, 측정, 공간 등의 5개 탐구과정을 다루도록 한 것이다.

이 프로그램의 목적은 유아가 과학의 지식 및 자연 세계를 스스로 이해할 수 있도록 돕고, 과학적 과정능력을 습득할 수 있도록 도와주는 것으로, 복잡한 과학 학습을 위해서 과학의 과정을 구체적이면서도 체계적으로 이용할 수 있는 기술을 미리 발달시키는 것이다.

교육내용은 논리적 사고능력을 증진시킬 수 있는 물리과학과 생물과학을 통합한 개념으로 각 수준마다 15개의 단원으로 총 105개의 단원이 위계적으로 구성되어 있다. 교수 전략은 도입-학습 활동-일반화로 이루어지고, 교사의 사전 계획 아래 구조화된 내용을 단순한 활동에서 복잡한 활동의 위계적 순서로 구성하여 진행한다. 교사는 안내자, 질문 제공자, 평가자의 역할을 하며, 평가는 각 활동 종료 시 활동의 목표달성 여부를 알아보기 위한 활동 평가지를 통하여 실시한다.

이상에서 살펴본 바와 같이 이들 프로그램의 특징은 실험과 관찰중심의 다양한 활

그림 3-1 ❙ 유아과학교육은 교사의 태도와 능력이 중요한 변수이다.

동들로 구성되었다는 것과 교사를 위한 상세한 활동방법과 교육을 위한 안내서를 함께 발간한 것이다. 그러나 새로운 과학교육 프로그램들이 유아/아동들의 과학에 대한 흥미를 지속시키고, 과학 분야의 직업을 선택하도록 하는 데는 실패하였다는 것이 밝혀졌는데, 무엇보다 교실에서 이들 프로그램이 활발히 활용되지 않았던 것으로 밝혀졌다.

따라서 많은 재정과 노력을 기울인 프로그램들이 적극적으로 활용되지 않았기 때문에 그 원인을 구체적으로 밝힌 연구들이 이루어졌다. 그 결과, 시설과 자료의 미비, 재정의 부족, 교사의 준비 부족 등이 논의되었다. 이 가운데서도 특히, 교사의 과학교육을 위한 능력과 태도가 부족하다는 지적이 가장 두드러졌다.

이러한 결과는 교사 스스로 과학을 즐기고 이해하려는 태도와 능력이 없다면 아무리 좋은 프로그램과 자료가 있어도 충분히 활용하기가 어렵다는 것을 의미한다[그림 3-1]. 결국 새과학교육 과정은 창의적인 과학 엘리트를 길러내려던 1960년대의 국가적 목적을 달성하는데 미흡한 점이 많았다는 것이 드러났고, 이로 인해 미국의 과학교육은 새로운 개혁의 필요성을 갖게 되었다(황의명, 조형숙, 2002).

한편, 영국에서는 1979년 과학교육협회(Association for Science Education : ASE)의 주관으로 과학교육과정 개선을 위한 중 · 장기 모델을 작성하여 발표하였다. 여기서는 ASE에 의한 영국 과학교육의 기본 방향이 되는 과학교육과정의 일반 목표를 간략하게 살펴보기로 하겠다(박승재 외, 1987).

① 체계적 학습과 과학 지식에 연관된 경험을 통한 과학 지식, 원리, 법칙 등을 습득, 이해시킨다.

② 실험실 또는 실습 현장에서 과학활동 과정에 정기적인 참여를 통해 일련의 인지 및 신체 · 운동적 기능과 과정을 습득시킨다.

③ 과학학습 분야에서 자율적 기능을 수행할 수 있도록 과학 지식과 과정을 새로운 지식과 심오한 이해의 추구에 활용하도록 한다. 이 능력에는 정보교환능력도 포함된다.

④ 지식과 탐구 방법의 관점에 관한 과학적 세계관을 습득시킨다. 과학적 세계관은 다른 세계관과 상보적 또는 대조적일 수 있으며, 이러한 세계관의 습득 없이는 균형 잡힌 교양 교육이 불가능하다.

이상의 목표와 과학의 여러 양상들을 고려하여 ASE의 소위원회는 과학교육을 학생 연령에 따라 3단계로 나누어 실시하였다. 그러나 이 단계들은 발달 이론 등에 근거한 것은 아니며, 1단계는 5~11세, 2단계는 11~16세, 3단계는 16~18세로 되어 있다. 여기에서는 유아교육과 관련이 있는 1단계만 살펴보기로 하겠다.

제1단계의 과학교육에서는 '다른 교과들과 통합된 형태의 기초 과학'을 가르친다. 이 단계에서의 과학교육은 형식적 지식의 습득과 기존 과학 내용의 이해보다는 과학활동에 대한 올바른 태도 개발이 강조된다. 따라서 이 단계의 과학 지식이나 경험은 유아/아동들에게 개성적 · 개별적이어야 하고, 학습 과제는 주위에서 쉽게 찾을 수 있는 것이어야 하며, 유아/아동들의 자발적인 관심에 의해 학습 환경이 주의 깊게 조작되도록 지도되어야 한다. 그러므로 개인 및 집단 작업을 통해서 유아/아동들이 자유롭게 사색하고 토의할 수 있도록 지도하고 아울러 학습 환경의 확대를 위해 현대의 각종 시청각 기자재를 이용하도록 한다.

이상과 같이 간략하게 제시한 ASE의 과학교육과정의 모형을 통해서 우리가 알 수 있는 것은 ASE는 문화와 역사적 상황의 이해에 초점을 둠으로써, 실용적이고 과학적인 태도와 능력을 배양하려는 미국의 과학교육과는 차이가 있다는 것이다.

02 과학교육 개혁기

소련의 "스푸트닉" 우주선 발사를 계기로 일어난 60~70년대의 과학교육 개혁은, 특히, 미국에서 과학교육의 성과가 기대치에 미치지 못하는 결과를 가져오면서, 사회적 변화의 요구에 따라 프로젝트 2061과 STS(Science-Technology-Society) 등의 새로운 과학교육을 지향하게 되었다.

특히, STS는 영국의 과학 철학자 지만(Ziman, 1980)이 과학-기술-사회의 관계를 나타내기 위해 처음으로 사용한 용어이며, 이것은 과학과 기술 사이, 과학과 사회 사이, 기술과 사회 사이의 관계를 통합적으로 말하는 것이다(Hungerford, Volk, & Ramsey, 1997). 즉 과학기술은 사회 속에서 발생하고 진보하기 때문에 과학기술과 사회와의 관계를 중요시하는 것이 STS(Science-Technology-Society)인 것이다.

여기서는 먼저 AAAS(American Association for the Advancement of Science)의 후원을 받아 1985년에 시작하여 1989년에 완성된 과학적 능력의 개념에 기초한 프로젝트 2061에 대하여 기본 방향과 교육목표를 간략하게 살펴보겠다. 다음으로 21세기 들어서 더욱 그 방법적 측면에서 관심이 집중되고 있는 STS의 기본개념, 교육목적, 그리고 교수-학습 방법을 살펴보기로 하겠다.

1. Project 2061

1) 기본방향

첫째, 과학교육을 통해 과학적 지식의 학습뿐 아니라 과학적 기술의 본질에 대한 이해가 이루어질 수 있도록 해야 한다. 과학적 기술의 본질에 대한 이해란 과학적 탐구와 실용적 요구에 의해 창안된 것으로서, 모든 과학적 기술은 통제되며, 과학적 기술은 부작용을 수반할 수 있고 과학 기술과 사회체제는 서로 영향을 주고받는 관계임을 인식한다.

둘째, 과학교수 방법의 효과적인 접근은 유아들의 질문을 기초로 하여 교사가 적극적으로 유아의 질문에 대하여 탐구하면서 문제를 함께 해결해가는 과정을 중시한다.

셋째, 모든 국민에게 과학적 소양을 갖게 한다는 목적에 부합하기 위해, 여성에 대한 과학교육의 기회 확대와 어릴 때부터의 과학교육의 필요성을 강조한다.

넷째, 분리된 교과로서의 과학교육이 아닌 통합적 접근을 통한 과학교육과정의 운영이 중요하다. 특히, 과학에 관해 읽기, 쓰기와 같은 언어 영역과의 통합적 접근을 강조한다.

다섯째, 급속히 발전하고 있는 과학기술을 실생활에 편리하게 활용할 수 있는 능력을 키우기 위해서 컴퓨터 등의 실용과학교육을 강조한다.

여섯째, 1960년대 새과학교육과정의 실패가 교사교육에 대한 관심 부족에 있었으므로, 유아를 위한 과학교육과 더불어 과학적 교양인으로서의 교사를 길러내기 위한 방안에 관심을 두어야 한다.

2) 교육목표

- 자연세계와 친해지고 세계의 다양성과 독특함을 인정
- 과학적 중요 개념과 원리의 이해
- 과학 · 수학기술이 의존하게 되는 요소
- 과학 · 수학기술이 시사하는 인간 기업과 그들의 한계에 대한 인식
- 과학적 사고의 개발
- 개인과 사회의 목적을 위한 과학 지식과 사고방법의 사용(the American Association for the Advancement of Science, 1989)

이와 같이 프로젝트(Project) 2061에 의해 주도되고 있는 최근 과학교육의 기본 방향과 목표는 실생활 속에서 과학적 문제를 해결하기 위한 능력을 모든 사람이 갖출 수

있도록 하기 위해, 어릴 때부터 통합적 접근에 의해 교사와 함께 적극적으로 탐구과정에 참여할 수 있도록 하는 "과학적 생활화"를 위한 것이라고 할 수 있다.

2. STS(Science–Technology–Society)

1) 기본개념

STS는 앞에서도 언급한 바와 같이 과학과 기술, 과학과 사회, 과학과 사회와의 관계를 통합적으로 표현한 것이다. 따라서 과학이란 사회적 문제의 해결에 관하여 구체적으로 생각할 수 있는 능력을 제공하며, 사회적 필요성과 욕구는 과학이 발달할 수 있는 원동력을 제공한다. 또한 기술은 사회에 여러 가지 기계와 도구를 제공하며, 사회는 기술의 개발을 촉진하는 상호 보완적 관계이다. 이와 같은 과학–기술–사회의 관계를 그림으로 나타내면 [표 3–1]과 같다(Ziman, 1984; 조희형, 최경희, 2001 재인용).

[표 3–1]에서 보는 바와 같이 가장 중심에 있는 과학은 실제 기술에 응용할 수 있는 과학적 이론과 법칙을 발견 또는 구성할 수 있도록 기초 개념을 제공한다. 그리고 중간에 있는 기술은 과학적 지식을 응용하여 사회에 필요한 여러 가지 기계와 도구, 방법, 재료 등을 발명할 수 있도록 하며, 마지막의 사회는 과학적 연구와 기술적 개발의 방향을 제시한다(NAS, NAE, & IOM, 1995).

표 3–1 ❙ 과학 · 기술 · 사회와의 관계는 통합적이면서 순환적이고, 역동적이다.

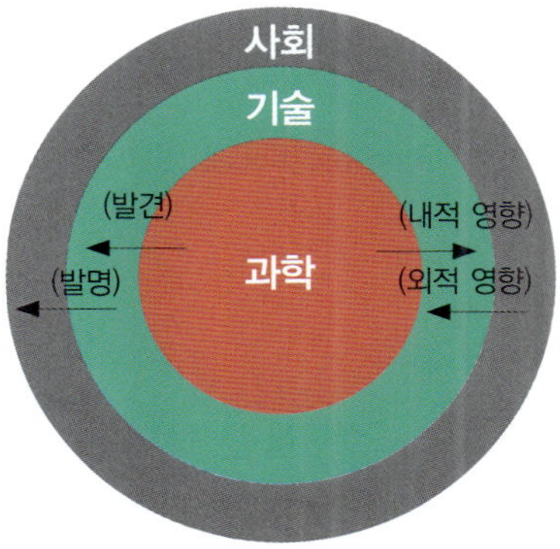

또한 과학은 기술을 통해서 사회에 영향을 미치게 되는데, 이것을 "과학의 내적 영향"이라고 하며, 반대로 사회가 기술을 통해서 과학에 영향을 미치게 되는데, 이를 "과학의 외적 영향"이라고 한다. 그러므로 기술은 과학과 사회를 연결시켜 주는 다리의 역할을 한다고 볼 수 있다.

즉 STS 교육에서는 유아들에게 과학과 기술의 발달에 따른 사회적 문제(오염문제, 인구증가, 식량난, 에너지 고갈 등)를 해결할 수 있는 교육과 미래 사회에 과학과 기술이 어떻게 현명하게 이용되어야 하는가에 대한 윤리와 가치 측면의 교육을 강조하고 있다. 따라서 STS 교육은 과학과 관련된 가치 및 의사결정 과정이 포함되어야 한다.

2) 교육목적

STS 과학사상은 과학교육의 목적을 과학기술 소양의 획득, STS 소양의 함양, 의사결정력의 습득에 두고 있다. 이를 구체적으로 살펴보면 다음과 같다.

첫째, 과학 · 기술 · 사회의 상호작용을 이해하고, 의견을 교환할 수 있는 능력을 기른다.

둘째, 기술의 효용성과 타당성을 평가할 수 있는 능력을 기른다.

셋째, 민주 시민으로서의 권리와 책임을 의미 있게 활용할 수 있는 능력 등이 통합된 종합적 능력을 기른다.

따라서 STS 과학교육의 목적은 전통적으로 과학교육에서 강조했던 과학적 교양인에 덧붙여서 과학적 지식, STS에 관한 지식의 획득, 실제적인 문제해결 능력, 합리적인 의사결정 능력의 습득을 더 강조하는데 있다. 다시 말해서, STS 교육의 궁극적인 목적은 ① 개인의 필요성 축적, ② 사회 문제의 해결, ③ 직업에 도움이 되는 교육 등의 세 가지로 범주화할 수 있다(Chiappetta, Koballa & Collette, 1998).

3) STS 교수-학습 방법

과학교육학자들이 제시한 STS 교수-학습 방법은 구성주의 학자들이 강조하는 상호 작용 방법을 이용하고 있는데, 그 구체적인 방법은 다음과 같다(Yager, Tamir &

Mackinnu, 1994).

- 유아에게 자율성, 주도성, 지도성 등을 스스로 발휘할 수 있도록 격려한다.
- 유아가 스스로 의문을 풀어나갈 수 있도록 돕는다.
- 유아가 질문할 수 있도록 충분한 시간과 여유를 준다.
- 유아와 유아, 교사와 유아 간의 상호작용을 격려한다.
- 유아에게 개방적인 질문을 한다.
- 유아의 과거 경험에 기초하여 미래의 결과를 예측하도록 한다.
- 교사는 사실에 대한 개념을 제시하기 전에 유아의 생각을 먼저 알아본다.
- 유아가 가지고 있는 오류를 함께 밝혀나갈 수 있도록 수업을 설계한다.

4) 교사의 역할

STS 과학교육은 기본적으로 과학과 관련된 기술적 소양과 실생활 활용능력을 함양하도록 하는 것이다. 교사는 다음과 같은 수업 전략이 필요하다.

- 교사는 과학 지식, 유머, 창조성, 상식을 활용할 수 있어야 한다.
- 교사는 과학적 지식의 본질에 대해 인식하여야 하며 유아가 판단 능력을 갖출 수 있도록 격려하여야 한다.
- 토론은 학습을 위한 효과적인 동기가 되므로 유아 간의 토의를 격려한다.
- 유아들이 다양한 의견을 교환할 수 있도록 기회를 제공한다.

위와 같은 수업 전략은 토론수업, 소그룹 활동, 실험활동, 역할놀이, 문제해결 활동 등으로 구체화할 수 있다.

위와 같이 STS 교수-학습 방법은 전통적 교수-학습과 다른 특징이 있는데, 이것을 비교하면 [표 3-2]와 같다(Yager & Tamir, 1993).

표 3-2 | STS 교수-학습 방법과 전통적 교수-학습 방법

STS 교수 학습 방법	전통적 교수 학습 방법
• 아동 중심 • 아동의 다양성에 따른 개별화와 개인화 • 다양한 자료 • 문제점 해결을 위한 협동학습 • 능동적 참여 • 경험중심 • 아동의 흥미중심 교수 계획	• 교사중심 • 중간 수준의 아동을 위한 단체학습 • 단편적인 자료 • 실험 위주의 단체학습 • 소극적 참여 • 체계적 정보중심 • 교과중심 교수 계획

이상에서 보는 바와 같이 STS 과학은 구성주의적 입장에서 유아들이 속한 사회와 그들의 일상생활 속에서 부딪치는 과학적 문제를 교사와 함께 풀어가는 과정을 중시한다. 이러한 특징은 1980년대부터 유아교육계에 소개된 미국식 프로젝트 또는 이탈리아의 레지오 에밀리아식 프로젝트와 그 과정이 매우 유사하다는 것을 알 수 있다.

03 유아과학교육의 현대적 동향

1980년대로 들어오면서 피아제의 인지 이론에 대한 재평가를 중심으로 연구하고 있는 신피아제 학파에서는 피아제의 이론에 덧붙여 인지발달의 핵심요인으로 사고의 구조보다는 유아의 직접적인 경험에서 나오는 사전 경험을 강조하고 있다. 이들은 유아기 과학학습의 능력을 높이 평가하여 어린 유아의 경험과 유아를 둘러싸고 있는 지역적, 사회적, 문화적 특성에 기초한다면 어떠한 내용이든지 깊이 있게 탐색할 수 있는 과학학습이 가능하다고 주장하고 있다(Inagaki, 1992).

같은 맥락에서 미국과학교육증진센터(NOISE, 1990)에서는 과학교육의 목표로 '태도, 과정, 내용'을 강조하여 제시하고 있는데 그것은

+ **첫째, 세계에 대한 유아의 내적 호기심 발달은 과학에 관련된 태도, 가치 및 성향에 초점을 둔다.** 유아기 동안 길러야 할 중요한 목표는 익숙하지 못한 사물이나 사건

을 탐색 · 조사하려는 흥미, 기꺼이 탐구하는 태도를 가지고 인간을 포함한 모든 생명체에 대한 인식과 존중감, 환경의 아름다움과 질서감을 인식하는 데 있다.

✚ **둘째, 세계에 대한 탐구와 문제해결 및 의사결정을 위한 절차적 사고 기술의 신장은 과학적 방법으로서의 '과정과 기술'을 강조한다.** 유아기에는 이러한 과정들이 과학에 대한 특정 지식이나 사실보다 더 중요하다. 이것은 과학학습에 있어서 필수적일 뿐 아니라, 다른 경험을 할 때에도 적용할 수 있는 논리적 사고의 요소이기 때문이다.

✚ **셋째, 자연세계에 대한 유아의 지식을 증진시키는 다양한 사물, 사건의 예 등과 같은 구체적인 과학경험을 통해 배울 수 있다.** 오늘날의 과학은 생물이나 물리학과 같은 특정 과목의 지식에 중점을 두어 왔던 종래의 과학과는 달리 모든 과학에 적용할 수 있는 일반적 원리나 관계 등을 보다 중요하게 여기고 있다(박홍자, 2001)[그림 3-2].

그림 3-2 ❙ 현대 유아과학교육은 특정 지식에 중점을 두는 것이 아니라 유아들로 하여금 과학의 일반원리를 이해하고 판단할 수 있게 도와주는 것이다.

이러한 유아과학교육의 흐름을 살펴볼 때, 현대 유아과학교육의 동향은 다음과 같은 점을 시사해 준다.

첫째, 유아과학교육은 생활과 환경을 중심으로 어린 유아들도 즐기고 탐구할 수 있도록 활동중심으로 구성되어야 한다.

둘째, 유아의 과학적 지식 형성은 사물과 직접적인 상호 작용을 통한 사전 경험과 사회 · 문화적 맥락에 기초해야 한다.

셋째, 과학활동은 다양한 과정중심의 활동과 직접 조작할 수 있는 활동을 중심으로 이루어져야 한다.

넷째, 유아의 자발성에 의한 심도 있는 주제 탐구활동이 이루어져야 한다.

다섯째, 과학활동은 일상생활 속에서 여러 영역과 연관지어 총괄적으로 전개해 나갈 수 있는 통합적 접근으로 이루어져야 한다(신은수 외, 2000).

chapter 4

우리나라 유아과학교육의 발전과정

우리나라 유아교육은 1907년 소학교령의 유치원 규정에 따른 식민지 교육과 1913년 이후 서양 선교사들의 의한 선교활동의 일환으로 도입되었다.

따라서 이 시기의 유아교육은 유아의 발육과 덕성의 함양을 강조함으로써 유아과학교육은 전혀 존재하지 않았다고 할 수 있다.

그러나 1969년 문교부령으로 발표된 제1차 유지원교육과정의 **자연** 생활영역은 유아과학교육의 기초가 되었다. 이어서 1979년 제2차 유치원교육과정의 **인지발달** 영역부터 과학교육의 목표 및 내용을 구체화하였고, 이는 제3차(1981년), 제4차(1987년), 제5차(1992년), 제6차(1998년) 교육과정을 거쳐서 드디어 2015년 누리과정의 **자연탐구** 영역에까지 이르게 되었다. 이처럼 우리나라 유아과학교육을 역사적인 관점에서 살펴보는 것은 유아과학교육의 미래를 구성하고 조직할 수 있는 토대가 될 수 있기 때문이다. 따라서 본 장에서는 일제시대부터 현재 2015년의 누리과정의 **자연탐구**까지의 변천과정을 연도별로 나누어 그 동향을 알아보고자 한다.

능력단위(분류번호)	• 해당사항 없음	
능력단위요소	• 해당사항 없음	
학습목표(수행준거)	• 유아과학교육의 역사적 배경을 이해할 수 있다. • 현대 유아과학교육내용을 분석할 수 있다. • 현대 유아과학교육과정의 변천과정을 사회학과 연결하여 이해할 수 있다.	
지식(Knowledge)	기술(Skill)	태도(Attitude)
• 일제시대 유아과학교육 • 제1차 유치원 교육과정의 과학교육부터 제6차 유치원교육과정의 과학교육까지 비교분석 • 구성요소별로 본 자연탐구 영역의 비교	• 자연탐구영역 변화과정 비교분석 능력 • 자연탐구 내용영역 내용간 비교분석능력	• 자연탐구영역의 발전방향을 적극적으로 모색하는 태도 • 탐구영역의 구성요소를 탐구하는 태도
수행내용	• 근대유아과학교육의 역사 • 현대유아과학교육의 변천과정	

출처 : 국가직무능력표준(www.ncs.go.kr)

01 근대유아과학교육

1. 초기 유아과학교육

우리나라 유아교육이 정부에 의해 공교육 제도 속으로 들어온 것은 1907년(융희 원년) 12월 8일 칙명 제54호로 학부 관제가 개정되면서 동 개정법 제4조 제2항에서 학무국의 보통교육 및 유치원 교육에 관한 사항을 다루게 된 것부터다(이명숙, 1991). 그러나 학무국에 의해「보통교육 및 유치원 교육」에 관한 사항은 규정되었으나, 유치원 교육과정은 제정되지 못하였다. 따라서 이 시기의 교육내용은 다만 보육의 차원에서 실생활에 필요한 지식을 중심으로 가르쳤으므로 진정한 의미에서 과학교육은 없었다고 할 수 있다.

한편, 1908년(융희 2년) 4월 2일 칙령 제20호로 동령이 개정되어 동령 제1조에 훈도 및 부훈도하(訓導及副訓導下)에 보모란을 신설함으로써 관립한성고등여학교에 유치원 교사의 정원확보를 명문화하였다.

1908년 4월 2일에 칙령 제22호로「고등여학교령」이 제정되었으며, 동령 제10조에「고등여학교에 부속유치원을 설을 득」이라고 명문화하여 고등여학교에 부속유치원을 설립할 수 있는 법적 근거를 마련하게 되었다. 그러나 유아교육과정은 1907년의 정미조약에 의한 차관정치로 인해 식민지 교육을 위한 준비교육에 불과하였다.

2. 일제시대 유아과학교육

1910년 소위「한일병합에 관한 조약」의 체결(1910. 8. 29)과 함께 일본제국주의는 한국을 침략하고 통감부정치를 실시하면서부터 본격적으로 한국인의 일인화를 추진했다. 그 결과 1911년 조선교육령(1911. 8. 22)을 제정 · 공포하였으며, 특히, "충량한 국민"을 명문화함으로써 교육은 한국인의 일인화를 위한 시책으로 이용되었다.

그러나 3 · 1독립운동 이후 일제의 소위「문치문화정책」의 일환으로 1922년 2월 4일제2차 조선교육령이 공포되었고 이어 2월 16일「소학교령」이 공포되었다. 이 소학교령 중에 식민지 통치하의 첫 유치원에 관한 규정이 포함되었는데 여기에서 보면 그 당시 우리나라 유치원 교육은 목적, 내용, 방법 등에서 근대성을 띄고 있었음을 알 수 있다. 이것은 1908년의 관립한성고등여학교 학칙의「유치원 규정」보다 좀 더 구체화된 것이다. 소학교형 속에「유치원규정」이 제정된 것을 살펴보면 다음과 같다.

- 유치원은 3세부터 7세까지의 보육을 목적으로 한다. (제1조)
- 유아를 보육할 때는 그 심신의 건전한 발달과 선량한 습관을 얻게 하고, 가정교육을 보충할 것을 요한다. 유아의 보육은 그 심신의 발달 정도에 적응하도록 습득하기 곤란한 사물을 주거나 혹은 과업의 일을 하게 하거나 강요해서는 안 된다. 항상 유아의 심정과 행위에 주의하여 이를 고쳐 주어야 한다. 또 유아는 모방을 좋아하는 고로 항상 선량한 사례를 가르쳐 주어야 한다. (제5조)
- 유아의 보육 항목은 유희, 창가, 담화와 수기이다. (제6조)
- 보모 1인이 보육하는 유아 수는 약 40인 이하이다. (제8조)

위의 제6조 항목에 의거한 이 시기의 교육내용은 유희(play), 창가(song), 수기(handwork), 담화(story telling)의 과목이었다.

유희는 심정을 쾌활하게 하고 신체를 건전하게 하며 창가는 발성기, 호흡기, 청기를 운동시켜, 그 발육을 돕고 덕성을 함양하는 것이 목적이었다. 위의 덕성함양은 그 당시 보통학교를 비롯한 조선이 교육정책이 전통적인 윤리관의 바탕 위에 수령강조되었기 때문인 것으로 짐작된다(이명숙, 1991).

제3차 조선교육령은 남차랑(南次郎) 총독의 정책 아래 1938년 3월에 공포되었다. 1937년에 중국 · 일본의 전쟁이 시작되었으므로 이미 전시체제에 들어선 다음이었다. 그리하여 이른바 황국신민화교육의 강제기에 들어선 것이다. 김민수(1973)가 말하는 '총독부의 강력정치시대' 또는 오천석이 말하는 '공포정치의 등장기'이기도 하였다. 또한 제4차 조선교육형이 1943년 10월에 공포되었는데, 이것은 군사 목적에 맞추어서 개정한 것으로 학도병으로 출진, 또는 근로봉사의 강요에 의해서 학교의 정상적인 기능은 상실되고 모든 노동력을 전쟁 수행에 동원하였다. 이런 가운데서도 유치원 교육만은 큰 제재를 가하지 않았으나 사립학교의 통제로 말미암아 더 이상의 큰 발전을 기하기 어려운 시기였으며 우리나라 유치원 교육도 암흑기로 들어간 시기였었다.

이와 같이 1911년의 제1차 조선교육령에서 시작하여 제4차 조선교육령까지 간략하게 살펴 보았다. 특히, 이들 조선교육령은 유치원 교육의 조기교육으로서의 중요성을 인식했다는 점은 교육사적으로 의의가 크다고 하겠다. 그러나 제1차 조선교육령에 나타난 바와 같이 "제국의 신민다운 자질과 품성을 구비하는 것"이 이들의 교육목적이었으며, 유치원에서는 민족독립을 위한 교육구국의 정신을 나타내는 노래와 발달이론에 따른 보육이 강조됨으로써 일제시대 역시 유아과학교육은 존재하지 않았다고 할 수 있다.

02 현대 유아과학교육

1. 제1차 유치원 교육과정의 과학교육

1969년 제1차 유치원 교육과정(1969년 2월 19일 문교부령 제207호)이 재정되기 이전인 1950년대의 유치원 교육은 1949년에 제정된 교육법 제146조, 147조 및 148조에 근거하여 잠정적으로 교육목적을 설정하고 교육과정을 운영하였다. 이때 제146조의 유치원 교육목적은 "유아를 보육하고 적당한 환경을 주어 심신의 발육을 조장하는 것을 목적으로 한다"는 것이다. 또한 제147조의 교육내용은 "전조의 목적을 실현하기 위하여 다음과 같이 교육내용을 제시"하였다.

① 건전하고 즐거운 생활에 필요한 습관을 기르고 신체의 모든 기능의 조화적인 발달을 도모한다.

② 집단생활을 경험시키어 이에 참가하는 태도를 기르며, 협동, 자주와 자율의 정신을 싹트게 한다.

③ 신변의 사회생활과 환경에 대한 바른 이해와 태도를 싹트게 한다.

④ 말을 바르게 쓰도록 인도하고, 동화책, 그림책 등에 대한 흥미를 기른다.

⑤ 음악, 유희, 회화, 수기, 기타 방법에 의하여 창작적 표현에 대한 흥미를 기른다.

그러나 당시의 유치원 교육과정은 미국에서 발달한 유치원 교육내용을 그대로 수용한 일본의 것을 완전히 모방하여 특별히 수정하지 않고 이미 성립된 내용을 그대로 받아들였다. 따라서 교육내용 구성에 대한 근거 자료 없이 설립인가 당시에 설립인가청이 결정하는 내용이 교육과정으로 통용되고 있었다. 그러므로 문교부는 1968년에 이르러 그 이전의 교육과정에 대한 취약성을 인식하고 시대의 발달과 국내 정세의 변화에 따라 교육과정 개편의 필요성을 느끼기 시작하였던 것이다.

그 결과 1969년 2월 문교부는 1952년 유치원 교육과정을 위한 교육법 시행령 제5장 제10절 제185호의 음악, 유희, 담화, 회화, 수기의 5과목을 건강, 사회, 자연, 언어, 예능의 5가지 생활 영역으로 나누어 교육과정을 제정 · 공포하였다.

5가지 생활영역에 대한 구체적인 지도목표는 다음과 같다(이연섭, 1985).

① **건강** : 자기 몸에 대하여 관심을 가지게 하며 튼튼하게 생활할 수 있는 습관과 태도를 기르고 각종 놀이를 통하여 기초적인 운동능력을 기르며 안전한 생활에 필요한 습관과 태도를 기르고 생명의 존엄성을 알게 하는 데 목적을 둔다.

② **사회** : 바람직한 개인활동을 통하여 자주적으로 행동하는 정신과 태도를 기르고 원만한 인간관계와 협동정신을 기르며 사회의 모습에 흥미와 관심을 가지게 하며 이에 적응, 이해하려는 태도를 기른다.

③ **자연** : 동식물을 사랑하고 보호하며, 자연에 흥미와 관심을 갖게 하며 스스로 보고, 생각하고, 활용하는 능력과 태도를 기르고 일상생활에 필요한 간단한 기능을 익혀 생활에 적응할 수 있도록 한다.

④ **언어** : 남의 말을 바르게 듣는 능력과 태도 및 경험한 것이나 생각한 것을 바르게 말하는 능력과 태도를 기르고 표준말 사용의 능력과 그림이나 그림 동화 등을 즐겨 보고 이야기할 수 있도록 한다.

⑤ **예능** : 느끼고 생각한 것을 음악, 춤추기, 그림 그리기와 만들기 등으로써 표현하는 즐거움과 보람을 느끼게 하며 생활 주변의 아름다운 것에 흥미와 관심을 가지게 하여 미적 정서와 창의성이 싹트도록 한다.

위와 같은 내용으로 편제하였는데 1969년에 공포한 문교부령 유치원 교육과정은 그 내용에서 다음과 같은 특징이 있다.

먼저 교육과정 제정의 취지에서 "유치원은 바람직한 인격형성을 위하여 유아의 심신에 알맞은 조건을 주어 유아교육에 최선을 다해야하는데 그러기 위해서는 유아의 흥미와 요구에 알맞은 환경을 주어 유아들로 하여금 즐거운 가운데서 도움이 될 수 있는 경험을 몸에 익혀 나아갈 수 있도록 해야 한다"고 하였는데, 이것은 아동중심, 경험중심을 구체적으로 밝힌 것이라 할 수 있다. 특히, 문교부 교육과정령에 기초한 1969년도의 서울특별시 유치원 교육과정 운영지침서에서 다루었던 단원의 내용(즐거운 우리 유치원, 즐거운 우리 집, 봄철의 꽃과 나무, 동물원, 곤충, 고마우신 어른들, 병원놀이, 추석놀이, 교통, 계절의 변화, 서로 돕는 이웃, 우리를 도와주는 기관)을 통하여 우리나라 유치원 교육과정에 과학교육이 공식적으로 도입된 것을 알 수 있다. 즉 계절의 목표에 따라 봄철의 꽃과 나무, 동물원, 곤충, 계절의 변화 등의 단원을 통하여 자연을 탐색하면서 관찰하고, 비교하고, 분류하는 등의 실제적인 과학활동을 실시하였던 것이다[그림 4-1].

그림 4-1 | 제1차 유치원 교육과정에서의 과학교육은 유아 스스로 자연을 직접 탐색하도록 하는 실제적인 교육활동이었다.

2. 제2차 유치원 교육과정의 과학교육

1979년에 개정된 제2차 유치원 교육과정(1979년 3월 1일 문교부고시 제424호)은 제1차 유치원 교육과정이 제정된 지 10년이 지나 개정, 고시되었는데, 1969년의 생활 영역을 4개의 발달 영역으로 구분한 것이 중요한 차이점이었다. 개정된 교육과정의 발달 영역은 전인적인 발달을 강조하는 사회정서발달, 인지발달, 언어발달, 신체발달 및 건강 영역으로 구분하였다. 제2차 유치원 교육과정의 과학교육 목표와 내용을 살펴보면 [표 4-1]과 같다(이명숙, 1991).

표 4-1 | 과학교육의 목표 및 내용

목 표	사물, 자연 및 자연 현상에 대해 직접적으로 활용하게 함으로써 이에 더한 기본개념의 형성을 촉진하도록 한다.
내 용	• 생물과 무생물의 구별하기 • 동식물의 이름과 성질 알기 • 물체의 이름과 성질 알기 • 빛과 그림자 이해하기 • 밤과 낮 구별하기 • 날씨의 변화 관찰하기 • 계절의 변화 이해하기 • 지구, 해, 달 및 별에 관해 이해하기

위에서 제시된 인지발달 영역의 목표 및 내용을 중심으로 제2차 유치원 교육과정의 유아과학교육의 특징을 제시하면 다음과 같다.

첫째, 과학교육과 관련된 일반 목표는 '자연의 여러 가지 현상에 호기심과 흥미를 가지고 적극적으로 일함으로써 느끼고, 심미하고, 상상하며 이들을 다양하게 표현하는 능력과 습관 및 태도', '자연 현상에 능동적으로 활동할 기회를 충분히 제공하여 경험의 폭을 넓힘으로써 새로운 현상과 사태에 스스로의 힘으로 탐구하고, 적응할 수 있는 능력과 태도' 기르기이다.

둘째, 인지발달 영역의 내용의 이론적 근거는 피아제의 물리적 지식, 사회적 지식, 논리 수리적 지식을 토대로 하고 있다[그림 4-2].

셋째, 인지발달 영역의 내용 중 과학교육에 해당되는 것은 '자연 현상에 관한 기본 개념'으로 일반 목표에서 강조하는 탐구능력과 함께 학문중심 교육과정의 영향을 받아 구성되었다. 예를 들면, 1차에서는 '동식물을 즐겨 기르고 가꾸기', '천체의 여러 모양 관찰하기' 등 태도를 중심으로 제시된 내용이 2차에서는 '동식물의 이름과 성질 알기', '지구, 해, 달 및 별에 관해 이해하기'로 변화되어 제시되었다는 것이다.

넷째, 「유치원 교사용 지도서」에 제시된 과학활동 중 지구과학 분야의 내용이 타 분야에 비해서 많이 제시되었다.

다섯째, 1차에서는 내용이 포괄적이었으나 2차에서는 과학교육 내용이 좀더 세분화되어 제시되었다. 예를 들면, 1차에서는 '천체의 여러 모양을 관찰하기'로 제시된 내용이 2차에서는 '지구, 해, 달 및 별에 관해 이해하기', '밤과 낮 구별하기'로 세분화되어 제시되었다는 것이다(조부경, 2009).

그림 4-2 ❙ 현대 유아과학교육은 특정 지시에 중점을 두는 것이 아니라 유아들로 하여금 과학의 일반원리를 이해하고 판단할 수 있게 도와주는 것이다.

3. 제3차 유치원 교육과정의 과학교육

1981년에 개정된 제3차 유치원 교육과정(1981년 12월 31일 문교부 고시 제442호)은 초·중등학교 교육과정과 함께 상호 연계성을 위하여 개정되었다. 특히, 제3차 유치원 교육과정은 2차 유치원 교육과정의 사회·정서발달 영역을 분리하여 정서발달 영역을 강조하면서, 신체발달 및 건강 영역에서 건강 영역을 신체발달 영역에 포함하였다.

제3차 유치원 교육과정은 신체발달, 정서발달, 언어발달, 인지발달, 사회성 발달의 5개 영역으로 내용을 조직하였다. 제3차 유치원 교육과정의 목표 및 과학교육을 포함하고 있는 인지발달 영역의 목표 및 내용을 살펴보면 다음과 같다.

1) 교육목표

① 감각 및 운동기능을 기르고 신체의 조화로운 발달 이루기
② 긍정적인 자아개념 형성 및 창의적으로 표현하기
③ 기초적인 언어기능 습득하기
④ 자연과 사회 현상에 대한 기초적인 이해와 문제해결 능력 기르기
⑤ 가족과 이웃을 사랑하는 태도 및 일상생활에 필요한 기본적인 예절과 규범 지키기

위에 제시된 내용을 중심으로 제3차 유치원 교육과정의 특징을 제시하면 다음과 같다.

첫째, 제2차 유치원 교육과정의 사회정서 영역을 두 영역으로 구분하여 정서 영역의 내용을 보다 강조하였고, 신체발달 및 건강 영역을 신체발달 영역에 포함하여 5개의 발달 영역으로 재구성하였으며, 각 발달 영역별로 구체적인 내용을 제시하여 유치원 교사들이 보다 쉽게 교육과정을 이해하도록 구성하였다.

둘째, 이전의 교육과정처럼 듀이나 피아제 등 어느 특정 이론의 영향을 두드러지게 받아 구성되었다기보다는 다양한 아동 중심 교육 이론들의 장점을 고루 반영하였으며, 인간중심 교육과정과 통합 교육과정에 대한 중요성이 강조되었다. 다음의 [표

4-2]는 과학교육의 목표 및 내용이다.

표 4-2 ┃ 과학교육의 목표 및 내용

목 표	직접 경험을 통하여 자연 현상에 관한 기본개념을 안다.
내 용	• 우리 몸 각 부분의 이름과 기능 알기 • 동식물의 이름과 특징 알기 • 생물과 무생물 구별하기 • 주변의 여러 가지 물체의 이름 알기 • 물체의 형태, 색깔, 질감 등의 성질 알기 • 물체의 운동 알기 • 빛과 그림자 알기 • 낮과 밤 구별하기 • 계절과 날씨 알기 • 해 · 달 · 별 알기 • 들 · 산 · 강 · 바다 알기

위에서 제시된 탐구생활 영역의 특징을 살펴보면 다음과 같다.

첫째, 과학교육은 인지발달 영역에서 찾아볼 수 있으며 직접 경험을 강조하고 있다.

둘째, 인지발달 영역의 목표는 제2차 유치원 교육과정과 동일하게 피아제의 물리적 지식, 사회적 지식, 논리 · 수리적 지식을 토대로 구성되었다.

셋째, 이전과 달리 생물, 물리, 지구과학 등 각 과학 영역의 내용을 고루 제시하고 있으며, 특히, 물리 영역과 관련된 내용이 다른 차수보다 많이 제시되고 있고, 물체의 운동 알기, 생물과 무생물 구별하기, 우리 몸 각 부분의 이름과 기능 알기를 처음으로 제시하였다.

넷째, 전체적으로 기본개념 형성과 탐구 능력의 습득을 강조하였다.

4. 제4차 유치원 교육과정의 과학교육

1987년에 개정된 제4차 교육과정(1987년 6월 30일 문교부 고시 제87-9호)은 제3차 유치원 교육과정의 목표와 동일한 연장선에서 유아들의 전인적인 성장조력을 교육목적으로 제시하였으며, 신체발달, 정서발달, 언어발달, 인지발달, 사회성 발달의 5개 발달 영역으로 나누어 내용을 조직하였다 이 시기에 고시된 유치원 교육과정은 3차에서 제시되었던 각 발달 영역별 구체적인 내용은 제시하지 않고 교육목표 수준만을 제시하여 교사들이 교육내용을 자율적으로 선정할 수 있도록 하였다. 제4차 유치원 교육과정의 목표 및 과학교육을 포함하고 있는 인지발달 영역의 목표 및 내용을 살펴보면 다음과 같다.

1) 교육목표

① **신체발달** : 건강 및 안전생활에 대한 올바른 습관과 신체의 조화로운 발달 도모
② **언어발달** : 언어 이해 및 언어 표현의 기초 기능 습득
③ **인지발달** : 주변 현상에 대한 관심 및 탐구 태도 배양
④ **정서발달** : 자부심 및 생활 주변에서의 느낌과 생각을 자주적으로 표현하기
⑤ **사회성발달** : 기본적인 생활습관 및 가족과 이웃을 사랑하는 태도 배양

위에 제시된 내용을 중심으로 제4차 유치원 교육과정의 특징을 살펴보면 다음과 같다.

첫째, 전인발달을 더욱 강조하기 위하여 각 발달 영역별 내용은 제시하지 않고 교육목표 수준만을 제시함으로써 유치원 교사들이 각 발달 영역을 교과로 잘못 인식할 수 있는 가능성을 배제하고자 하였다.

둘째, 교육목표를 지침으로 유치원 교사들이 자율적으로 교육내용을 선정할 수 있게 되어있어 유아교육을 전인교육으로 전환시키는 데 크게 공헌하였으나, 유치원 교사들의 교육적 배경이나 경험의 차이로 인해 교육내용 선정에는 큰 차이가 나타나는 결과를 초래하였다.

셋째, 제3차 유치원 교육과정과 마찬가지로 다양한 교육 이론의 장점을 반영하여 교육과정을 제정하였으며, 인간 중심, 통합 교육과정에 대한 중요성을 더욱 강조하였다. 다음의 [표 4-3]은 과학교육의 목표 및 내용이다.

표 4-3 | 교학교육의 목표 및 내용

목 표	구체적 경험을 통하여 자연 현상에 대한 기본개념을 안다.
내 용	• 우리 몸 각 부분의 기능을 안다. • 동식물의 특징과 생활에 대하여 안다. • 주변의 여러 가지 물체의 성질을 안다. • 자연 현상을 관찰하고 그 변화를 안다.

위에 제시된 인지발달 영역의 목표 및 내용을 토대로 제4차 유치원 교육과정의 유아과학교육의 특징을 살펴보면 다음과 같다.

첫째, 다른 목표 수준과의 관련 속에서 너무 세분화된 목표, 상호 밀접한 관련이 있는 목표, 개념상 중복이 되어 목표 간의 변별이 어려운 목표를 통합 조정하였다.

둘째, 초등학교와의 연계성을 고려하여 과학교육의 내용 수준을 더욱 넓고 얕게 조정하였다.

셋째, 이전까지 세분화시켜 제시하였던 과학교육의 내용을 유사한 내용끼리 통합하여 보다 포괄적으로 제시하였다. 예를 들면, 2, 3차에서 빛과 그림자 알기, 낮과 밤 구별하기, 계절과 날씨 알기, 해, 달, 별 알기, 들, 산, 강, 바다 알기 등으로 제시된 내용을, 4차에서는 '자연 현상을 관찰하고 그 변화를 안다'로 포괄적으로 제시하였다는 것이다.

넷째, 제2, 3차 유치원 교육과정에서 제시된 과학교육의 내용과 유사하게 개념형성에 중점을 두어 내용을 제시하고 있다.

5. 제5차 유치원 교육과정의 과학교육

1992년에 개정된 제5차 유치원 교육과정(1992년 9월 30일 교육부 고시 제1992-15호)은 이전의 제2, 3, 4차 유치원 교육과정과는 달리 건강생활, 사회생활, 표현생활, 언어생활, 탐구생활의 5개 생활 영역으로 나누어 Ⅰ, Ⅱ 수준별로 내용을 조직하였다. 그리고 지역화를 강조하여 각 시 · 도 교육청과 유치원이 국가 수준 교육과정을 기초로 편성 · 운영지침을 마련하여 각 지역의 실정에 맞는 교육을 하도록 강화하였다. 또한 취업모의 증가에 따른 유치원 종일반 운영의 강조와 유아의 발달 특성에 알맞은 읽기 · 쓰기 교육에 관한 지침을 구체적으로 제시하였다. 제5차 유치원 교육과정의 목표 및 과학교육을 포함하고 있는 탐구생활 영역의 목표 및 내용을 살펴보면 다음과 같다.

1) 교육목표

① **건강생활** : 기본적인 감각 · 운동기능과 신체조절 능력을 기르고, 건강하고 안전한 생활 습관을 가지게 한다.

② **사회생활** : 기본 생활습관과 자기 조절 능력을 기르고, 사회적 지식과 태도를 익히게 하여, 자신과 다른 사람을 존중하며, 더불어 생활할 수 있게 한다.

③ **표현생활** : 풍부한 감성과 상상력을 기르고, 자신이 느끼고 경험한 바를 창의적으로 표현하게 한다.

④ **언어생활** : 말과 글에 관심을 가지게 하고, 기초적인 언어능력을 신장하여 즐거운 언어 생활을 할 수 있게 한다.

⑤ **탐구생활** : 주변 환경과 자연 환경에 관심과 호기심을 가지고 탐구하게 하여, 기초적인 사고능력과 창의적인 문제해결 능력을 기르게 한다.

위에 제시된 내용을 중심으로 제5차 유치원 교육과정의 특징을 살펴보면 다음과 같다.

첫째, 교육과정 영역이 제2, 3, 4차의 발달 영역별 구성과 달리 건강생활, 사회생활, 표현생활, 언어생활, 탐구생활의 5개 영역으로 새롭게 편성되었다.

둘째, 1991년에 교육법이 개정되어 유치원 입학 연령이 기존의 만 4~5세에서 만 3~5세로 조정되고 1992년 3월부터 만 3세 유아의 유치원 입학이 합법화됨으로써, 유아의 사고발달 특성과 생활 범위를 고려하여 교육내용을 Ⅰ과 Ⅱ수준으로 구분하여 구성하였다.

셋째, 취업모의 증가에 따른 유치원 종일반 운영을 강조함으로써 사회적 요구를 교육과정에 반영하였다.

넷째, 유아의 발달 특성에 알맞은 읽기 · 쓰기 교육에 관한 지침을 구체적으로 제시하여 학부모의 요구를 반영하고자 하였다.

제5차 유치원 교육과정 중 과학교육과 관련된 탐구생활 영역의 목표 및 내용을 제시하면 다음과 같다.

2) 탐구생활 영역의 목표

자연 현상과 자연 환경에 관심과 호기심을 가지고 탐구하게 하여 기초적인 사고능력과 창의적인 문제해결 능력을 기르게 한다.

- 주변 환경과 자연 현상에 대한 과학적 사고의 기초 능력과 태도를 기르게 한다.
- 다양한 조작 활동을 통하여 논리 · 수학적 사고의 기초 능력과 태도를 기르게 한다.

① 내용체계

표 4-4 ❙ 내용체계

구 분	내 용
과학적 사고	• 물체의 성질 탐색하기 • 물질의 변화과정 관찰하기 • 물체의 움직임 관찰하기 • 우리 몸에 대해 관심 가지기 • 생물에 대해 관심 가지기 • 주변 환경에 대해 관심 가지기 • 자연 현상 관찰하기

② 수준별 내용

표 4-5 | 수준별 내용

내 용	I 수준	II 수준
1. 물체의 성질 탐색하기	• 주변의 여러 가지 물체에 관심을 가진다.	• 주변의 여러 가지 물체를 관찰하고, 그 성질을 알아본다.
2. 물질의 변화과정 관찰하기	• 물질의 변화에 호기심을 가진다.	• 다양한 활동을 통하여 물질의 변화과정을 관찰하고 비교한다.
3. 물체의 움직임 관찰하기	• 여러 가지 물체의 움직임을 관찰해 보고 호기심을 가진다.	• 물체의 여러 움직임을 여러 가지 방법으로 관찰하고 비교한다.
4. 우리 몸에 대해 관심 가지기	• 우리 몸의 주요 부분의 이름을 안다.	• 우리 몸의 주요 부분의 이름과 기능을 알아본다.
5. 생물에 대해 관심 가지기	• 주변의 동물과 식물에 대하여 관심을 가진다.	• 동물과 식물의 특징과 생활에 대하여 관심을 가진다. • 동식물의 성장과정을 안다. • 동식물의 사는 곳을 알고 보호한다.
6. 주변 환경에 관심 가지기	• 주변 환경에 관심을 가진다.	• 주변의 깨끗한 곳과 더러운 곳을 알아본다.
7. 자연 현상 관찰하기	• 여러 가지 자연 현상에 대하여 관심을 가진다.	• 여러 가지 자연 현상을 관찰하고 그 변화에 관심을 가진다.

위에 제시된 탐구생활 영역의 목표 및 내용을 중심으로 제5차 유치원 교육과정의 과학교육의 특징을 살펴보면 다음과 같다.

첫째, 탐구생활 영역은 과학적 사고, 논리 · 수학적 사고, 창의적 사고의 3개 영역으로 구성되었으며, 과학적 사고 영역이 물체, 물질, 우리 몸, 성물, 자연 현상, 자연 환경 등 보다 세분화되어 유아가 관심을 가지고 직접 경험할 수 있는 내용으로 구성되었다.

둘째, 과학적 사고 영역은 물체, 물질, 우리 몸, 생물, 자연 현상, 자연환경 등 보다 세분화되어 유아가 관심을 가지고 직접 경험할 수 있는 내용으로 구성되었고, 환경교육의 필요성이 높아짐에 따라 주변 환경에 대한 관심이 추가되었다[그림 4-3].

셋째, 탐색하기, 관심 가지기, 관찰하기 등을 강조함으로써 제2~4차 유치원 교육과정에서 강조되었던 개념보다는 탐구 능력 및 태도를 강조하고 있다.

그림 4-3 ❙ 제5차 유치원 교육과정에서는 과학적 사고의 기초 기능을 강조하였다.

6. 제6차 유치원 교육과정의 과학교육

1998년 개정된 제6차 유치원 교육과정(1998년 6월 30일 교육부 고시 제1998-10호)은 시대적, 교육적 요청에 부응하여 초·중등고등학교 교육과정과 동일하게 '21세기의 세계화, 정보화 시대를 주도할 자율적으로 창의적인 한국인 육성'을 기본 방향으로 구성되었다. 이 교육과정은 건강생활, 사회생활, 표현생활, 언어생활, 탐구생활의 5개 생활 영역으로 나누어 Ⅰ, Ⅱ수준, 공통 수준별로 내용을 조직하였다. 그리고 교육과정 편성 운영을 위한 시·도 교육청, 지역 교육청, 유치원의 역할을 구분하여 제시하여 유치원 교육과정의 지역화를 더욱 강조하였다. 또한 교육과정 개정과정에서 유치원 현장 및 각계 전문가의 다양한 요구와 의견을 폭넓게 반영하고자 노력하였다. 특히, 초등학교 저학년과의 연계를 위하여 초등학교 저학년 교과서의 분석과 교과 전문가의 의견 수렴에 노력을 기울였다. 제6차 유치원 교육과정의 목표 및 과학교육을 포함하고 있는 탐구생활 영역의 성격, 목표, 내용을 살펴보면 다음과 같다.

1) 교육목표

① 자신의 신체에 대한 긍정적인 인식과 함께 생활에 필요한 기초 체력을 기르고, 건강하고 안전한 생활습관을 가진다.

② 기본 생활습관과 자기 조절 능력을 기르고, 다른 사람과 더불어 생활하며 사회 현상에 대하여 관심을 가진다.

③ 자연과 사물의 예술적 요소에 대한 호기심, 창의적 표현 능력, 심미감을 기르고, 정서적 안정감을 가진다.

④ 일상생활에 필요한 기초적인 언어능력을 기르고, 바른 언어생활 습관과 태도를 가진다.

⑤ 주위의 여러 가지 사물과 자연 현상에 대하여 호기심과 관심을 가지고 탐구하는데 필요한 기초 능력과 태도를 기른다.

위에 제시된 내용을 중심으로 제6차 유치원 교육과정의 특징을 살펴보면 다음과 같다.

첫째, 시대적 · 사회적 요청에 부응하여 초 · 중등학교 교육과정과 동일하게 '21세기의 세계화, 정보화 시대를 주도할 자율적이고 창의적인 한국인 육성'을 기본 방향으로 하여 유치원 교육과정을 구성하였다.

둘째, 교육과정 편성 운영을 위한 시 · 도 교육청, 지역 교육청, 유치원의 역할을 구체적으로 진술함으로써 유치원 교육과정의 지역화를 강조하였다.

셋째, 교육과정 개정과정에서 유치원 현장 및 각계 전문가의 다양한 요구와 의견을 폭넓게 반영하고자 하였다.

넷째, 초등학교 저학년과의 연계를 위하여 초등학교 저학년 교과서의 분석과 교과 전문가의 의견수렴에 노력을 기울였다.

다섯째, 5차와 동일하게 건강생활, 사회생활, 표현생활, 언어생활, 탐구생활의 5개 생활 영역으로 편성하였으며, 각 영역별 목표로 태도 및 능력 함양을 강조하였다.

2) 탐구생활 영역의 목표

주위의 여러 가지 사물과 자연 현상에 대하여 호기심과 관심을 가지고 탐구하는 데 필요한 기초 능력과 태도를 기른다.

- 주변 생활과 자연 현상을 이해하는 데 필요한 기초적인 탐구 능력과 태도를 기른다.
- 일상생활에서 부딪히는 문제를 창의적으로 탐구하고 다양한 방법으로 해결하려는 태도를 기른다.

① 내용체계

표 4-6 ❙ 내용체계

구 분	내 용
과학적 탐구	• 우리 몸에 대해 알아보기 • 생물에 대하여 관심 가지기 • 자연 현상에 대하여 알아보기 • 물체와 물질 탐색하기 • 도구와 기계에 관심 가지기

② 수준별 내용

표 4-7 ❙ 수준별 내용

내 용	I 수준	II 수준
1. 우리 몸에 대하여 알아보기	• 우리 몸의 주요 부분을 살펴보고, 이름을 알아본다.	• 우리 몸의 주요 부분의 기능에 대하여 알아본다. • 나의 출생과 성장에 대하여 알아본다.
2. 생물에 대하여 관심 가지기	• 동물과 식물을 아끼고 보살펴 주려는 마음을 가진다.	
	• 주변의 동물과 식물을 관찰해 본다.	• 관심 있는 동물과 식물의 특징을 알아본다. • 관심 있는 동물과 식물을 키워 본다.

내 용	Ⅰ 수준	Ⅱ 수준
3. 자연 현상에 대하여 알아보기	• 날씨에 따른 생활의 변화를 관찰한다.	
	• 계절의 변화에 관심을 가진다. • 낮과 밤의 다른 점을 알아본다.	• 계절에 따라 달라지는 생활의 차이를 알아본다. • 지구와 해, 달에 대하여 관심을 가진다.
4. 물체와 물질 탐색하기	• 물체의 움직임을 관찰해 본다. • 물질의 변화에 호기심을 가진다.	• 여러 가지 물체를 관찰하고, 그 특징을 알아본다. • 다양한 활동을 통하여 물질의 변화과정을 관찰해 본다. • 여러 가지 물체의 움직임을 비교해 본다.
5. 도구와 기계에 관심 가지기	• 일상생활에서 사용하는 도구와 기계에 관심을 가진다.	
	• 간단한 도구를 사용해 본다.	• 도구와 기계가 생활에 주는 편리함에 대하여 알아본다.

위에 제시된 탐구생활 영역의 목표 및 내용을 중심으로 제6차 유치원 교육과정에서 제시된 과학교육의 특징을 살펴보면 다음과 같다.

첫째, 제5차 유치원 교육과정에서의 '사고' 중심 내용체계를 제6차 유치원 교육과정에서는 보다 활동 중심의 목표와 내용을 갖춘 '탐구' 중심 내용체계로 전환하고자 하였다. 이에 따라 탐구생활 영역의 내용은 과학적 탐구, 수학적 탐구, 창의적 탐구로 구분하고, 각 내용체계에 따른 내용을 Ⅰ수준, Ⅱ수준, 공통 수준으로 조직하여 제시하였다.

둘째, 내용은 유아들로 하여금 구체적인 조작과 직접적인 경험, 창의적인 생각과 방법으로 자연 현상과 주위의 사물에 대하여 관심을 가지고 탐구하며 문제해결을 하는 것이 생활화되도록 하기 위하여 관찰해 보고, 경험해 보고, 탐색해 보는 등의 태도를 기르는 데 중점을 두고 있다.

셋째, 논리 · 수학적 사고와 과학의 하위 내용에 따라 다소 산만하고 상세하게 구분되었던 내용을 수학과 과학의 학문체계에 따라 간결하게 통합하였다.

넷째, 과학교육의 최근 동향을 반영하여 생태계 및 기계와 도구에 대한 관심이 반영되었다.

7. 2007년 유치원 교육과정의 과학교육

2007년 개정된 유치원 교육과정(2007년 12월 19일 교육인적자원부 고시 제2007-153호)은 초 · 중등 교육과정과 동일하게 21세기 정보화 시대를 주도할 '사람과 자연을 존중하고 사랑하는 한국인 육성'을 기본 방향으로 하여 구성되었다. 이 교육과정은 건강생활, 사회생활, 표현생활, 언어생활, 탐구생활의 5개 생활 영역으로 나누어, Ⅰ, Ⅱ, 공통 수준별로 내용을 조직하였다.

특히, 2007년 개정 유치원 교육과정은 제4차 유치원 교육과정에서부터 진술되기 시작한 국가의 교육 이념을 현대 사회에 부합되도록 구성하였으며, 인간상과 교육목적 및 목표가 모두 일관성 있게 연계되도록 하였다. 2007년 개정 유치원 교육과정의 추구하는 인간상, 유치원 교육목적과 목표 및 과학교육을 포함하고 있는 탐구생활 영역의 목표 및 내용을 살펴보면 다음과 같다.

1) 교육목표

유치원 교육은 유아에게 알맞은 교육 환경을 제공하여 유아를 교육하고 심신의 조화로운 발달을 돕는 것을 목적으로 한다. 이를 실현하기 위하여 다음과 같은 교육 목표를 둔다.

① 몸과 마음을 건강하게 하며 기본 생활습관을 기른다.

② 더불어 사는 태도와 우리 전통문화를 사랑하는 마음을 가진다.

③ 자신의 생각과 느낌을 자유롭고 창의적으로 표현하는 경험을 가진다.

④ 의사소통을 위한 언어능력을 기르며, 바른 언어 사용 습관을 기른다.

⑤ 호기심을 가지고 주변 세계를 탐구하며 자연을 존중하는 태도를 가진다.

위에 제시된 내용을 중심으로 2007년 개정 유치원 교육과정의 특징을 살펴보면 다음과 같다.

첫째, 유아교육법 제13조 제2항에 의거하여 고시한 국가 수준의 교육과정으로 초 · 중등교육과정과 동일하게 21세기 정보화 시대를 주도할 '사람과 자연을 존중하고 사랑하는 한국인 육성'을 기본 방향으로 하여 구성하였다[그림 4-4].

둘째, 교육과정 개정과정에서 외국의 유치원 교육과정과 관련 학문 동향을 분석하여 우리나라의 상황에 적합하게 반영하였으며, 유치원 현장 및 각계 전문가의 다양한 요구와 의견을 폭넓게 수렴하여 반영하였다.

셋째, 초등학교와의 연계를 위하여 교육과정 개정과정에서 유치원과 초등 교육과정 개발진과의 협의를 실시하였으며 교과 전문가의 의견 수렴에 노력을 기울였다.

넷째, 제4차 유치원 교육과정에서부터 진술되기 시작한 국가의 교육 이념을 현대사회에 부합되도록 구성하였으며, 인간상과 교육목적 및 목표가 모두 일관성 있게 연계되도록 하였다.

다섯째, 5, 6차와 동일하게 건강생활, 사회생활, 표현생활, 언어생활, 탐구생활의 5개 생활 영역으로 편성하였으며, 각 영역별 목표로 우리 전통문화를 사랑하는 마음, 창의성, 자연을 존중하는 태도를 부각시켜 제시하였다.

그림 4-4 ❙ 2007년 개정 유치원 교육과정에서는 인간과 자연환경 간의 관계를 강조하였다.

2) 탐구생활 영역의 목표

자연을 존중하고 창의적으로 탐구하며 논리적으로 문제를 해결하기 위한 기초 소양을 기른다.

① 사물과 자연 현상에 대해 호기심을 가지고 지속적으로 탐구하는 태도를 기른다.

② 사물과 자연 현상에 대한 기초 지식을 이해하고 탐구하는 능력을 기른다.

① 내용체계

표 4-8 ┃ 내용체계

구 분	내 용
탐구하는 태도 기르기	• 사물과 현상에 대한 지속적인 관심 가지기 • 탐구과정 즐기기
과학적 기초 능력 기르기	• 물체와 물질에 대해 알아보기 • 생명체와 자연 환경 소중하게 여기기 • 자연 현상에 대해 알아보기 • 간단한 도구와 기계 활용하기

② 수준별 내용

표 4-9 ┃ 수준별 내용

<table>
<tr><th rowspan="2">내용</th><th rowspan="2">하위 내용</th><th colspan="2">수준별 내용</th></tr>
<tr><th>I</th><th>II</th></tr>
<tr><td rowspan="4">탐구하는 태도 기르기</td><td rowspan="2">사물과 현상에 지속적인 관심 가지기</td><td>• 생활 주변의 사물과 현상에 대해 호기심을 가진다.</td><td>• 궁금한 점에 대해 지속적으로 관심을 가진다.</td></tr>
<tr><td colspan="2">• 과학이나 수학에 대한 탐구 이야기에 관심을 가진다.</td></tr>
<tr><td rowspan="2">탐구과정 즐기기</td><td>• 궁금한 점을 알 수 있는 방법을 궁리한다.</td><td>• 내가 궁리한 방법대로 해 본다.</td></tr>
<tr><td>• 다른 사람과 함께 탐구과정에 참여한다.</td><td>• 나의 생각이 다른 사람과 다를 수 있음을 안다.</td></tr>
<tr><td rowspan="3">과학적 기초능력 기르기</td><td rowspan="3">물체와 물질에 대해 알아보기</td><td colspan="2">• 친숙한 물체의 특성을 다양한 방법으로 탐색한다.</td></tr>
<tr><td colspan="2">• 물체와 물질을 변화시킬 수 있는 다양한 방법을 탐색한다.</td></tr>
<tr><td>• 물체와 물질의 변화에 관심을 가진다.</td><td>• 물체와 물질의 변화과정을 알아본다.</td></tr>
</table>

<table>
<tr><th rowspan="2">내용</th><th rowspan="2">하위 내용</th><th colspan="2">수준별 내용</th></tr>
<tr><th>I</th><th>II</th></tr>
<tr><td rowspan="11">과학적 기초능력 기르기</td><td rowspan="4">생명체와 자연환경 소중하게 여기기</td><td>• 나의 몸에 대해 관심을 가진다.</td><td>• 나의 출생과 성장에 대해 알아본다.</td></tr>
<tr><td>• 주변의 동식물에 관심을 가진다.</td><td>• 관심 있는 동식물의 특성을 알아본다.</td></tr>
<tr><td>• 주변의 모든 생명체를 존중하고 돌보는 마음을 가진다.</td><td>• 생명체는 서로 함께 살아가는 것임을 안다.</td></tr>
<tr><td></td><td>• 생명체가 살아가기에 좋은 환경에 대해 알아본다.</td></tr>
<tr><td rowspan="3">자연 현상에 대해 알아보기</td><td colspan="2">• 생활 주변의 자연물(돌, 물, 흙 등) 탐색을 즐긴다.</td></tr>
<tr><td>• 자연물의 상태와 변화에 관심을 가진다.</td><td>• 자연물의 상태와 변화를 관찰한다.</td></tr>
<tr><td>• 낮과 밤, 계절의 변화에 관심을 가진다.</td><td>• 낮과 밤, 계절의 변화와 규칙성을 알아본다.</td></tr>
<tr><td rowspan="4">간단한 도구와 기계 활용하기</td><td colspan="2">• 관심있는 도구나 놀잇감을 여러 가지 방법으로 만들고 즐긴다.</td></tr>
<tr><td>• 도구와 기계의 편리함에 관심을 가진다.</td><td>• 편리한 물건이 때로는 해가 될 수 있음을 안다.</td></tr>
<tr><td colspan="2">• 생활 속에서 간단한 도구와 기계를 활용한다.</td></tr>
<tr><td></td><td>• 우리 전통사회에서 발명된 도구와 기계에 관심을 가진다.</td></tr>
</table>

3) 지도상의 유의점

교사는 과학적 탐구 영역에서 다음 사항에 유의하여 지도하도록 한다.

첫째, 일상생활 속에서의 다양한 활동을 통하여 유아가 수학과 과학에 대해 탐구하는 태도를 가지고 그 과정을 즐기도록 한다. 이를 위해 유아가 생활 주변의 사물과 환경에 관심을 가지고 자연스럽게 생겨나는 궁금증을 해결하기 위해 스스로 다양한 시도를 해 보고 결론을 내려보는 경험을 가지도록 격려한다.

둘째, 다른 사람과 함께 관심있는 현상이나 주제 탐구에 지속적으로 참여하면서 발견한 사실을 나누도록 지도한다. 자신이 알아내고 발견한 사실을 발표하는 기회를 통해 유아의 탐구하는 태도가 길러지게 하며 동시에 다른 유아들에게도 탐구 동기를 유발하도록 한다.

셋째, 유아가 생명체와 자연환경을 소중하게 여기고 이를 보호해야 함을 알 수 있는 상황을 조성해 준다. 유치원에서 동식물을 길러 자연과 인간과의 관계를 일상생활에서 접할 수 있도록 기회를 제공하는 것도 한 방법이 된다. 동식물을 기르는 과정에서 자연스럽게 죽음을 직면하게 될 경우, 유아가 동식물의 입장을 생각해 보면서 작은 생명 하나라도 소중히 여겨야 함을 알아가도록 지도한다.

8. 2011년 유치원 교육과정의 과학교육

2011년 개정된 유치원 교육과정(2011년 9월 5일 교육과학기술부 고시 제2011-30호)은 5세와 3~4세로 나누어 2012년 3월 1일부터 5세를 중심으로 시행된 누리과정이다. [그림 4-5] 이 교육과정은 유아교육법 제13조 제2항에 의거하여 국가수준의 교육과정으로 유치원의 교육목적과 목표를 달성하기 위하여 유치원에서 편성 · 운영하여야 할 학교 교육과정의 공통적, 일반적인 기준을 제시한 것이다. 이 교육과정의 성격은 다음과 같다.

그림 4-5 ❙ 2011년 개정유치원 교육과정에서는 연령별(5세, 3~4세) 수준을 강조하였다.

- 국가수준의 공통성과 지역, 유치원, 개인 수준의 다양성을 동시에 추구하는 교육과정이다.
- 유아의 전인적인 성장 발달과 행복을 추구하기 위한 교육과정이다.
- 유아의 자율성과 창의성을 신장하기 위한 유아 중심의 교육과정이다.
- 유아의 일상생활과 놀이 속에서 통합적으로 실현해가는 교육과정이다.
- 교육청과 지역사회, 유치원, 교원, 유아, 학부모가 함께 실현해가는 교육과정이다.
- 유치원 교육의 질적 수준을 유지, 관리하기 위한 교육과정이다.

1) 5세 교육목표

5세 누리과정은 만 5세아에게 필요한 기본 능력과 바른 인성을 기르고, 민주시민의 기초를 형성하는 것을 목적으로 한다. 이를 실현하기 위하여 다음과 같은 교육목표를 둔다.

① 기본 운동능력과 건강하고 안전한 생활습관을 기른다.
② 일상생활에 필요한 의사소통 능력과 바른 언어사용 습관을 기른다.
③ 자신을 존중하고 다른 사람과 더불어 생활하는 태도를 기른다.
④ 아름다움에 관심을 가지고 예술 경험을 즐기며, 창의적으로 표현하는 능력을 기른다.
⑤ 호기심을 가지고 주변 세계를 탐구하며, 일상생활에서 수학적 · 과학적 문제해결 능력을 기른다.

2) 3~4세 교육목표

3~4세 누리과정은 만3~4세 유아에게 알맞은 교육환경을 제공하여 유아를 교육하고 심신의 조화로운 발달을 돕는 것을 목적으로 한다. 이를 실현하기 위하여 다음과 같은 교육목표를 둔다.

① 몸과 마음을 건강하게 하며 기본 생활습관을 기른다.

② 더불어 사는 태도와 우리 전통문화를 사랑하는 마음을 가진다.

③ 자신의 생각과 느낌을 자유롭고 창의적으로 표현하는 경험을 가진다.

④ 의사소통을 위한 언어 능력을 기르며, 바른 언어 사용 습관을 기른다.

⑤ 호기심을 가지고 주변 세계를 탐구하며 자연을 존중하는 태도를 가진다.

3) 5세 자연탐구 영역의 목표

- 호기심을 가지고 주변 세계를 탐구하며, 일상생활에서 (수학적) 과학적 문제해결 능력을 기른다.

① 내용체계

표 4-10 ┃ 내용체계

내용 범주	내용
탐구하는 태도 기르기	호기심을 유지하고 확장하기
	탐구과정 즐기기
	탐구기술 활용하기
과학적 탐구하기	물체와 물질 알아보기
	생명체와 자연환경 알아보기
	자연 현상 알아보기
	간단한 도구와 기계 활용하기

② 세부내용

표 4-11 ┃ 세부내용

내용범주	내용	세부 내용
탐구하는 태도 기르기	호기심을 유지하고 확장하기	주변 사물과 자연 세계에 대해 지속적으로 관심을 갖고 궁금해한다.
	탐구과정 즐기기	궁금한 점을 알기 위해 비교하기, 예측하기 등 다양한 방법을 활용한다.

내용범주	내용	세부 내용
탐구하는 태도 기르기	탐구기술 활용하기	나타난 결과에 기초하여 예측하고 적용한다.
과학적 탐구하기	물체와 물질 알아보기	주변의 여러 가지 물체와 물질의 기본 특성을 알아본다.
		물체와 물질을 여러 가지 방법으로 변화시켜 본다.
	생명체와 자연환경 알아보기	관심 있는 동식물의 특성과 성장 과정을 알아본다.
		나와 다른 사람의 출생과 성장에 대해 알아본다.
		생명체의 소중함을 알고, 생명체가 살아가기에 좋은 환경에 대해 알아본다.
	자연 현상 알아보기	돌, 물, 흙 등 자연물의 특성과 변화를 알아본다.
		낮과 밤, 계절의 변화와 규칙성을 알아본다.
	간단한 도구와 기계 활용하기	생활 속에서 간단한 도구와 기계를 활용한다.
		변화하는 새로운 도구와 기계에 관심을 가진다.
		편리한 물건이 때로는 해가 될 수 있음을 안다.

4) 3~4세 자연탐구 영역의 목표

- 자연을 존중하고, 창의적으로 탐구하며, 논리적으로 문제를 해결하기 위한 기초 소양을 기른다.

① 내용체계

표 4-12 | 내용체계

내용 범주	내용
탐구하는 태도 기르기	사물과 현상에 지속적인 관심 가지기
	탐구과정 즐기기
과학적 기초 능력 기르기	물체와 물질에 대해 알아보기
	생명체와 자연환경 소중하게 여기기
	자연현상에 대해 알아보기
	간단한 도구와 기계 활용하기

② 수준별 내용

표 4-13 ❙ 수준별 내용

<table>
<tr><th rowspan="2">내용</th><th rowspan="2">하위 내용</th><th colspan="2">세부 내용</th></tr>
<tr><th>I</th><th>II</th></tr>
<tr><td rowspan="4">탐구하는 태도 기르기</td><td rowspan="2">사물과 현상에 지속적인 관심 가지기</td><td>생활 주변의 사물과 현상에 대해 호기심을 가진다.</td><td>궁금한 점에 대해 지속적으로 관심을 가진다.</td></tr>
<tr><td colspan="2">과학이나 수학에 대한 탐구 이야기에 관심을 가진다.</td></tr>
<tr><td rowspan="2">탐구과정 즐기기</td><td>궁금한 점을 알 수 있는 방법을 궁리한다.</td><td>내가 궁리한 방법대로 해 본다.</td></tr>
<tr><td>다른 사람과 함께 탐구과정에 참여한다.</td><td>나의 생각이 다른 사람과 다를 수 있음을 안다.</td></tr>
<tr><td rowspan="14">과학적 기초 능력 기르기</td><td rowspan="3">물체와 물질에 대해 알아보기</td><td colspan="2">친숙한 물체의 특성을 다양한 방법으로 탐색한다.</td></tr>
<tr><td colspan="2">물체와 물질을 변화시킬 수 있는 다양한 방법을 탐색한다.</td></tr>
<tr><td>물체와 물질의 변화에 관심을 가진다.</td><td>물체와 물질의 변화 과정을 알아본다.</td></tr>
<tr><td rowspan="4">생명체와 자연환경 소중하게 여기기</td><td>나의 몸에 대해 관심을 가진다.</td><td>나의 출생과 성장에 대해 알아본다.</td></tr>
<tr><td>주변의 동식물에 관심을 가진다.</td><td>관심 있는 동식물의 특성을 알아본다.</td></tr>
<tr><td>주변의 모든 생명체를 존중하고 돌보는 마음을 가진다.</td><td>생명체는 서로 함께 살아가는 것임을 안다.</td></tr>
<tr><td></td><td>생명체가 살아가기에 좋은 환경에 대해 알아본다.</td></tr>
<tr><td rowspan="3">자연 현상에 대해 알아보기</td><td colspan="2">생활 주변의 자연물(돌, 물, 흙 등) 탐색을 즐긴다.</td></tr>
<tr><td>자연물의 상태와 변화에 관심을 가진다.</td><td>자연물의 상태와 변화를 관찰한다.</td></tr>
<tr><td>낮과 밤, 계절의 변화에 관심을 가진다.</td><td>낮과 밤, 계절의 변화와 규칙성을 알아본다.</td></tr>
<tr><td rowspan="4">간단한 도구와 기계 활용하기</td><td colspan="2">관심 있는 도구나 놀잇감을 여러 가지 방법으로 만들고 즐긴다.</td></tr>
<tr><td>도구와 기계의 편리함에 관심을 가진다.</td><td>편리한 물건이 때로는 해가 될 수 있음을 안다.</td></tr>
<tr><td colspan="2">생활 속에서 간단한 도구와 기계를 활용한다.</td></tr>
<tr><td></td><td>우리 전통사회에서 발명된 도구와 기계에 관심을 가진다.</td></tr>
</table>

5) 지도상의 유의점

교사는 자연탐구 영역에서 다음의 사항에 유의하여 지도하도록 한다.

- 일상생활 속에서의 다양한 활동을 통하여 유아가 수학과 과학에 대해 탐구하는 태도를 갖고 그 과정을 즐기도록 지도한다. 이를 위해 유아가 생활 주변의 사물과 환경에 관심을 갖고 자연스럽게 생겨나는 궁금증을 해결하기 위해 스스로 다양한 시도를 해보고 결론을 내보는 경험을 갖도록 격려한다.
- 다른 사람과 함께 관심 있는 현상이나 주제 탐구에 지속적으로 참여하면서 발견한 사실을 나누도록 지도한다. 자신이 알아내고 발견한 사실을 발표하는 기회를 통해 유아의 탐구하는 태도가 길러지게 하며 동시에 다른 유아들에게도 탐구동기를 유발하도록 한다.
- 유아가 생명체와 자연 환경을 소중하게 여기고 이를 보호해야 함을 알 수 있는 상황을 조성해 준다. 유치원에서 동식물을 길러 자연과 인간과의 관계를 일상생활에서 접할 수 있도록 기회를 제공하는 것도 한 방법이 된다. 동식물을 기르는 과정에서 자연스럽게 죽음을 직면하게 될 경우, 유아가 동식물의 입장을 생각해 보면서 작은 생명 하나라도 소중히 여겨야 함을 알아가도록 지도한다.
- 유아가 (수학이나)과학적 현상에 흥미를 가지고 지속적으로 몰입할 수 있는 활동과 자료를 제시해 준다. 유아는 여러 가지 속성을 동시에 생각하기 어렵기 때문에, 지나치게 다양한 자료를 한꺼번에 제시해 주는 것은 오히려 탐구에 도움이 되지 못함을 유의해야 한다.

9. 2012년 유치원 교육과정의 과학교육

2012년 개정된 유치원 교육과정(2012년 7월 10일 교육과학기술부 고시 제2012-16호와 보건복지부 고시 제 2012-82호)은 3~5세 연령별 누리과정으로서 유치원 교육과정과 어린이집 표준보육과정을 일원화한 것이다. 이 교육과정은 2012년 3월부터 시행된 5세 누리과정에 이어 만3, 4세까지 누리과정이 확대 도입됨에 따라 2013년 3월부터 전국의 모든 유치원과 어린이집에서 전면 시행된 것이다. 누리과정의 구성방향은 다음과 같다.

- 질서, 배려, 협력 등 기본 생활습관과 바른 인성을 기르는 데 중점을 두어 구성한다.
- 자율성과 창의성을 기르는 데 중점을 두고, 전인발달을 이루도록 구성한다.
- 사람과 자연을 존중하고, 우리 문화를 이해하는 데 중점을 두어 구성한다.
- 만 3~5세아의 발달 특성을 고려하여 연령별로 구성한다.
- 신체운동 · 건강, 의사소통, 사회관계, 예술경험, 자연탐구의 5개 영역을 중심으로 구성한다.
- 초등학교 교육과정과 0~2세 표준보육과정과의 연계성을 고려하여 구성한다.

1) 목적과 목표

① 목적

누리과정은 만 3~5세 유아의 심신의 건강과 조화로운 발달을 도와 민주시민의 기초를 형성하는 것을 목적으로 한다.

② 목표

가. 기본 운동능력과 건강하고 안전한 생활습관을 기른다.

나. 일상생활에 필요한 의사소통 능력과 바른 언어 사용 습관을 기른다.

다. 자신을 존중하고 다른 사람과 더불어 생활하는 능력과 태도를 기른다.

라. 아름다움에 관심을 가지고 예술 경험을 즐기며, 창의적으로 표현하는 능력을 기른다.

마. 호기심을 가지고 주변세계를 탐구하며, 일상생활에서 (수학적)과학적으로 생각하는 능력과 태도를 기른다.

2) 3~5세 자연탐구 영역의 목표

호기심을 가지고 주변세계를 탐구하며, 일상생활에서 (수학적)과학적으로 생각하는 능력과 태도를 기른다.

- 주변의 사물과 자연 세계에 대해 알고자 하는 호기심을 가지고 탐구하는 태도를 기른다.
- 주변의 관심 있는 사물과 생명체 및 자연 현상을 탐구하기 위한 기초 능력을 기른다.

3) 3세 자연탐구 영역

① 내용체계

표 4-14 ❙ 내용체계

내용 범주	내용
탐구하는 태도 기르기	호기심을 유지하고 확장하기
	탐구과정 즐기기
과학적 탐구하기	물체와 물질 알아보기
	생명체와 자연환경 알아보기
	자연현상 알아보기
	간단한 도구와 기계 활용하기

② 세부내용

표 4-15 ❙ 세부내용

내용 범주	내용	세부 내용
탐구하는 태도 기르기	호기심을 유지하고 확장하기	주변 사물과 자연 세계에 대해 호기심을 갖는다.
	탐구과정 즐기기	궁금한 점을 알아보는 과정에 흥미를 갖는다.

내용 범주	내용	세부 내용
과학적 탐구하기	물체와 물질 알아보기	친숙한 물체와 물질의 특성에 관심을 갖는다.
	생명체와 자연환경 알아보기	나의 출생과 성장에 대해 관심을 갖는다.
		주변의 동식물에 관심을 갖는다.
		생명체를 소중히 여기는 마음을 갖는다.
	자연 현상 알아보기	돌, 물, 흙 등 자연물에 관심을 갖는다.
		날씨에 관심을 갖는다.
	간단한 도구와 기계 활용하기	생활 속에서 간단한 도구와 기계에 관심을 갖는다.
		도구와 기계의 편리함에 관심을 갖는다.

4) 4세 자연탐구 영역

① 내용체계

표 4-16 ❙ 내용체계

내용 범주	내용
탐구하는 태도 기르기	호기심을 유지하고 확장하기
	탐구과정 즐기기
	탐구기술 활용하기
과학적 탐구하기	물체와 물질 알아보기
	생명체와 자연환경 알아보기
	자연 현상 알아보기
	간단한 도구와 기계 활용하기

② 세부내용

표 4-17 | 세부내용

내용 범주	내용	세부 내용
탐구하는 태도 기르기	호기심을 유지하고 확장하기	주변 사물과 자연 세계에 대해 호기심을 갖는다.
	탐구과정 즐기기	궁금한 점을 알아보는 과정에 흥미를 갖는다.
	탐구기술 활용하기	일상생활의 문제를 해결하는 과정에서 탐색, 관찰 등의 방법을 활용해 본다.
과학적 탐구하기	물체와 물질 알아보기	친숙한 물체와 물질의 특성을 알아본다.
		물체와 물질을 여러 가지 방법으로 변화시켜 본다.
	생명체와 자연환경 알아보기	나의 출생과 성장에 대해 관심을 갖는다.
		관심 있는 동식물의 특성을 알아본다.
		생명체를 소중히 여기는 마음을 갖는다.
		생명체가 살기 좋은 환경에 대해 관심을 갖는다.
	자연 현상 알아보기	돌, 물, 흙 등 자연물의 특성과 변화를 알아본다.
		날씨와 기후변화에 관심을 갖는다.
	간단한 도구와 기계 활용하기	생활 속에서 간단한 도구와 기계를 활용한다.
		도구와 기계의 편리함에 관심을 갖는다.

5) 5세 자연탐구 영역

① 내용체계

표 4-18 | 내용체계

내용 범주	내용
탐구하는 태도 기르기	호기심을 유지하고 확장하기
	탐구과정 즐기기
	탐구기술 활용하기

내용 범주	내용
과학적 탐구하기	물체와 물질 알아보기
	생명체와 자연환경 알아보기
	자연 현상 알아보기
	간단한 도구와 기계 활용하기

② 세부내용

표 4-19 ❙ 세부내용

내용 범주	내용	세부 내용
탐구하는 태도 기르기	호기심을 유지하고 확장하기	주변 사물과 자연 세계에 대해 지속적으로 호기심을 갖고 알고자 한다.
	탐구과정 즐기기	궁금한 점을 알아보는 탐구과정에 참여하고 즐긴다.
		탐구과정에서 서로 다른 생각에 관심을 갖는다.
	탐구기술 활용하기	일상생활의 문제를 해결하는 과정에서 탐색, 관찰, 비교, 예측 등의 탐구기술을 활용해 본다.
과학적 탐구하기	물체와 물질 알아보기	주변의 여러 가지 물체와 물질의 기본 특성을 알아본다.
		물체와 물질을 여러 가지 방법으로 변화시켜 본다.
	생명체와 자연환경 알아보기	나와 다른 사람의 출생과 성장에 대해 알아본다.
		관심 있는 동식물의 특성과 성장 과정을 알아본다.
		생명체를 소중히 여기는 마음을 갖는다.
		생명체가 살기 좋은 환경과 녹색환경에 대해 알아본다.
	자연 현상 알아보기	돌, 물, 흙 등 자연물의 특성과 변화를 알아본다.
		낮과 밤, 계절의 변화와 규칙성을 알아본다.
		날씨와 기후변화 등 자연 현상에 대해 관심을 갖는다.
	간단한 도구와 기계 활용하기	생활 속에서 간단한 도구와 기계를 활용한다.
		변화하는 새로운 도구와 기계에 관심을 갖고 장단점을 안다.

6) 지도 지침 및 유의점

- 교사는 유아를 주의 깊게 관찰하고, 유아의 말에 귀를 기울여 유아가 관심을 갖는 사물이나 현상을 탐구할 수 있도록 한다.
- 유아가 호기심을 갖는 사물이나 현상에 대해 적극적으로 관찰하고, 조사하고, 실험해 볼 수 있도록 다양한 크기의 확대경과 실험 도구들을 포함한 물리적 환경을 구성해준다.
- 유아가 궁금한 점을 알아볼 수 있는 방법에 대해 생각하도록 격려하고 자신이 고안한 방법으로 탐구하는 것을 즐길 수 있도록 충분한 시간을 제공한다.
- 유아가 탐구하는 과정에서 처음 예측한 것과 실제 나타난 결과를 비교해 보도록 하여 자신이 생각한 가설과 결과가 다를 수 있음을 알 수 있도록 한다.
- 유아는 일상생활에서 일어나는 문제해결 과정에서 자신의 생각이 다른 사람과 다를 수 있음을 알고 논의를 통해 새로운 방법을 계획하고 실행해 보도록 한다.
- 교사는 교실에서 일어나는 여러 가지 문제 상황에 유아가 관심을 갖도록 상호작용하고, 문제를 해결하는 과정에서 탐색하고 관찰한 내용을 다양한 방법으로 표현해 보도록 한다.
- 교사는 유아가 탐구과정에서 얻은 결과를 기초로 유사한 문제나 상황에서 해결방법을 예측하고 추론하도록 한다. 이미 알고 있는 지식을 이용하거나 새로 얻은 지식에 기초하여 앞으로 일어날 일을 미리 예측해 보게 한다.
- 유아가 물체의 움직임이나 물질의 크기, 모양, 색 등의 특성에 관심을 가질 수 있도록 적절한 환경을 구성한다. 만 3, 4세에는 유아에게 친숙한 공, 장난감 자동차, 원기둥형 실패와 같이 움직이는 물체들과 물감, 밀가루, 모래 등의 물질을 제공하고, 만 5세는 구슬, 팽이, 바퀴, 여러 종류의 흙과 분말과 같은 좀 더 다양한 사물을 제공하여 오감각을 통해 그 특성을 알아보도록 한다.
- 유아가 그 물체나 물질을 변화시켜보기 위해 열을 가하거나 힘의 강도를 다르게 하는 등의 여러 가지 방법을 사용해 보도록 격려하고, 변화 과정을 적극적

으로 탐색해 볼 수 있게 한다.

- 유아가 출생 후 성장하는 과정에서 변화된 부분에 대해 관심을 가질 수 있도록 유아의 성장과정에 대한 사진이나 동영상 자료를 활용하도록 한다.
- 교실 안에 동식물을 두고 길러보게 하여 유아가 생명체에 관심을 갖도록 한다. 유아가 생명체를 주의 깊게 관찰하고 궁금한 점을 알아볼 수 있도록 확대경, 물뿌리개, 동식물에 대한 사진과 포스터, 책과 미디어 자료를 제공해 준다.
- 생명체가 살아가기에 좋은 환경에 대해서 생각해 보도록 하고 실제 생활에서 실천할 수 있는 다양한 방법을 알아보도록 한다.
- 유아가 주변에 있는 돌과 물, 흙과 같은 자연물을 가지고 놀이해보는 경험을 제공한다. 초기에는 흙놀이, 물놀이를 통해 자연스럽게 자연물에 관심을 갖도록 유도하고, 점차 주변에 있는 크고 작은 돌과 암석 등을 찾아서 모양이나 색, 크기, 질감 등에 대해 알아보도록 한다.
- 장소나 시간의 경과에 따라 자연물의 상태(예: 모양, 색, 재질 등)가 변할 수 있음을 알아보도록 한다.
- 유아가 낮과 밤, 계절의 변화를 지속적으로 관찰해 봄으로써 변화의 규칙성을 이해하게 한다. 또한 계절의 변화에 따라 주변 환경과 동식물, 유아의 생활이 어떻게 변화하는지를 이해하도록 돕는 활동을 제공한다.
- 유아가 직접 탐색하고 활용해 볼 수 있는 간단한 도구나 기계를 제공하고 관련된 책 등의 자료를 준비한다.
- 교사는 생활도구와 기계의 어떤 점이 생활 속에서 편리함을 주는지 구체적으로 알아보도록 안내한다.

10. 2015년 유치원 교육과정의 과학교육

2015년 개정된 유치원교육과정(2015년 2월 24일 교육부고시 제2015-16호)은 3~5세 연령별 누리과정으로서, 이미 고시한 2012년 개정판 5세 누리과정의 내용 중 추가, 삭제, 수정 등이 필요한 내용을 보완한 것이다. 특히, 3, 4세 누리과정은 5세 누리과정 제정 시와 동일하게 기존 교육 · 보육과정을 근거로 제정하였다. 따라서 3~5세 연령별 누리과정에서는 3, 4세 누리과정의 새로운 제정과 함께, 5세 누리과정의 부분적인 개정이 동시에 이루어짐으로서 만 3~5세를 대상으로 하는 연령별 누리과정을 고시하게 되었다.

3~5세 연령별 누리과정의 주요 구성방향은 다음과 같다.

- 질서, 배려, 협력 등 기본생활습관과 바른 인성을 기르는데 중점을 두어 구성한다.
- 자율성과 창의성을 기르는데 중점을 두고, 전인발달을 이루도록 구성한다.
- 사람과 자연을 존중하고, 우리 문화를 이해하는데 중점을 두어 구성한다.
- 만 3~5세 유아의 발달 특성을 고려하여 연령별로 구성한다.
- 신체운동 · 건강, 의사소통, 사회관계, 예술경험, 자연탐구의 5개 영역을 중심으로 구성한다.
- 초등학교 교육과정과 0~2세 표준보육과정의 연계성을 고려하여 구성한다.

1) 목적과 목표

① 목적

누리과정은 만 3~5세 유아의 심신의 건강과 조화로운 발달을 도와 민주시민의 기초를 형성하는 것을 목적으로 한다.

② 목표

가. 기본 운동 능력과 건강하고 안전한 생활습관을 기른다.

나. 일상생활에서 필요한 의사소통 능력과 바른 언어사용 습관을 기른다.

다. 자신을 존중하고 다른 사람과 더불어 생활하는 능력과 태도를 기른다.

라. 아름다움에 관심을 가지고 예술경험을 즐기며, 창의적으로 표현하는 능력을 기른다.

마. 호기심을 가지고 주변세계를 탐구하며, 일상생활에서 수학적 · 과학적으로 생

각하는 능력과 태도를 기른다.

2) 자연탐구 영역의 목표

자연탐구 영역은 유아가 자신을 둘러싸고 있는 주변 세계에 대해 호기심을 가지고 궁금한 것을 해소하기 위해 탐구하며, 일상생활에서 부딪치는 현상이나 문제해결을 통해 (수학적)과학적으로 생각하는 기초능력과 태도를 기르기 위한 영역이다. 즉 호기심을 가지고 주변세계를 탐구하며, 일상생활에서 (수학적)과학적으로 생각하는 능력과 태도를 기른다.

- 주변의 사물과 자연세계에 대해 알고자 하는 호기심을 가지고 탐구하는 태도를 기른다.
- 주변의 관심 있는 사물과 생명체 및 자연현상을 탐구하기 위한 기초능력을 기른다. [그림 4-6]

그림 4-6 ❙ 탐구하는 태도는 과학교육의 기본이다.

3) 자연탐구 내용 범주

① 내용 체계

표 4-20 ❙ 내용범주

내용 범주	내용
탐구하는 태도 기르기	호기심을 유지하고 확장하기 탐구과정 즐기기 탐구기술 활용하기
과학적 탐구하기	물체와 물질 알아보기 생명체와 자연환경 알아보기 자연현상 알아보기 간단한 도구와 기계 활용하기

② 3세 자연탐구영역의 세부내용

표 4-21 ❙ 세부내용

내용범주	내용	세부내용
탐구하는 태도 기르기	호기심을 유지하기 확장하기	주변사물과 자연세계에 대해 호기심을 갖는다.
	탐구과정 즐기기	궁금한 점을 알아보는 과정에 흥미를 갖는다.
과학적 탐구하기	물체와 물질 알아보기	친숙한 물체와 물질의 특성에 관심을 갖는다.
	생명체와 자연환경 알아보기	나의 출생과 성장에 대해 관심을 갖는다.
		주변의 동식물에 관심을 가진다.
		생명체를 소중히 여기는 마음을 갖는다.
	자연현상 알아보기	돌, 물, 흙 등 자연물에 관심을 갖는다.
		날씨에 관심을 갖는다.
	간단한 도구와 기계 활용하기	생활 속에서 간단한 도구와 기계에 관심을 갖는다. 도구와 기계의 편리함에 관심을 갖는다.

③ 4세 자연탐구영역의 세부 내용

표 4-22 | 세부내용

내용범주	내용	세부내용
탐구하는 태도 기르기	호기심을 유지하고 확장하기	주변 사물과 자연세계에 대해 지속적으로 호기심을 갖는다.
	탐구과정 즐기기	궁금한 점을 알아보는 탐구 과정에 관심을 가지고 참여한다.
	탐구기술 활용하기	일상생활의 문제를 해결하는 과정에서 탐색, 관찰 등의 방법을 활용해 본다.
과학적 탐구하기	물체와 물질 알아보기	친숙한 물체와 물질의 특성을 알아본다.
		물체와 물질을 여러 가지 방법으로 변화시켜 본다.
	생명체와 자연환경 알아보기	나의 출생과 성장에 대해 관심을 갖는다.
		관심 있는 동식물의 특성을 알아본다.
		생명체를 소중히 여기는 마음을 갖는다.
		생명체가 살기 좋은 환경에 대해 관심을 갖는다.
	자연현상 알아보기	돌, 물, 흙 등 자연물의 특성과 변화를 알아본다.
		날씨와 기후변화에 관심을 갖는다.
	간단한 도구와 기계 활용하기	생활 속에서 간단한 도구와 기계를 활용한다.
		도구와 기계의 편리함에 관심을 갖는다.

④ 5세 자연탐구영역의 세부내용

표 4-23 ❙ 세부내용

내용범주	내용	세부내용
탐구하는 태도 기르기	호기심을 유지하고 확장하기	주변 사물과 자연세계에 대해 지속적으로 호기심을 갖고 알고자 한다.
	탐구과정 즐기기	궁금한 점을 알아보는 탐구과정에 참여하고 즐긴다.
		탐구과정에서 서로 다른 생각에 관심을 갖는다.
	탐구기술 활용하기	일상생활의 문제를 해결하는 과정에서 탐색, 관찰, 비교, 예측 등의 탐구기술을 활용해 본다.
과학적 탐구하기	물체와 물질 알아보기	주변의 여러 가지 물체와 물질의 기본특성을 알아본다.
		물체와 물질을 여러 가지 방법으로 변화시켜 본다.
	생명체와 자연환경 알아보기	나와 다른 사람의 출생과 성장에 대해 알아본다.
		관심있는 동식물의 특성과 성장과정을 알아본다.
		생명체를 소중히 여기는 마음을 갖는다.
		생명체가 살기 좋은 환경과 녹색환경에 대해 알아본다.
	자연현상 알아보기	돌, 물, 흙 등 자연물의 특성과 변화를 알아본다.
		낮과 밤, 계절의 변화와 규칙성을 알아본다.
		날씨와 기후변화 등 자연현상에 대해 관심을 갖는다.
	간단한 도구와 기계 활용하기	생활 속에서 간단한 도구와 기계를 활용한다.
		변화하는 새로운 도구와 기계에 관심을 갖고 장단점을 안다.

⑤ 자연탐구 영역의 연령별 세부내용 비교

표 4-24 | 연령별 세부내용 비교

내용범주	내용	3세	4세	5세
탐구하는 태도 기르기	호기심을 유지하고 확장하기	주변 사물과 자연세계에 대해 호기심을 갖는다.	주변 사물과 자연세계에 대해 지속적으로 호기심을 갖는다.	주변 사물과 자연세계에 대해 지속적으로 호기심을 갖고 알고자 한다.
	탐구과정 즐기기	궁금한 점을 알아보는 과정에 흥미를 갖는다.	궁금한 점을 알아보는 탐구과정에 관심을 가지고 참여한다.	궁금한 점을 알아보는 탐구과정에 참여하고 즐긴다.
				탐구과정에서 서로 다른 생각에 관심을 갖는다.
	탐구기술 활용하기		일상생활의 문제를 해결하는 과정에서 탐색, 관찰 등의 방법을 활용해 본다.	일상생활의 문제를 해결하는 과정에서 탐색, 관찰, 비교, 예측 등의 탐구기술을 활용해 본다.
과학적 탐구하기	물체와 물질 알아보기	친숙한 물체와 물질의 특성에 관심을 갖는다.	친숙한 물체와 물질의 특성을 알아본다.	주변의 여러 가지 물체와 물질의 기본 특성을 알아본다.
			물체와 물질을 여러 가지 방법으로 변화시켜 본다.	물체와 물질을 여러 가지 방법으로 변화시켜 본다.
	생명체와 자연환경 알아보기	나의 출생과 성장에 대해 관심을 갖는다.	나의 출생과 성장에 대해 관심을 갖는다.	나와 다른 사람의 출생과 성장에 대해 알아본다.
		주변의 동식물에 관심을 가진다.	관심 있는 동식물의 특성을 알아본다.	관심 있는 동식물의 특성과 성장 과정을 알아본다.
		생명체를 소중히 여기는 마음을 갖는다.	생명체를 소중히 여기는 마음을 갖는다.	생명체를 소중히 여기는 마음을 갖는다.
			생명체가 살기 좋은 환경에 대해 관심을 갖는다.	생명체가 살기 좋은 환경과 녹색환경에 대해 알아본다.
	자연현상 알아보기	돌, 물, 흙 등 자연물에 관심을 갖는다.	돌, 물, 흙 등 자연물의 특성과 변화를 알아본다.	돌, 물, 흙 등 자연물의 특성과 변화를 알아본다.
				낮과 밤, 계절의 변화와 규칙성을 알아본다.
		날씨에 관심을 갖는다.	날씨와 기후변화에 관심을 갖는다.	날씨와 기후변화 등 자연현상에 대해 관심을 갖는다.
	간단한 도구와 기계 활용하기	생활 속에서 간단한 도구와 기계에 관심을 갖는다.	생활 속에서 간단한 도구와 기계를 활용한다.	생활 속에서 간단한 도구와 기계를 활용한다.
		도구와 기계의 편리함에 관심을 갖는다.	도구와 기계의 편리함에 관심을 갖는다.	변화하는 새로운 도구와 기계에 관심을 갖고 장단점을 안다.

⑥ 자연탐구 영역의 지도 지침 및 유의점

2015년 개정된 자연탐구영역의 지도지침 및 유의점은 2012년의 내용과 같다. 그러므로 본 장에서는 2015년의 자연탐구 영역에서 강조하는 지도상 유의점을 다음과 같이 요약하여 제시한다.

- 교사는 다양한 실물자료와 자연체험의 기회를 유아에게 풍부하게 제공하여 교사의 개입없이 이뤄지는 자발적 학습, 우연히 발생하는 비형식적 학습, 그리고 교사가 계획하고 의도한 형식적 학습이 가능하도록 한다.
- 교사는 유아가 생활속에서 자발적으로 문제를 발견하고 해결하기 위해 탐구과정에서 적극적으로 참여한다.
- 교사는 유아가 일상생활 경험에서 구성한 지식을 바탕으로 다양한 시도와 추론하는 활동을 통해 (수학적)과학적 기초능력을 의미있게 확장해 나갈 수 있도록 한다.
- 교사는 유아가 탐구하고 발견해가는 과정에서 자신의 생각을 말, 글, 그림, 그래프, 표, 구체물 등을 사용하여 나타내고 다른사람과 공유하도록 한다.

11. 구성 요소별로 본 자연탐구 영역의 변천

1) 명칭 및 목표

제1차 ~ 2015년 개정 유치원 교육과정인 3~5세 연령별 누리과정의 자연탐구 영역의 명칭 및 목표를 비교하여 살펴보면 다음의 [표 4-25]과 같다.

표 4-25 | 자연탐구 영역의 명칭 및 목표

교육과정	명칭 및 목표	
제1차 (1969)	명칭	자연
	목표	1. 동식물을 사랑하고 보호하는 마음씨와 태도를 기른다. 2. 자연의 모습에 흥미와 관심을 가지게 하며 스스로 보고, 생각하고, 활용하는 능력과 태도를 기른다. 3. 일상생활에 필요한 간단한 기능을 익혀 생활에 적응할 수 있도록 한다.

교육과정	명칭 및 목표	
제2차 (1979)	명칭	인지발달
	목표	1. 사물, 자연 및 자연 현상에 대해 직접적으로 활동하게 함으로써 이들에 대한 기본개념의 형성을 촉진하도록 한다. 2. 사회의 구성원으로서 각종 사회 기관 및 시설을 활용하고 사회생활에 적극 참여함으로써 사회적 기본개념의 형성을 촉진하도록 한다. 3. 다양한 조작적 활동을 통하여 사고의 기초가 되는 논리 · 수학적 사고 능력의 발달을 촉진하도록 한다. 4. 여러 가지 활동을 통하여 얻은 경험들을 다양한 방식으로 표상하는 능력을 기른다.
제3차 (1981)	명칭	인지발달
	목표	1. 직접 경험을 통하여 자연 현상에 관한 기본개념을 알게 한다. 2. 사회의 구성원으로서 필요한 사회 현상 및 기능에 대한 기본개념을 알게 한다. 3. 다양한 조직적 활동을 통하여 논리적 · 수학적 사고능력을 기른다.
제4차 (1987)	명칭	인지발달
	목표	1. 구체적 경험을 통하여 자연 현상에 관한 기본개념을 안다. 2. 사회 구성원으로서 필요한 사회 현상 및 기능에 대한 기본개념을 안다. 3. 다양한 조작적 활동을 통하여 논리적, 수리적 사고의 기초 능력을 기른다. 4. 다양한 활동과 놀이를 통하여 상상력과 창의력을 기른다.
제5차 (1992)	명칭	탐구생활
	목표	1. 주변 환경과 자연 현상에 대한 과학적 사고의 기초 능력과 태도를 기르게 한다. 2. 다양한 조작 활동을 통하여 논리 · 수학적 사고의 기초 능력과 태도를 기르게 한다. 3. 과학적, 논리 · 수학적 사고를 기초로 하여, 창의적으로 문제를 해결하는 능력과 태도를 기르게 한다.
제6차 (1998)	명칭	탐구생활
	목표	1. 주변 생활과 자연 현상을 이해하는 데 필요한 기초적인 탐구 능력과 태도를 기른다. 2. 구체적인 사물의 조작을 통하여 논리 · 수학적 사고의 기초 능력을 기른다. 3. 일상생활에서 부딪히는 문제를 창의적으로 탐구하고 다양한 방법으로 해결하려는 태도를 기른다.
2007년 (2007)	명칭	탐구생활
	목표	1. 사물과 자연 현상에 대해 호기심을 가지고 지속적으로 탐구하는 태도를 기른다. 2. 사물과 자연 현상에 대한 기초 지식을 이해하고 탐구하는 능력을 기른다. 3. 생활 주변의 문제를 논리 · 수학적으로 해결하기 위한 기초 능력을 기른다.

교육과정	명칭 및 목표	
2011년 (2011)	명칭	자연탐구
	목표	1. 사물과 자연 현상에 대해 호기심을 가지고 지속적으로 탐구하는 태도를 기른다. 2. 사물과 자연 현상에 대한 기초지식을 이해하고 탐구하는 능력을 기른다. 3. 생활 주변의 문제를 논리 · 수학적으로 해결하기 위한 기초능력을 기른다.
2012년 (2012)	명칭	자연탐구
	목표	1. 주변의 사물과 자연 세계에 대해 알고자 하는 호기심을 가지고 탐구하는 태도를 기른다. 2. 생활 속의 여러 상황과 문제를 논리 · 수학적으로 이해하고 해결하기 위한 기초능력을 기른다. 3. 주변의 관심 있는 사물과 생명체 및 자연 현상을 탐구하기 위한 기초능력을 기른다.
2015년 (2015)	명칭	자연탐구
	목표	1. 주변의 사물과 자연세계에 대해 알고자 하는 호기심을 가지고 탐구하는 태도를 기른다. 2. 생활 속의 여러 상황과 문제를 논리 · 수학적으로 이해하고 해결하기 위한 기초 능력을 기른다. 3. 주변의 관심 있는 사물과 생명체 및 자연 현상을 탐구하기 위한 기초능력을 기른다.

우리나라의 제1차~2015년 개정된 유치원 교육과정인 3~5세 연령별 누리과정까지의 명칭과 목표를 비교, 분석하여 나타난 주요한 특징은 다음과 같다.

첫째, 명칭에서 살펴보면, 제1차 유치원 교육과정에서는 초등학교 교과명과 동일하게 **'자연'**이라는 명칭을 사용하였다. 이후 제2차 유치원 교육과정에서부터 제4차 유치원 교육과정까지는 생활중심에서 발달 영역으로 변화하면서 **'인지발달'**이 사용되었으나, 제5차 유치원 교육과정부터는 다시 생활 영역으로 바뀌면서 **'탐구생활'**로 변경되었다. 2011년부터는 다시 "자연탐구"로 변경하여 오늘에 이르고 있다.

둘째, 목표 면에서 살펴보면 제1차 유치원 교유과정에서는 **생활, 경험중심**이 강조되었고, 제2차 유치원 교육과정부터는 **인지적 측면**과 **개념**이 부각되었다. 이후 제5차 유치원 교육과정부터는 이전의 교육과정과 비교하여 **창의적 사고와 탐구, 문제해결력**에 대한 강조가 뚜렷해졌으며, 제6차 유치원 교육과정에서는 **탐구 능력과 태도**를 강조하였다. 그러나 2011년과 2012년의 누리과정에서는 **탐구능력과 태도뿐** 아니라 과학적 문제해결능력을 위해 **과학적 탐구하기**도 강조하였다.

셋째, 제1~제4차 유치원 교육과정까지 사회생활과 현상에 해당하는 내용이 제시되어 있으나, 제5차 유치원 교육과정부터는 사회생활로 이동되었다.

넷째, 2015년의 누리과정 역시 자연탐구의 강조점은 **탐구하는 태도기르기**(탐구과정)와 **과학적 탐구하기**(탐구내용)를 강조하였다.

2) 내용

제1차~2015년 개정에 이르기까지 유치원 교육과정 자연탐구 영역의 내용을 비교하여 살펴보면 [표 4-26]과 같다.

표 4-26 ❙ 자연탐구 영역 내용의 비교

<table>
<tr><th>교육과정</th><th colspan="3">자연탐구 영역 내용</th></tr>
<tr><td rowspan="3">제1차
(1969)</td><td>영역</td><td colspan="2">자연 현상, 과학생활</td></tr>
<tr><td rowspan="2">내용</td><td>자연
현상</td><td>• 동식물을 즐겨 기르고 가꾸기
• 동식물을 여러 모로 관찰하기
• 자연의 여러 모습을 관찰하기
• 자연의 여러 사물(꽃, 나뭇잎, 돌 등)을 수집하여 정리하기
• 천체의 여러 모습을 관찰하기
• 계절의 변화에 대하여 알기</td></tr>
<tr><td>과학
생활</td><td>• 생활필수품의 성질과 용도를 알고 활용하기
• 연모의 용도를 알고 바로 쓰기
• 놀잇감의 용도를 알고 만들며 활용하기
• 운동 기구와 장난감의 움직임, 생김새, 용도 등을 알고 활용하기</td></tr>
<tr><td rowspan="2">제2차
(1979)</td><td>영역</td><td colspan="2">자연과 사회 현상에 관한 개념</td></tr>
<tr><td>내용</td><td colspan="2">• 생물과 무생물 구별하기
• 물체의 이름과 성질 알기
• 동식물의 이름과 성질 알기
• 밤과 낮 구별하기
• 빛과 그림자 이해하기
• 날씨의 변화 관찰하기
• 계절의 변화 이해하기
• 방향 알기
• 사건 순서 알기
• 시간 간격 알기
• 지구, 해, 달 및 별에 관해 이해하기
– 이 외에 사회 현상에 대한 7개의 내용이 함께 포함되어 있음</td></tr>
</table>

교육과정	자연탐구 영역 내용		
제3차 (1981)	영역	자연 현상에 관한 개념, 사회 현상에 관한 개념	
	내용	자연 현상	• 우리 몸 각 부분의 이름과 기능 알기 • 동식물의 이름과 특징 알기 • 생물과 무생물 구별하기 • 주변의 여러 가지 물체의 이름 알기 • 물체의 형태, 색깔, 질감 등의 성질 알기 • 물체의 운동 알기 • 빛과 그림자 알기 • 낮과 밤 구별하기 • 계절과 날씨 알기 • 해, 달, 별 알기 • 들, 산, 강, 바다 알기
		사회현상	– 사회 현상에 대한 7개의 내용일 포함되어 있음
제4차(1987)	별도의 내용 없이 목표에 함께 포함		
제5차 (1992)	영역	과학적 사고, 창의적 사고	
	내용	과학적 사고	• 물체의 성질 탐색하기 • 물체의 변화과정 관찰하기 • 물체의 움직임 관찰하기 • 우리 몸에 대해 관심 가지기 • 생물에 대해 관심 가지기 • 주변 환경에 대해 관심 가지기 • 자연 현상 관찰하기
		창의적 사고	• 특이한 상황에 관심 가지기 • 다양하게 사고하기 • 독특하게 사고하기
제6차 (1998)	영역	과학적 탐구, 창의적 탐구	
	내용	과학적 탐구	• 우리 몸에 대하여 알아보기 • 생물에 대하여 관심 가지기 • 자연 현상에 대하여 알아보기 • 물체와 물질 탐색하기 • 도구와 기계에 관심 가지기
		창의적 탐구	• 주변 상황에 관심을 가지고 탐색하기 • 다양하게 생각하기 • 독특하게 생각하기

<table>
<tr><th>교육과정</th><th colspan="3">자연탐구 영역 내용</th></tr>
<tr><td rowspan="3">2007년
(2007)</td><td>영역</td><td colspan="2">탐구하는 태도 기르기, 과학적 기초 능력 기르기</td></tr>
<tr><td rowspan="2">내용</td><td>탐구하는 태도 기르기</td><td>• 사물과 현상에 지속적인 관심 가지기
• 탐구과정 즐기기</td></tr>
<tr><td>과학적 기초능력 기르기</td><td>• 물체와 물질에 대해 알아보기
• 생명체와 자연환경 소중하게 여기기
• 자연 현상에 대해 알아보기
• 간단한 도구와 기계 활용하기</td></tr>
<tr><td rowspan="3">2011년
(2011)</td><td>영역</td><td colspan="2">자연탐구</td></tr>
<tr><td rowspan="2">내용</td><td>탐구하는 태도 기르기</td><td>• 호기심을 유지하고 확장하기(사물과 현상에 지속적인 관심가지기; 3세)
• 탐구과정 즐기기
• 탐구기술 활용하기</td></tr>
<tr><td>과학적 탐구하기</td><td>• 물체와 물질 알아보기
• 생명체와 자연 환경 알아보기
• 자연 현상 알아보기
• 간단한 도구와 기계 활용하기</td></tr>
<tr><td rowspan="3">2012년
(2012)</td><td>영역</td><td colspan="2">자연탐구</td></tr>
<tr><td rowspan="2">내용</td><td>탐구하는 태도 기르기</td><td>• 호기심을 유지하고 확장하기
• 탐구과정 즐기기
• 탐구기술 활용하기(3세 제외)</td></tr>
<tr><td>과학적 탐구하기</td><td>• 물체와 물질 알아보기
• 생명체와 자연 환경 알아보기
• 자연 현상 알아보기
• 간단한 도구와 기계 활용하기</td></tr>
<tr><td rowspan="3">2015년
(2015)</td><td>영역</td><td colspan="2">자연탐구</td></tr>
<tr><td rowspan="2">내용</td><td>탐구하는 태도 기르기</td><td>• 호기심을 유지하고 확장하기
• 탐구과정 즐기기
• 탐구기술 활용하기</td></tr>
<tr><td>과학적 탐구하기</td><td>• 물체와 물질 알아보기
• 생명체와 자연 환경 알아보기
• 자연 현상 알아보기
• 간단한 도구와 기계 활용하기</td></tr>
</table>

우리나라 제1차~2015년 개정된 유치원 교육과정(3~5세 연령별 누리과정)까지의 내용을 비교, 분석하여 나타난 주요한 특징은 다음과 같다.

첫째, 제2차 유치원 교육과정에서는 학문중심적 성격을 띠고 있는 시기여서 교육내용의 수가 제1차 유치원 교육과정에 비해 급격하게 증가하였으며, 지식, 기능, 태도로 나누었을 때 지식이 높은 비율을 차지하였다.

둘째, 제3차 유치원 교육과정에서는 생물, 물리, 지구과학 등 각 과학 영역의 내용을 고루 제시하고 있으며, 우리 몸 각 부분의 이름과 기능 알기, 물체의 운동 알기가 처음으로 제시되었다. 또한 수학 부분에서는 표상 능력 부분이 논리 · 수학적 사고에 흡수되었고, 관련 내용을 큰 범주로 나누었다.

셋째, 제4차 유치원 교육과정에서는 내용이 목표에 제시되어 있어 별도로 다루어지고 있지 않으며, 제5차 유치원 교육과정에는 이전과 달리 개념보다는 과학적 사고, 창의적 사고, 문제해결력 등 사고를 강조하였다. 특히, 수의 활용, 구체물의 간단한 더하기와 빼기, 기초통계가 처음으로 포함되었고 문제해결과 수학적 추론이 반영되었다.

넷째, 제6차 유치원 교육과정에서는 활동 중심의 목표와 내용을 갖춘 '탐구' 중심 내용체계로 전환되었으며, 수학과 과학의 학문체계에 따라 내용을 간결하게 통합하였다.

다섯째, 2007년 개정 유치원 교육과정에서는 탐구생활 내용을 탐구하는 태도 기르기와 과학적 기초 능력 기르기로 세분화하였다.

여섯째, 2011년에 개정된 유치원 교육과정인 누리과정에서는 자연탐구 영역의 내용을 5세 과정과 3~4세 과정으로 나누고 3~4세를 1수준과 2수준으로 나누었다. 따라서 탐구 영역의 내용 범주는 탐구하는 태도 기르기와 과학적 탐구하기로 같으나, 세부내용에서 5세와 3~4세의 수준이 다르다.

일곱째, 2012년에 개정된 누리과정에서는 자연탐구 영역의 내용은 2011년도와 같으나 세부내용의 수준을 5세, 4세, 3세로 구분지어 상세화하였다.

여덟째, 2015년에 개정된 누리과정 역시 자연탐구 영역의 내용은 2012년도와 같은 맥락이나, 5세의 경우 [표4-27]와 같이 보다 더 구체적으로 서술하였다.

표 4-27 | 2012년과 2015년의 5세 자연탐구 내용비교

내용범주	내용	2012년(5세)	2015년(5세)
탐구하는 태도 기르기	호기심을 유지하고 확장하기	주변 사물과 자연세계에 대해 지속적으로 관심을 갖고 궁금해 한다.	주변 사물과 자연세계에 대해 지속적으로 호기심을 갖고 알고자 한다.
	탐구과정 즐기기	궁금한 점을 알기 위해 비교하기, 예측하기 등 다양한 방법을 활용한다.	
			궁금한 점을 알아보는 탐구과정에 참여하고 즐긴다.
			탐구과정에서 서로 다른 생각에 관심을 갖는다.
	탐구기술 활용하기		일상생활의 문제를 해결하는 과정에서 탐색, 관찰, 비교, 예측 등의 탐구기술을 활용해 본다.
		나타난 결과에 기초하여 예측하고 적용한다.	
과학적 탐구하기	물체와 물질 알아보기	주변의 여러 가지 물체와 물질의 기본 특성을 알아본다.	주변의 여러 가지 물체와 물질의 기본 특성을 알아본다.
		물체와 물질을 여러 가지 방법으로 변화시켜 본다.	물체와 물질을 여러 가지 방법으로 변화시켜 본다.
	생명체와 자연환경 알아보기	관심 있는 동식물의 특성과 성장 과정을 알아본다.	나와 다른 사람의 출생과 성장에 대해 알아본다.
		나와 다른 사람의 출생과 성장에 대해 알아본다.	관심 있는 동식물의 특성과 성장을 알아본다.
		생명체의 소중함을 알고, 생명체가 살아가기에 좋은 환경에 대해 알아본다.	생명체를 소중히 여기는 마음을 갖는다.
			생명체가 살기 좋은 환경과 녹색환경에 대해 알아본다.
	자연현상 알아보기	돌, 물, 흙 등 자연물의 특성과 변화를 알아본다.	돌, 물, 흙 등 자연물의 특성과 변화를 알아본다.
		낮과 밤, 계절의 변화와 규칙성을 알아본다.	낮과 밤, 계절의 변화와 규칙성을 알아본다.
			날씨와 기후변화 등 자연현상에 대해 관심을 갖는다.

내용범주	내용	2012년(5세)	2015년(5세)
과학적 탐구하기	간단한 도구와 기계 활용하기	생활 속에서 간단한 도구와 기계를 활용한다.	생활 속에서 간단한 도구와 기계를 활용한다.
		변화하는 새로운 도구와 기계에 관심을 가진다.	변화하는 새로운 도구와 기계에 관심을 갖고 장단점을 안다.
		편리한 물건이 때로는 해가 될 수 있음을 안다.	

연습문제

1. 다음 문장을 읽고 (   )에 적합한 용어를 써서 완성해 보세요.

1) STS는 (   )의 약자다.

2) 제1차 유치원 교육과정의 과학교육에 대한 지도목표명은 (   )이다.

3) 재5차 유치원 교육과정의 과학교육지도 목표명은 (   )이다.

2. 다음 문장을 읽고 맞는 답의 번호를 고르세요.

4) 다음에서 2015년도 유치원 교육과정의 탐구하는 태도 기르기의 내용범주를 고르세요.
①탐구과정 즐기기 ②나를 알고 존중하기 ③탐구기술 활용하기 ④신체조절하기

5) 다음에서 2015년 유치원 교육과정의 과학적 탐구하기 내용범주가 아닌 것을 고르세요.
①물체와 물질 알아보기 ②기초적인 측정하기 ③자연현상 알아보기
④간단한 도구와 기계 활용하기

6) 제1차 유치원 교육과정의 과학교육 내용을 고르세요.
①건강 ②사회 ③자연 ④언어 ⑤예능

7) STS의 교수방법이 아닌 것은 (①능동적 참여 ②체계적 정보중심 ③다양한 자료 ④아동중심)이다.

정답 : 1) 과학(science), 기술(technology), 사회(society)
2) 자연, 3) 탐구생활 4)①, 5)②, 6)③, 7)②

PART Ⅲ

유아과학교육의 교수원리와 방법

1980년대 이후 과학교육의 개혁기를 맞이하면서, 유아과학교육은 유아가 어떤 대상에 대한 지식을 얻기 위해서는 그 대상과 상호작용함으로서 유아 스스로 대상에 대한 개념을 형성하는 것으로 보았다. 즉, 과학적 지식이란, 유아의 인지구조와 외부환경과의 상호작용을 통해 유아가 스스로 지식을 구성해가는 능동적인 과정인 것이다. 따라서 유아과학교육에서 가장 중요한 개념은 유아를 둘러싸고 있는 자연의 본질을 유아 스스로 이해하는 것이다.

이 장에서는 구성주의적 관점에서 발전한 상호작용이론에 기초하여 유아를 위한 과학교육의 실제적인 교수원리와 방법에 대해 알아보고자 한다.

학습목표

1. 유아과학교육의 교수원리를 이해한다.
2. 유아과학교육을 위한 환경에 대해 이해한다.
3. 유아과학교육을 위한 평가 방안에 대해 이해한다.

주요 용어

상호작용, 예측하기, 추론하기, 일화기록, 관찰, 기록자, 환경구성, 주제선정, 사전탐구, 통합활동, 자연친화, 물리적 환경, 포트폴리오

chapter 5

유아과학교육의 교수원리

유아들은 매일의 환경 속에서 끊임없이 질문하고 탐색하는 직접적인 경험을 통해서 주변 세계의 자연적 속성을 이해하게 된다. 이는 과학에서 가장 중요시하는 “스스로 지식과 개념을 발견하고 구조화시켜가는 탐색가”의 특징을 유아들이 그대로 간직하고 있다는 뜻이 된다. 왜냐하면 과학이란 화학적 변화 또는 자석과 같은 특별한 물질이나 개념에 초점을 두는 것이 아니라 우리를 둘러싸고 있는 자연의 본질을 이해하는 학문이기 때문이다. 그러므로 유아과학은 행동과 사고의 과정으로서 “발견한 사실에 대해 조직하는 것”을 말한다.

같은 맥락에서 NCIS(The National Center for Improving Science educatior)에서는 유아과학교육의 기본 목표는 다음과 같아야 한다고 강조하고 있다. 즉 유아가 본능적으로 가지고 있는 세계에 대한 호기심을 계발하고, 유아 자신의 사고 기술을 확장하여 스스로 세계를 조사하고 문제를 해결하면서 결론을 만들어 갈 수 있도록 함으로써, 유아가 가지고 있는 자연 세계에 대한 지식을 증식시켜 갈 수 있도록 돕는 것이다(Eliason & Jenkins, 1999).

이와 같은 관점에서 이 장에서는 구성주의적 관점에서 발전한 상호 작용 이론에 기초하여 유아를 위한 과학교육의 교수법, 과학교사의 역할, 과학교육의 내용과 범위, 그리고 과학교육의 교수 단계로 나누어 살펴보고자 한다.

능력단위(분류번호)	유아과학교육 교수원리와 방법(0701040106-13V1)	
능력단위요소	• 유아과학교육 교수원리와 방법(0701040106-13V1.3) • 과학활동 교수단계 수립(0701040106-131.3)	
학습목표(수행준거)	• 과학 교사로서의 역할을 수행할 수 있다. • 과학교육의 교수 단계에 따라 교수활동을 할 수 있다. • 과학교육의 교수법을 이해할 수 있다.	
지식(Knowledge)	기술(Skill)	태도(Attitude)
• 과학교육의 교수법 • 과학교사의 역할 • 과학교육의 내용과 범위 • 과학교육의 교수단계와 접근법	• 관찰자로서의 능력 • 문제 제기자로서의 능력 • 교수단계를 구성할 수 있는 능력	• 관찰을 기록하는 태도 • 과학 학습의 통합적 접근과 개방적인 태도
수행내용	• 과학교육의 교수법과 교사 • 과학교육의 내용과 범위 • 과학교육의 교수단계 • 유아과학교육의 접근방법	

출처 : 국가직무능력표준(www.ncs.go.kr)

01 과학교육의 교수법

1. 교육목적

상호 작용 이론에 의하면 유아는 적극적이고 탐구적인 존재이며 끊임없이 외부 세계와의 상호 작용을 통해서 세계를 이해하려고 하는 적응력 있는 유기체이다.

그러므로 유아는 환경과의 상호 작용을 통한 물리적, 사회적 경험 속에서 발달과제를 수용하고 다음의 발달을 위한 학습과정을 촉진시킬 수 있는 새로운 기술과 경험을 획득하게 된다.

특히, 상호 작용적 교수법에 의한 과학은 문화적 · 사회적 · 역사적 고찰의 맥락에서 이해할 수 있는 구성활동으로 인간의 필요와 사고의 변화에 따라 수정될 수 있는 지식인 것이다. 따라서 문제를 해결할 수 있는 방법이 정해져 있는 것이 아니라 그 해결에 이르기 위한 접근방법에서부터 다양한 방법을 활용할 수 있다고 보는 것이다[그림 5-1].

그림 5-1 ❙ 상호 작용적 과학교수법은 다양한 과학적 문제해결 능력을 계발할 수 있도록 한다.

그러므로 유아과학교육의 목적은 유아들의 열린 질문과 다양한 조사활동을 통해 그들 자신의 기능을 개발하고 주변 세계를 탐구하고 지각할 수 있도록 돕는 것이다(이경민, 2000). 이를 좀 더 구체적으로 살펴보면 다음과 같다(Biddulph & Osborne, 1984).

첫째, 유아들의 현재 생각과 의문점이 무엇인지를 이해하고 유아들이 자신의 생각을 탐구할 수 있거나 질문을 갖게 하는 자극적인 경험들을 제공하는 데 목적이 있다. 학습자인 유아는 능동적인 존재로 주변 세계에 대한 호기심을 가지고 스스로 질문을 이끌어내며 교사는 활동의 출발선상에서 유아가 알고 있는 것이 무엇인지 알기 위한 활동을 전개해야 한다.

둘째, 유아들이 알고 싶어 하는 것에 대한 해답을 찾는 과정을 통해 그들의 생각을 개발, 명료화, 수정, 확대하도록 돕는 데 목적이 있다. 그러기 위해 교사는 학습이 적극적으로 일어날 수 있는 환경을 조성해 주고 적절하게 반응해 줌으로써 유아 스스로 자신들을 위한 의미를 구성하도록 해야 한다.

셋째, 유아들 개개인이 자신의 생각을 진행시켜가는 방향과 그 방향에 맞는 방향인지에 대해 반성해 볼 수 있도록 격려하는 데 목적이 있다. 유아들은 스스로 탐구할 수 있는 과학적 질문을 한 후 질문에 대한 답을 얻기 위해 조사를 실시하고 조사 결과는 다양한 형태로 기록하여 동료들과 함께 나누게 된다. 이 적극적인 학습과 의미의 구성 과정에는 이야기 나누기, 듣기, 질문하기가 필수적으로 포함되며 경우에 따라서 그룹 협의, 문제해결 등이 포함된다. 이때 교사는 경험과 생각을 서로 나눌 수 있는 시간과 공간을 제공한다. 교사와 유아가 서로의 생각을 존중하는 분위기, 유아가 자유롭게 자신의 생각을 표현할 수 있는 분위기 속에서 유아는 자신의 경험을 회상하고 지각하게 된다.

넷째, 유아들이 보다 나은 질문, 계획, 조사, 생각의 구성, 토론 등에 필요한 기술을 개발하도록 돕는 데 목적이 있다. 특히, 유아들에게 조사 과정이 자율적으로 운영된다는 것은 유아들의 기술 발달에 큰 역할을 한다. 또한 다양한 자료를 유아들이 자유롭게 사용할 수 있도록 하여 유아 자신에게 알맞은 기술을 스스로 개발할 수 있도록 돕는다(Atkinson & Fleer, 1995).

다섯째, 왜 그렇게 되는가에 대한 설명은 '맞았다–틀렸다'로 하기보다는 '증거와 일치하는-불일치하는', '유용한-유용하지 않는', 변형 가능한-변형할 수 없는', 논리적인-비논리적인' 것으로 이해할 수 있도록 돕는 데 목적이 있다.

여섯째, 유아 스스로 자신의 생각이 가치 있다는 것을 깨닫도록 하는 데 목적이 있다.

2. 교수 방법

상호 작용적 교수 방법의 특징은 과학적 사실을 발견하고 탐구하기 위하여 유아 스스로 관찰, 측정, 분류, 의사소통 등의 구체적 과정을 직접 경험함으로써 과학적 소양을 쌓아 가는 것이다. 따라서 유아과학교육의 교수 방법은 이러한 목적을 완성하기 위한 과정으로서 구체적인 내용을 예시하면 다음과 같다.

- 첫째, 유아들의 필요와 흥미에 초점을 맞출 수 있어야 한다. 유아들은 스스로 주제를 선정하고 자신의 질문에 대한 답을 찾기 위해 활동한다. 이 과정은 유아들이 개인적으로 흥미를 느끼는 의문점에 답을 찾는 활동이며 대부분의 경우 유아들의 생활에 적절한 것이기 때문에 동기부여가 되며 유아의 요구와 보다 잘 조화를 이룰 수 있기 때문이다(Biddulph & Osborne, 1983).
- 둘째, 과학활동은 유아가 갖고 있는 사전 개념과 경험에 기초해서 인지적 갈등을 일으키면서 능동적으로 학습할 수 있도록 적합한 활동과 자료를 제공해야 한다. 유아들은 일상생활에서의 경험을 통해 나름대로의 과학적 개념을 형성하고 있다. 이러한 이전 개념(preconception)에 기초하여 새로운 경험과 개념을 검토하는 과정을 통해 과학적 태도와 개념의 발달이 이루어지는 것이다. 따라서 과학활동을 계획하고 진행하는 과정에서 유아들이 알고 있던 것과 다른 현상이나 개념을 발견함으로써 흥미와 의문을 갖고 탐구할 수 있도록 격려하는 것이 중요하다(황의명, 조형숙, 2002).
- 셋째, 과학에 대한 유아들의 관심을 지속적으로 이끌 수 있어야 한다. 상호작용적 과학교육은 유아들 자신의 질문에 대한 답을 얻어가는 과정이다. 따라서 다양한

자료의 활용과 활동 과정에서 융통성이 요구된다. 특히, 자료와 장비 사용을 유아들이 자유롭게 할 수 있는 상황은 탐구 또는 조사과정에서 유아들의 기술을 발달할 수 있다. 이러한 탐구의 자유를 부여받은 유아들은 조사활동에 참여하면서 자신들에게 의미 있는 방법으로 많은 기술을 사용하며(Biddulph & Osborne, 1983), 학습의 동기가 높아지면서 필요한 자료를 잘 찾을 수 있다. 그리고 적절하게 인적 자원을 잘 활용할 수 있으며 집에서 자료들을 가져오기도 한다. 또한 이러한 과정을 거치는 동안 유아들은 자신의 학습에 대한 책임감을 가질 수 있게 된다.

✚ **넷째, 과학활동 과정 중에 유아 간의 상호 작용을 격려할 수 있도록 해야 한다.** 유아들은 서로 간의 활발한 상호 작용을 통해 보다 적극적으로 탐구활동에 참여함으로써 과학적 학습이 이루어진다. 교사의 상호 작용 패턴에 따라 유아들이 서로 간의 아이디어와 질문에 대해 어느 정도 적극적으로 대화하고 토의하느냐의 정도가 달라진다.

✚ **다섯째, 창의적이고 비판적인 탐구활동을 위해 상황에 적합한 교사의 적절한 질문이 중요하다.** 과학활동의 전개과정에서 교사의 적절한 질문은 매우 중요하다. 모든 상황에서 개발적 질문만이 적합한 것은 아니지만, 유아들의 사고와 창의적인 탐구를 격려하기 위해 적합한 질문을 활용할 수 있는 기술이 필요하다.

✚ **여섯째, 과학활동은 통합적인 방법으로 이루어져야 한다.** 과학은 인간 존재의 통합된 부분이다. 모든 환경에서 접하게 되는 과학은 분리될 수 없는 불가분의 관계를 가지고 있다. 특히, 유아들은 한 주제에 대해 다양한 과학적 질문을 하기 때문에 주제들은 상당히 깊이 있게 다루어질 뿐만 아니라, 그들의 질문은 다양한 조사와 탐구 방법을 요구하게 된다. 그러므로 유아들의 과학활동은 실험, 자료분석, 기록, 결과보고 등의 통합적 접근 방법이 필요하다.

✚ **일곱째, 유아들이 적극적으로 과학의 과정을 체험할 수 있는 활동을 제공하는 것이 바람직하다.** 과학은 과학자들이 의문을 해결하기 위해 탐구하는 과정과 이를 통해 발견한 지식으로 구성되어진다. 유아기의 과학활동은 이미 발견한 지식을 전달받는 것보다 과학자들이 과학을 행하는 방식을 체험할 수 있도록 해야 한다.

과학자들은 어떤 것을 관찰하는 동안 생긴 질문을 해결하기 위해 다양한 과학 과정 기술을 주의 깊게 활용한다. 유아들 역시 스스로 문제를 제기하고 나름대로의 방식을 이용하여 적극적으로 탐구하면서 의문을 해결해 가는 과정을 체험할 수 있도록 해야 한다[그림 5-2].

그림 5-2 ❙ 과학은 가르치는 것이 아니고 스스로 탐구하면서 의문을 해결해 가는 과정이다.

이러한 과학적 과정은 관찰하기, 분류하기, 예측하기, 실험하기, 측정하기, 추론하기, 의사 소통하기 등의 기술과 관련된다(Martin, 2000).

02 과학교사

유아들은 또래와 상호 작용 가운데 발생하는 지적 갈등을 통해서 성장하는 것과 같이 모방에 의해서도 학습한다. 모방에 의해서 학습할 수 있다는 것은 또래와 함께 환경을 공유하면서 습득되는 강력한 효과이다. 적극적으로 실험을 하는 유아들은 항상 "좋은 아이디어"를 찾으려고 하고, 할 수 있는 한 다른 유아들의 행동으로부터 이러한 좋은 아이디어를 선택한다. 그러나 이러한 유아들의 활동이 단지 또래를 모방하는 것에만 국한되는 것은 아니다. 교사가 질문하기를 좋아하는 문제해결자라면 유아들에게 좋은 모델의 역할을 할 수도 있으며, 유아들로 하여금 새로운 방법으로 문제에 접근하도록 격려할 수도 있다(이종희, 김선영, 2001). 예를 들면 무당벌레의 서식지에 대해 알아보고 싶은 유아들에게 교사는 "애벌레가 어디에 사는지 알아보기 위해서 우리는 무엇을 할 수 있을까?"라는 질문을 통해서 교사는 무당벌레에 대해 깊이 있는 지식과 다양한 문제해결의 방법을 제공하는 것이다. 그러므로 교사의 역할은 유아들이 사회적 환경 속에서 상호 작용하는 가운데 과학적 지식을 구성하도록 북돋아 주는 것이다. 즉 교사는 유아들의 지식 구성을 위한 능동적인 "조성자"인 것이다.

조성자로서의 교사는 교육적 상황을 설정하고, 유아들이 학습에 참여할 때 주의 깊게 관찰하고, 유아들의 이론 정립을 격려하기 위해서 유아와 상호 작용하고, 유아들이 상호 작용하는 대상과 양상에 근거하여 환경과 활동을 수정하고, 유아와 유아 간의 상호 작용을 지원함으로써 유아들로 하여금 갈등을 해결하고 자신을 표현하고 건설적으로 상호 작용하는 방법을 배우도록 한다[그림 5-3].

그림 5-3 ❙ 교사의 역할은 상호 작용자로서 유아들의 과학활동을 관찰하고 격려하고 지원하는 것이다.

이와 같은 교사의 역할은 지식 전수자로서의 교사의 역할보다 훨씬 더 광범위한 것이다. 따라서 본 장에서는 상호 작용주의 교사의 다양한 역할과 책임에 대해서 살펴보고자 한다.

1. 제시자로서의 교사

유아를 위한 과학교육에서 가장 기본적인 교사의 역할은, 과학에 대한 호기심과 탐구심을 가지고 유아들이 자발적으로 활동에 참여할 수 있도록 과학활동을 소개하고 개개인의 유아에게 선택권을 주며, 유아들이 적극적으로 참여할 수 있도록 아이디어를 제공하는 것이다.

따라서 상호 작용적 입장의 교사는 우선 유아들에게 마음껏 만지고, 보고, 느끼고, 탐색할 수 있도록 허용적인 분위기와 함께 다양하고 풍부한 자료를 제공해 주어야 한다. 특히, 교사는 유아들에게 활동에 대한 설명과 시범을 보이면서 확장적 질문을 함으로써 유아들에게 확장적 사고의 기회를 줄 수 있어야 한다. 이러한 교사의 제시방법은 유아의 과학적 활동에 매우 중요한 역할을 한다. 따라서 교사는 가능한 한 다양하고 창의적인 탐색과 실험이 장려될 수 있는 가능성을 열어 주어야 한다.

그러므로 활동에 대해 구체적으로 설명하기보다는 유아들에게 준비된 자료를 통해서 유아 스스로 탐색해 보는 과정을 통해서 해답을 찾아갈 수 있게 하는 것이 바람직하다. 더욱이, 자료나 활동에 대해 선행 경험이 없는 상황에서 새로운 활동을 제시할 경우, 활동에 대한 설명보다는 유아들에게 탐색의 기회를 제공하는 것이 효과적이다. 예를 들어, '구른다'는 개념과 관련된 과학활동을 처음 소개하는 경우라면 "구르는 물체를 찾아보자"라고 하거나 교사가 준비한 자료를 주면서 "이것들로 무엇을 할 수 있을까?"와 같은 제시방법이 "이것들이 구르는지 구르지 않는지 실험해 보자"와 같은 방법보다는 적절하다는 것이다.

그러나 이미 유아들이 유사한 경험을 기초로 하여 보다 더 다양한 방향으로 확장하고자 하는 경우라면 어느 정도 활동의 방향을 제시해 주는 것이 효과적이다. 예를 들어 굴려보기 활동의 경우, 유아들이 물체를 모두 굴려보아 더 이상의 새로운 방향으로 확장되지 않는 상황이라면, "이것들을 카펫이나 마루, 이불 위 등 서로 다른 바닥에서 굴려도 똑같이 굴러갈까?"라거나, "높이가 서로 다른 곳에서 굴려보면 어떻게 될까?" 등과 같이 계속적으로 활동을 확장시킬 수 있도록 활동의 방향을 제시해 주는 것이 효과적인 방법이 될 것이다.

2. 관찰자로서의 교사

상호 작용에 의한 과학교육에서 유아를 관찰하는 교사의 역할은 필수적이다. 관찰을 통해서 교사는 유아들의 이해 정도, 흥미, 요구 수준 등을 이해할 수 있으며, 이를 통해서 유아들이 가진 문제를 해결할 수 있도록 도울 수 있다.

관찰에는 체크리스트에서 녹화방법에 이르기까지 다양한 방법이 있으나, 여기서는 실제 상황에서 유용하게 쓰일 수 있는 일화기록과 특정 유아 관찰방법에 대해 설명하고자 한다.(Chaille & Britain, 1991; 이경주, 2001 재인용).

+ 일화기록 : 비록 계획적인 것은 아니지만 가치로운 순간을 자연스럽게 포착하기 위한 관찰체계를 가지고 있지 않으면 중요한 관찰 장면을 놓칠 수 있다. 일화기록은 교실에서 일어나는 중요한 장면들을 포착할 수 있도록 도와준다. 일화기록은 계획된 일과활동이 끝날 때나 적어도 이틀에 한 번은 개인별로 실시하는 것이 바람직하다. 기록된 내용은 개별 유아의 파일에 날짜를 적어 정리하거나 교사 나름대로의 특정 목록(문제해결, 사례 등)으로 구분하여 정리하기도 한다.

  일화기록을 할 때에는 상황에 대한 사전 지식이 없는 다른 사람도 읽고 이해할 수 있도록 가능한 한 상세하게 하는 것이 중요하다. 또한 유아의 행동을 해석하지 말고 객관적으로 기록해야 한다.

  이와 같이 기록된 일화는 유아가 활동할 때 당면했던 상황을 직접적으로 알려 주며 누적된 정보를 제공해 줄 뿐 아니라, 단순한 인상에서 오는 잘못된 생각(선입관, 편견)을 제거할 수 있다. 이는 또한 주간 계획이나 월간 계획 수립 시 활동의 설계와 확장에 필요한 아이디어를 제공해 주기도 한다.

✚ 특정 유아 관찰 방법 : 특정 유아 관찰이란 약 10분 정도를 한명의 유아에게만 초점을 맞추어 관찰하는 방법이다. 1회의 관찰 시간을 통해 유아의 놀이 활동, 사회적 상호 작용, 관심 사항과 관련된 행동양식 등, 유아가 실제 하고 있는 모든 것에 대한 통찰을 할 수 있다.

관찰방법

- 10분 동안 평가 방식으로 진술하지 말고 유아의 모든 것을 자세히 기록한다.
- 가능한 한 언어적 표현을 많이 포착한다.
- 종이를 반으로 나누어 왼쪽에는 행동, 오른쪽에는 언어표현을 기록하면 도움이 된다.
- 세로로 10칸으로 나누어 1분마다 기록하기도 한다.
- 약어를 사용하면 능률적이다.

관찰시기

- 관찰 시간을 세심히 계획하는 것이 필요한데, 보조자가 있을 때나 유아들이 운동장으로 나왔을 때 하면 효율적이다.

관찰 시 주의사항

- 상황을 알지 못하는 사람을 염두에 두고 객관적으로 기록해야 한다. 나중에 관찰기록을 읽는 사람이 교실의 실제 상황, 유아, 교육과정 등 관찰할 때의 상황에 대해 잘 알 것이라고 가정해서는 안 된다.

3. 문제 제기자로서의 교사

좋은 질문은 과학교수 활동의 진수이다. 따라서 교사가 제시하는 질문의 유형과 시기의 적절성 여부는 유아가 실험을 추구할지 여부를 결정지을 수 있으며, 유아가 문제에 대한 탐구를 보다 심화할지도 결정짓는다[그림 5-4]. 유아는 교사의 질문에 대해 반응할 때 교사의 요구에 부응하여 자신의 초점을 변화시키거나 심지어는 활동에 더 이상 참여하지 않을 수도 있다.

따라서 교사의 질문은 유아들의 호기심을 자극하고 지적 갈등을 유도하여 문제를 발견하고 해결할 수 있도록 적절한 시기와 적절한 내용이 함축적으로 포함되어 있어야 한다.

다음은 교사가 질문할 때 고려해야 할 내용이다.

첫째, 유아들이 이미 알고 있는 지식수준을 조사한다.

둘째, 유아가 스스로 추측하고 가설을 세울 수 있도록 격려한다. 유아들의 생각이 혹시 틀리더라도 왜 그렇게 됐는지에 대해 유아 스스로의 가설을 검증해 보도록 유도한다.

셋째, 교사는 가능한 구체적이고 사실적인 용어를 사용해서 유아가 새로운 정보를 이해할 수 있도록 도와주어야 하며, 유아들이 발견한 것에 대해 관심을 보여야 한다.

넷째, 과학이란 변하지 않는 진리나 정답을 얻는 것이 목적이 아니다. 그러므로 교사는 질문을 유아들이 과학활동을 통해 자신에게 의미있는 것을 발견할 수 있도록 하여야 한다.

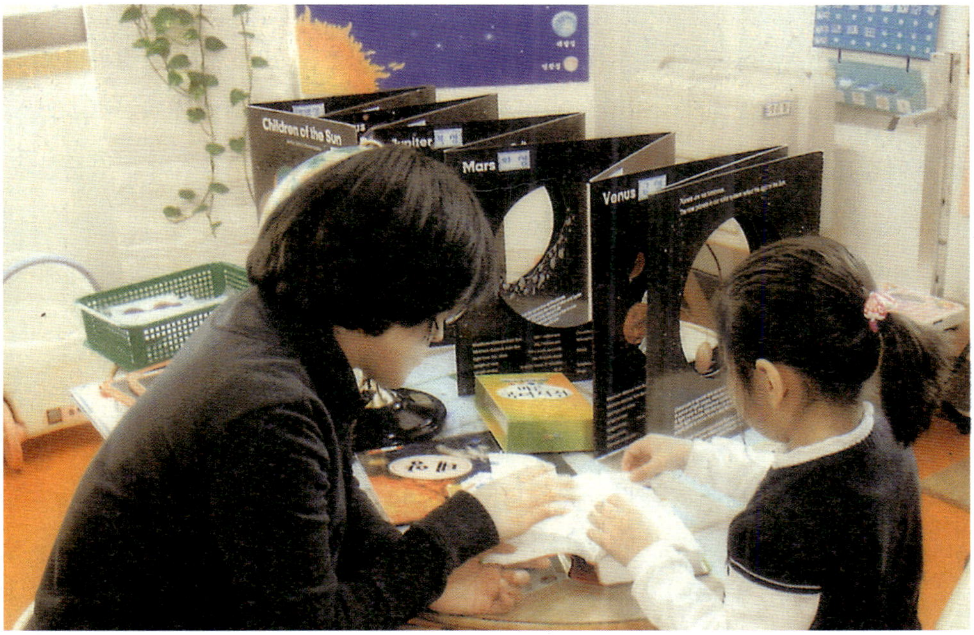

그림 5-4 ❙ 상호 작용 후의 교사는 유아 스스로 탐색하고 발견하도록 개방적이고 확장적인 질문을 한다.

이에 대한 구체적인 방법으로 탐색과 발견을 격려하는 교사의 질문 형태는 다음과 같다.

관찰 격려

① ~에 대해서 본 것을 자세하게 이야기해 볼까?

② 어떤 일이 일어났을까?

③ 자세히 보고 무슨 색깔들이 어떻게 되어 있는지 이야기해 볼까?

결과 예측

① 어떻게 하면 될까?

② 왜 이렇게 됐을까?

③ 어떻게 될까?

④ ~을 가지고 어떤 것을 할 수 있을까?

4. 환경구성자로서의 교사

구성주의 이론에 근거한 상호 작용적인 교육의 특징은 유아가 주변 환경과의 상호 작용을 통해서 학습한다는 것이다. 따라서 교사는 유아가 과학 문제에 관한 탐구활동을 적극적으로 수행할 수 있도록 과학에 대한 긍정적인 태도와 수용적이고 따뜻한 분위기의 환경을 정비해 주어야 한다.

샤이레와 브리튼(Chaille & Britain, 1991)은 환경제공자로서의 교사의 역할에 대해 강조하면서 신중하고 철저하게 계획된 환경에서는 유아 스스로 활동을 선택하여 진행할 수 있다고 하였다. 즉 유아의 호기심을 자극할 수 있는 자료를 제공하여, 유아 스스로 새로운 사실을 발견할 수 있도록 격려하고 도와주어야 한다는 것이다.

이를 구체적으로 살펴보면 다음과 같다.

① 유아들이 다양한 자료를 가지고 다양한 방법으로 상호 작용할 수 있는 허용적인 환경을 구성한다.

② 유아들의 과학활동을 촉진시킬 수 있도록 자유로운 통로, 공간 활용의 융통성,

다양한 자료의 사용방법, 영역 간의 교류 등을 고려해야 한다.

③ 과학활동에 필요한 자료를 주제별로 도구와 자료를 정리하여 적절한 장소에 배치한다[그림 5-5].

그림 5-5 ❙ 유아들의 과학활동 환경은 다양한 자료와 공간 활용의 융통성이 보장되어야 한다.

5. 기록자로서의 교사

교사는 유아들이 교육 환경에서 무엇을 하고 배우는지에 대한 정보를 수집하고, 정리하며, 활용하고, 공유할 책임이 있다. 구성주의에 기초한 상호 작용적 과학활동에서 교사의 역할 역시 전통적인 교실에서와 마찬가지로 중요하다. 어떠한 상황에서든 학부모나 행정가들이 알고자 하는 것은 결국 유아들이 무엇을 어떻게 배우는가 하는 것이다. 따라서 교사는 다양한 범위에 걸쳐서 학습의 증거를 수집하고 정리하는 일에 숙달되어야 할 책임이 있다.

전통적인 접근법에서는 표준화된 검사와 학습의 양적인 측정에 초점을 맞추었으나, 상호 작용적 교수 방법에서의 교사는 유아들의 쓰기 자료, 그림, 작품, 교사의 관찰기록과 의견 등의 다양한 자료를 수집하여 유아들의 과학적 개념의 발달 정도를 알아본다. 다시 말해서 교사는 유아 개개인의 과학성취에 관련된 모든 자료를 담아서 포트폴리오를 만들어 유아들에 대한 과학적 정보를 체계적으로 만드는 것이다.

그러므로 유아의 과학적 활동을 기록하는 교사는 유아와 함께 활동을 진행하는 동안 관찰과 대화를 통해서 유아의 활동에 대한 호기심, 흥미, 주도성, 탐구 의욕, 발달 단계와의 적합성 등을 기록하여 평가한다. 그리고 그 결과를 다음 단계의 활동을 위한 계획, 결정의 기초자료로 사용하고, 나아가 장기적인 계획수립에 참고 자료로 사용할 수 있다.

03 과학교육의 내용과 범위

교육부의 2015년 개정 유치원 교육과정에서 강조하는 과학교육의 성격은 "호기심을 가지고 주변세계를 탐구하며 일상 생활에서 수학적 · 과학적으로 생각하는 능력과 태도를 기르는 것"이다.

이러한 과학교육의 성격에 맞게 "탐구하는 태도 기르기"는 주변의 사물과 자연환경에 대해 지속적으로 호기심을 가지고 적극적으로 탐구하며, 창의적으로 사고하는 태도를 기르는데 중점을 둔다. 또한 "과학적 탐구하기"는 유아가 주변의 사물과 생명체 및 자연 현상에 대하여 능동적으로 탐구하는 경험을 통하여 자연을 존중하는 마음과 과학적으로 사고하는 능력을 기르는 데 중점을 둔다.

따라서 과학교육의 내용은 호기심을 유지하고 확장하기, 탐구과정 즐기기, 탐구기술 활용하기, 물체와 물질 알아보기, 생명체와 자연환경 알아보기, 자연 현상 알아보기, 간단한 도구와 기계 활용하기 등이다(교육부, 2015).

한편, 미국의 NSES(National Science Education Standard)의 K-4를 통해서 강조하는 과학교육의 내용은 생활과학, 건강과학, 자연과학, 지구와 환경과학으로서 이 4분야를

균형있게 구성하는 것이다(Charlesworth & Lind, 1999). 이들 내용을 좀 더 구체적으로 살펴보면 생활과학의 내용은 식물, 동물, 생태 등으로서 삶의 기본을 형성하는 것이며, 건강과학의 내용은 개인의 건강과 특징, 인구와 자원 종류의 변화, 환경의 변화, 지역사회에서 추구하는 과학과 기술에 대한 이해 등이다.

자연과학의 내용은 사물과 물체의 특성, 사물의 위치와 이동, 열과 빛 등에 대한 이해이며, 지구와 환경과학의 내용은 땅의 물질, 공기에 대한 특성, 땅과 하늘의 변화 등을 이해하는 것이다.

이와 같이 우리나라와 미국의 과학교육 내용을 비교해 보았을 때 국가적인 차원에서 추구하는 과학교육의 내용과 범위가 다른 것을 알 수 있다. 그러므로 여기서는 앞장에서 살펴본 2015년 교육부고시 제2015-16호의 3~5세 연령별 누리과정에서 제시한 자연탐구의 연령별 내용에 따른 탐구 범위를 다음의 [표5-1]에 제시하였다[그림 5-6].

그림 5-6 ❙ 유아과학교육의 내용과 범위는 유아의 호기심이 미치는 모든 영역이다.

표 5-1 | 탐구활동의 내용과 범위

내용	하위 내용	탐구 범위
탐구하는 태도 기르기	• 호기심을 유지하고 확장하기	• 자연 – 기상의 변화, 식물의 성장과 변화, 동물의 성장과 변화 • 일상생활 – 소리, 빛, 열, 맛, 냄새, 모양, 온도
	• 탐구과정 즐기기	• 자연 현상 – 공기오염, 수질오염, 소음오염 • 발명과 발견 – 바퀴와 도르래, 풍차와 수차, 태엽과 시계, 자석과 엘리베이터, 부채와 선풍기
	• 탐구기술 활용하기	• 계절에 따른 동 · 식물의 변화과정 관찰하기 • 어류와 해초류의 관계 관찰하기, 어패류 종류 비교하기 • 곤충의 성장과정 예측하기, 음식과 꽃향기 비교하기
과학적 탐구하기	• 물체와 물질 알아보기	• 고체 – 알루미늄, 돌, 유리, 쇠, 나무, 플라스틱, 얼음 • 액체 – 물, 우유, 꿀, 음료수, 식용유, 식초, 간장, 물비누, 화장수 • 탐색 – 얼음과 물, 축구공과 탁구공, 비와 눈, 촛불과 손전등
	• 생명체와 자연환경 알아보기	• 우리 몸의 구조 – 피부, 근육, 뼈, 감각기관, 내장 • 우리 몸 – 균형, 운동, 영양, 성장, 호흡 • 동물 – 종류, 특징, 서식지, 번식방법, 성장조건, 영양 • 식물 – 종류, 기능, 서식지, 생육환경, 성장조건, 영양
	• 자연현상 알아보기	• 무생물 – 물, 흙, 비, 바람, 공기, 소리, 빛, 구름 • 지구와 우주 – 해, 달, 별, 무중력, 공전, 자전 • 계절 – 24절기, 밤, 낮, 그림자, 온도
	• 간단한 도구와 기계 활용하기	• 도구 – 사용방법, 사용장소, 유용성, 작동원리 • 기계 – 사용방법, 사용장소, 유용성, 작동원리 • 전기 – 동력, 수력, 화력, 태양력, 풍력, 원자력

04 과학교육의 교수 단계

비고츠키(1978)의 논의에서도 볼 수 있듯이 유아의 학습은 또래와의 관계 속에서 많은 영향을 받는다. 상호 작용 이론에 의한 과학교육은 유아들이 공동의 주제하에서 각자의 과학적 흥미와 관심에 따라 문제를 조사하고 탐구하는 과정을 통해 자신이 사고할 수 있는 최고의 수준에서 친구들과 상호 작용하면서 공동의 목적을 성취해 가는 것이다. 따라서 교사와 유아들과의 관계는 일방적으로 가르치고 배우는 관계, 또는 수직적인 관계가 아니라 함께 문제의 해경방법에 대한 생각을 나누고 협조하는 관계를 이루어야 하는 것이다.

이런 관계를 기초로 해서 과학교육의 교수 단계는 활동 전에 유아들의 과학에 대한 이전 개념 파악하기, 유아가 궁금해하는 과학문제 알아보기, 유아 스스로 과학적 문제해결하기, 활동 후 유아가 새롭게 형성한 과학개념 파악하기로 요약할 수 있다.

이에 대한 구체적인 교수 단계는 다음과 같다(Biddulph & Osborne, 1984, 이경민; 2000 재인용).

1. 사전활동 단계

교수 단계의 1단계는 사전활동 단계이다. 이 단계에는 유아들이 과학활동을 위한 주제를 선정하고 주제에 대한 이전 개념을 파악하여 개념망을 구성하며 주제에 대한 탐구활동을 통해 호기심을 불러일으켜 질문을 유발하는 활동이 포함된다.

1) 주제의 선정

활동을 위한 주제는 유아들의 제안을 받아들여 결정할 수도 있고 교사의 제안에 의해 결정할 수도 있다. 주제를 선정하는 데는 다음의 기준이 있다.

첫째, 유아들이 흥미를 가지고 지속적으로 탐구할 수 있는 주제이어야 한다. 그래야만 유아들이 매일의 사건에 의미를 부여할 수 있게 된다.

둘째, 유아들이 자신들에게 의미있는 방법을 통해 생각을 서로 관련지을 수 있으며, 사회적으로 의미있는 것들과 관련지을 수 있는 주제이어야 한다. 선정된 주제들은 유아들이 간단한 조사를 통해 실험(책과 전문가의 조언을 포함)할 수 있어야 하며 활동에 필요한 자료들을 얻는 데 큰 문제가 없어야 한다. 그러나 이러한 기준들은 안내

지침일 뿐이지 어느 한 주제가 이 모든 조건에 부합될 수는 없으며, 또한 모든 주제들이 똑같은 기준에 도달할 필요도 없다.

2) 주제의 명료화

상호작용적 교수법을 적용하려면 교사는 유아들의 관점을 이해하는 것이 중요하다. 즉 유아들이 이미 알고 있는 것이 무엇이며 어떻게 사물을 설명하는지를 이해해야 한다(Osborne, 1995). 왜냐하면 이것은 새로운 이해와 지식을 형성하는 출발점을 제공하기 때문이다. 그러므로 유아에게 처음 소개하는 주제는 그 주제가 의미하는 것이 무엇인지에 대해서 유아들과 토론할 필요가 있다.

유아들이 주제에 대해 이전 경험을 표현하도록 하는 것은, 토론을 유도하고 질문을 자극하기 위한 것이다. 이러한 토론과 질문은 교사가 현재 유아의 생각을 파악하는 데 도움을 준다. 유아들의 생각과 의미를 확인하는 과정에서 유아의 참여는 주제를 명료화하는 과정의 시작이며 주제에 대한 유아들의 반응은 주제의 명료화를 위해 필요한 것이 무엇인지, 덧붙여야할 것이 무엇인지를 알 수 있게 해 준다.

주제의 의미를 명료화하기 위해서는 주제 안에 포함되는 것과 포함되지 않는 것을 고찰해 보는 방법이 있다. 교사는 "~에 대해 생각나는 것은 어떤 것일까?" 혹은 "~에 대해 알고 있는 것은 무엇일까?" 등의 질문에 대해 유아들이 이야기하는 것을 개념망으로 구성한다. 이렇게 구성된 사전 개념망은 주제에 대한 이전 개념이 표현된 것이다. 유아들과 주제를 명료화하는 과정에서 유아들은 질문을 제기하기 시작하는데 이러한 과정은 교사에 의해 격려되어야 하며 또한 자세하게 기록되어야 한다.

3) 사전 탐구활동

사전 탐구활동은 유아들로 하여금 주제의 핵심요소에 초점을 맞추게 하고 그것에 대해 생각하도록 격려하는 데 목적이 있다. 유아들이 흥미 있는 경험을 많이 갖는 것은 유아를 자극하여 질문하게 하며, 이러한 경험들이 유아들의 이전 개념과 연결된다면 효과는 더욱 크게 된다. 이때 교사는 유아들이 흥미와 질문이 다양하게 이루어질 수 있도록 격려해야 하며, 활동 중에 나타나는 유아들의 생각과 질문에 민감해지도록 노력해야 한다[그림 5-7].

그림 5-7 ❙ 과학교수의 1단계는 주제를 선정하고, 명료화하는 것이다.

2. 질문 단계

2단계는 질문 단계로 유아들이 주제에 대해 궁금한 점들을 질문하고 그 안에서 자신들이 직접 조사할 질문을 선정하는 단계이다.

1) 유아의 질문

주제에 대해 질문할 기회를 갖는 것은, 주제에 대한 유아의 생각을 자극하는 효과가 있다. 유아가 질문하는 것은 유아의 현재 생각 정도를 나타내는 것이며, 반대로 주제에 대해서 다른 유아들의 생각과 질문을 듣는 것은 스스로 사고를 변화하고 넓히는 것이다. 유아들이 서로 질문하는 과정에서 그 질문들은 수정될 수 있으며, 수정된 질문들은 유아들에게 보다 나은 질문에 대해 학습할 수 있는 기회를 제공하게 된다. 특히, 유아들의 질문을 통해서 교사는 유아들이 보다 쉽게 조사할 수 있는 방향을 안내할 수 있다. 질문단계에서 교사는 유아들에게 "~에 대해 궁금한 것은 무엇일까?" 또는 "~에 대해 알고 싶은 게 어떤 것일까?" 등의 질문을 칠판에 기록한다. 이러한 과정을 통해서 교사는 유아들의 질문을 명료화하고 자신들에게 흥미 있으면서도 조사 가능한 질문들을 할 수 있도록 적절히 안내할 수 있다. 또한 유아들에 의해 사용된 용어의 의미를 명료화할 필요도 있다. 왜냐하면 유아가 사용한 특정 단어의 의미가 다른 유아나 성인들의 의미와 반드시 같은 것은 아니기 때문이다. 그러므로 교사는 유아들과 함께 의미를 명료화하기 위해서 적절한 질문과 비평을 함께 사용하는 것이 좋다(Biddulph & Osborne, 1984).

다음으로 유아들의 질문은 유아들이 조사활동을 하는 동안 칠판, 교실, 벽 등에 전시해 두는 것이 좋다. 질문을 전시할 경우 유아는 활동의 핵심이 질문이라는 것을 알게 되고 자신들의 의견이 가치 있음을 느낄 뿐 아니라, 연구의 초점에 생각을 모아 조사를 계속할 수 있기 때문이다.

연구활동이 진전됨에 따라 유아들은 보다 많은 질문을 하게 되며 이러한 질문들은 점차로 세분화된 내용으로 발전된다. 그러므로 교사는 활동이 전개되는 동안 다양한 단계에서, 예를 들면 주제를 명료화한 후, 탐구활동 후, 조사활동 후, 유아들이 지속적으로 질문할 수 있는 기회를 제공해야 한다.

2) 조사를 위한 질문의 선택

유아들은 주제와 관련하여 질문을 많이 하게 되는데, 이러한 질문 중에서 유아들 스스로 조사할 수 있는 가능성이 있는 질문을 선정하도록 해야 한다. 이것은 유아들이 교사의 질문이 아니고 자신들의 질문을 스스로 조사한다는 느낌을 갖도록 하는 것으로, 유아들에게 학습에 대한 동기를 부여하는 동시에 학습에 대한 책임을 지도록 해 준다.

먼저 유아들이 하는 질문을 모두 목록으로 만든 다음 유아들이 쉽게 조사할 수 있는 것과 그렇지 않은 것으로 분류하도록 하고 이 중에서 유아들이 직접 선정하도록 한다. 이와 같은 질문 선정 과정에서 유아들이 서로 합의하게 하면, 유아들이 흥미를 더 느껴 학습의 효과가 더 높아질 수 있다.

질문 선정 시 교사의 개입 정도는 다음과 같은 요인들을 고려하여 결정해야 한다(Biddulph & Osborne, 1984).

- **첫째, 유아들의 자기통제 수준을 고려한다.** 유아들이 자기를 통제하는 수준은 다양하므로 통제 수준에 따라 질문 선정 시 교사의 개입 정도는 달라진다. 즉 자기 통제 수준이 높을수록 교사의 개입은 줄어들고, 자기통제 능력이 낮을수록 교사의 개입과 감독은 많아지게 된다.
- **둘째, 유아의 능력, 지식, 흥미, 기술 수준의 개인차를 고려한다.** 유아의 능력, 지식, 흥미, 기술 수준 등은 각각 다르다. 그러므로 교사는 개별 또는 소그룹에 따라 각각 수준을 맞추기 위해 노력해야 한다.
- **셋째, 설비, 전문적 기술, 그리고 다른 자료들의 활용을 고려한다.** 세부 질문에 대하여 조사할 수 있는 적절한 자료들을 알고 있어야 하며, 다른 질문들을 고려해 볼 수 있도록 조언해 주어야 한다. 교사와 학생들은 조사 가능한 것이 어떤 것인지, 특정 질문에 활용할 수 있는 자료들이 무엇인지에 대해 생각해 볼 시간이 필요하다.

그림 5-8 ❙ 과학교수의 2단계 목적은 선정된 주제에서 질문항목을 만드는 과정이다.

✚ **넷째, 조사의 범위에 대해 교사가 얼마나 편안함을 느끼는가를 고려한다.** 유아들의 흥미는 서로 다를 수 있기 때문에 한 교실에서 다양한 활동이 동시에 이루어질 수 있다. 교사가 이러한 교수법에 대해 편안함을 느끼면 느낄수록 동시에 수행되는 조사들에 대해서 더욱 잘 대처할 수 있다[그림 5-8].

3. 탐구 · 조사 단계

과학교수에서 학습자가 자신의 질문에 대한 답을 얻기 위해 스스로 활동에 참여하는 것은 매우 중요한 일이다(Stickland, 1995). 탐구 · 조사 단계에서는 유아들이 자신의 질문을 실제로 조사하기 위해 어떻게 수행할 것인가를 고안하고, 조사 설계에 따라 다양한 형태로 조사한다. 사전활동 단계에서 질문이 유아들에 대한 질문인 것과 마찬가지로 조사도 유아들에 의한 조사가 되어야 한다. 따라서 교사는 유아들이 가지고 있던 생각과 질문을 유용한 정보들로 이끌어낼 수 있도록 적절히 안내해야 한다.

그러나 유아들에게 유아들의 생각이 아닌 것을 강요해서는 안 된다. 이러한 관점이야말로 발견적 교수법과 전달적 교수법의 다른 측면이다. 즉 상호작용적 교수법이란 탐구 · 조사 단계에서 유아-교사 간의 상호작용을 통해 교사의 적절한 안내가 이루어지며, 교사의 일방적인 생각들이 유아에게 강요되지 않는 것을 말한다. 탐구 · 조사 단계에서 요구되는 내용은 조사를 위한 계획 세우기, 필요한 기술 개발하기, 활동을 지속적으로 이어나가기 등이다.

1) 조사를 위한 계획 세우기

유아들은 질문에 대한 답을 얻기 위해 무엇을 어떻게 해야 하는지에 대한 계획을 세워야 한다. 상호작용적 교수 철학이 보다 잘 반영되도록 유아의 계획 · 조사를 돕는 방법은 개방된 교사와 유아 간의 토론이다. 유아들과 교사는 조사를 어떻게 수행할 것인지에 대해 그룹을 만들어서 함께 토론하는데 조사 방법은 유아, 교사 모두에 의해 제안될 수 있으며 토론을 통해 결정한다. 이러한 과정을 거쳐 조사에 착수하면 유아들은 그들의 과제가 무엇인지를 더욱 명료하게 알 수 있게 된다.

2) 필요한 기술 개발하기

유아들은 자신들에게 의미있는 사실에 대해 조사하면서 새로운 지적 기술과 조작적 기술에 대한 필요를 느끼게 된다. 유아들은 과제를 직접 수행하기 위해 요구되는 특정한 기술들을 개발하며, 기술의 중요성과 기술이 필요한 상황 등을 깨닫게 된다. K-3학년의 과학기술에 대한 유형은 관찰, 비교, 분류, 측정, 예상, 추리, 의사소통과 같은 기본 기술들이다. 이러한 기술들을 발달시키는 것은 미래의 과학과 수학뿐만 아니라 일상생활을 영위하기 위한 필수적인 요소이다(Charlesworth & Lind, 1999).

① 관찰

과학적 사고 과정에서 가장 중요한 것은 관찰이다. 유아들은 이 과정을 통해서 그들을 둘러싼 세계의 정보를 받아들일 수 있게 된다. 시각, 후각, 청각, 촉각, 미각은 우리의 두뇌에서 정보를 받아들여 무언가를 설명할 수 있게 하는 능력을 제공해 주는 수단이다. 유아들은 이러한 감각을 이용하여 과학자들이 현실에서 의미와 지식을 구성하는 것으로 확대시키는 직접적인 탐구 방법과 똑같은 방법을 사용하게 된다.

그러나 직접적인 탐구 방법을 이용하여 관찰한다고 해서 항상 많은 것을 볼 수 있는 것은 아니다. 그러므로 관찰 기술을 강화시키는 전략은 유아들에게 주의 깊게 관찰한 후 지나칠 수 있는 특정한 현상을 기록하도록 하는 것이다. 예를 들어 수업에서 수족관을 관찰할 때 "어떤 물고기가 대부분의 시간을 수족관 바닥에서 멈춰 있는 것으로 보일까?", "빛이나 그림자 혹은 어떤 물건이 있을 때 고기들은 어떻게 행동할까?" 등의 질문을 할 수 있다. 특히, 관찰은 문제해결을 위한 정보수집의 첫 번째 단계다. 유아들은 사물의 크기, 모양, 색깔, 무늬 그리고 관찰할 수 있는 또 다른 특징들을 관찰할 수 있는 기회가 필요하다. 교사의 말과 질문들은 이러한 과정들을 촉진한다. "본 것을 말해 볼까?", "무엇을 들었을까?", "이 느낌은 무엇과 같을까?", 그리고 "그 물체를 어떻게 표현할 수 있을까?" 등이다[그림 5-9].

그림 5-9 | 교사는 유아에게 직접적인 탐구 방법을 이용하여 관찰할 수 있도록 격려한다.

② 비교

유아들이 관찰 기술을 개발하고 나면 그들은 자연적으로 비교와 대조를 통해서 유사한 것을 확인하는 작업이 시작된다. 관찰 기술을 예리하게 하는 비교과정은 분류를 위한 첫 단계이다. 그러므로 교사는 유아들에게 유사함과 차이점을 발견하도록 장려해야 한다. 이러한 전략 중 좋은 예는 들판을 산책한 후 "어떤 씨가 옷에 붙었을까?" 그리고 "씨들은 어떻게 서로 닮았을까?" 등의 질문을 하는 것이다.

비교과정은 관찰과정의 기반에서 만들어진다. 특정한 나뭇잎의 특징을 관찰한 후 다른 잎과 비교하면서 그 특정한 나뭇잎에 대해서 좀 더 배우게 된다. 예를 들어 유아가 나뭇잎 하나를 발견하고는 그것을 교실로 가지고 와서 나뭇잎 수집물에서 다른 나뭇잎들과 비교하게 되는 것이다. 비교과정을 촉진시키는 질문의 실제적인 예는 "이것들은 어떻게 서로 닮았을까?", "이것들은 어떻게 서로 틀릴까?", "어느 쪽이 더 클까?" 등이 될 수 있다.

③ 분류

분류는 유아들이 실재하는 사물을 집합하고 분류함으로써 시작된다. 집합을 위해서 유아들은 사물을 비교한 후 부분집합을 발전시킬 필요가 있다. 부분집합은 그 집합에서 공통된 특정한 특징을 공유하는 집합이다. 예를 들어 많은 단추들이 섞여 있을 때 유아들은 빨간 단추, 노란 단추, 푸른 단추 그리고 다른 색깔의 단추들을 이용하여 단추들을 부분집합으로 나눔으로써 분류된 집단을 만들 수 있다.

집합의 예를 들면, 네 발을 가진 녹색동물은 다리의 수에 관계없이 모두 녹색동물의 집합으로 구성되거나, 네 다리를 가진 서로 다른 색깔의 동물군에 포함되거나, 네 발을 가진 동물 중 녹색동물 집단으로 집합을 만들 수 있다. 모든 분야의 과학자들은 이와 같은 집합을 위한 조직과정을 이용하여 그들이 나무, 꽃, 동물, 화석, 유체, 로켓 중 어느 것을 연구하는가에 따라 그들의 연구 분야가 나뉘어진다. 이러한 과정을 촉진시키는 말과 질문은 다음과 같다. "서로 같은 동물들을 모아 볼까?", "다른 방법으로 이것들을 모아 볼까?", "어떻게 이 동물들이 구성되었을까?", "이 동물들을 분류하는 데 사용할 수 있는 방법들은 어떤 것이 있을까?" 등이다.

④ 측정

측정은 양적인 관찰 기술이다. 여기에는 수, 거리, 시간, 부피, 기온 등이 포함되는데, 이것은 표준단위로 잴 수도 있으나 유아들은 다음과 같은 비표준단위들을 많이 쓴다. 예를 들면 유아들이 요리를 할 때 소금을 "두 번 뿌린다(소금통을 2번 흔든다는 의미)"고 한 것이나, 쌀 "한 주먹", 그리고 꼴라주를 만들 때 "손톱만큼 큰 공"이라고 한 것 등이 있다.

측정은 물체를 순서에 따라 배치하는 것을 포함하는데, 여기서는 연속적인 배열과 크기와 농도에 따른 배열 등이 포함된다. 유아들은 또한 측정의 단위를 발명할 수 있다.

예를 들어 물건을 측정하기 위해 콩을 사용한다면, 순이는 "이 책은 12개 콩의 길이예요"라고 말할 수 있지만, 경아는 같은 책을 11개의 콩 길이로 측정할 수도 있다. 이러한 활동들은 결과적으로 측정의 기준이 되는 단위-예를 들어 센티미터(㎝)와 같은-의 필요성을 느끼게 한다. 측정과정을 촉진시키는 말과 질문은 다음과 같은 것들이 있다. "이 물건을 어떻게 측정할 수 있을까?", "어떤 물건이 더 무거울까?", 그리고 "어떻게 알았을까?" 등이다[그림 5-10].

그림 5-10 ❙ 관찰, 비교, 측정은 수학적 개념과 밀접한 관계가 있다.

⑤ 예상

예상은 어떤 현상을 보고 그 결과가 어떻게 되리라고 예상하는 일이다. 그러나 단순한 혹은 우연적인 예측을 의미하는 것이 아니고 관찰이나 경험을 토대로 한 예상을 의미한다. 유아들에게 어떤 사건이나 현상을 예상해 보도록 하는 것과 왜 그렇게 예상했는지 그 이유를 생각해 보도록 격려하는 것은 과학적 탐구과정에 있어서 매우 중요하다.

어떤 현상이 일어나는 것을 그냥 보여 주는 것보다는, 먼저 생각해 보도록 함으로써 그 현상을 더 주의 깊게 관찰할 수 있기 때문이다.

⑥ 추리

예상이 실제로 일어나지 않은 사건에 대한 것이라면, 추리는 어떤 현상이 일어난 원인에 대한 가능한 하나의 설명이라고 볼 수 있다. 예상은 일반적으로 단순한 대답이 가능하고 그 진위가 쉽게 판명이 나는 반면, 추리는 그렇게 단순하지가 않다. 대부분의 경우 추리는 매우 추상적인 사고를 요하게 된다. 그러나 추리 행위가 복잡하고 추상적이라고 해서 유아기에 무시하거나 다루어질 수 없다고 생각해서는 안 된다. 추리의 옳고 그름을 떠나서 자기 나름대로 추리해 보고 그 근거를 제시해 보는 활동은 유아들에게 매우 필요하기 때문이다.

⑦ 의사소통

모든 사람은 어떠한 방법으로든 의사소통을 한다. 동작, 몸의 자세와 위치, 표정, 목소리, 단어, 그림 등은 우리가 의사소통을 하거나 감정을 표현하는 방법들이다. 특히, 과학자들이 세상의 여러 사람들과 그들의 발견을 공유하는 것은 다름 아닌 의사소통을 통해서다.

과학탐구에 관한 유아들의 의사소통 역시 현상을 설명하는 기술과 관련되어 있다. 유아들은 생각, 지식, 설명 등을 언어 혹은 그림, 모형(디오라마(diorama)), 지도, 그래프, 잡지, 보고서 등의 기록된 형태로 의사소통을 하게 된다. 왜냐하면 의사소통이란 자기 자신이 의미하는 것을 다른 사람들이 이해하는 하나의 방법으로서 수집되고, 정렬되고, 표현된 정보를 필요로 하기 때문이다[그림 5-11].

그러므로 교사는 유아들이 도형이나 그래프를 그리고 관찰한 경험을 기록하면서

그림 5-11 ❙ 예상, 추리, 의사소통은 여러 가지 다양한 방법으로 이루어진다.

의사소통을 할 수 있도록 장려해야 한다. 특히, 유아들은 시간이나 날짜(년, 월, 일)아래 매일의 날씨를 기록하는 것과 그 날의 날씨를 그림으로 그리는 것과 같은 과업에 아주 잘 반응한다.

3) 교실에서 활동을 지속적으로 이어가기

유아들이 조사를 시작하는 것도 중요하지만, 시작한 조사를 계속해서 지속시키는 것 또한 중요한 일이다. 유아들은 어제 어떤 활동을 했으며, 오늘 해야 할 활동은 어떤 것인지에 대해 알기를 원한다. 그러므로 교사는 전체 유아들이 이미 실시한 것이 무엇이며, 앞으로 실시해야 할 것은 어떤 것인지에 대해 회상하고 토의할 필요가 있다. 특히, 활동을 지속적으로 이어가도록 하는 데 중요한 역할을 하는 것은 지금 유아들이 하고 있는 것이 무엇이며, 왜 해야하는지에 대해 지속적으로 토의하는 것이다.

토의의 구체적인 방법은 체계적으로 그룹별로 협의 시간 갖기, 유아들이 조사내용이나 과정에 대해 이야기하는 것을 교사가 적어 주기, 각 활동이 끝나기 전에 유아들이 자신들의 조사 과정에 대해 간단하게 발표하기, 교생이나 학부모 등과 같이 활동을 도와줄 수 있는 사람들이 개별, 그룹별로 지원하기 등이 있다.

그러나 조사 자체만으로 유아들이 자신의 생각을 수정하고 발달시키는 결과를 가져오는 것은 아니다. 유아들이 조사하는 동안 자신이 하고 있는 것이 무엇인지, 자신들이 가지고 있는 생각이 무엇인지, 교체 가능한 설명이 무엇인지 등을 회상해 볼 수 있도록 교사가 적극적으로 상호작용해 줄 때 사고의 발달이 이루어진다. 이것은 교사의 중요한 역할이며 유아 스스로 발견하도록 방임하는 방법과는 전적으로 다른 것이다(Atkinson & Fleer, 1995).

탐구 · 조사단계에서 교사의 역할은 많은 유아들이 가지고 있는 의문점과 생각에 초점을 맞춘 활동들을 성격에 따라 대그룹 도는 소그룹으로 진행할 수 있도록 하면서 유아들의 생각이 변화되고 확산될 수 있도록 상호작용해 주는 것이다. 또한 교사가 제공한 다양한 경험을 통해 유아들이 유용한 질문을 하고 적절한 설명을 제시할 수 있도록 하여 활동 속에서 유아 자신이 질문을 끌어내고 명료화하고 통합할 수 있도록 해야 한다[그림 5-12].

그림 5–12 | 탐구 · 조사 단계에서 교사는 다양한 경험을 제공하여 유아의 생각이 변화되고 확산될 수 있도록 돕는다.

4. 사후활동 단계

유아들이 경험을 많이 하고 자신이 조사하여 발견한 내용을 보다 잘 설명할 수 있게 되면 자신들이 하는 일련의 구체적 경험들을 조절하고 회상할 수 있게 된다(AAAS, 1993). 유아들이 무언가를 실제로 하는 것과 회상하는 것은 둘 다 중요하다. 과학은 손으로 직접 조작하는 활동뿐 아니라 정신적 조작 활동도 포함되기 때문이다. 듀이는 우리가 경험에 의해 학습하는 것이 아니라 경험을 회상함으로써 학습한다고 하였다. 그러므로 4단계인 사후활동 단계는 유아들의 활동이 개념으로 형성되도록 하기 위하여 매우 중요한 단계다. 이 단계에서 유아들은 탐구 · 조사활동을 통해 알아낸 것들을 발표하고 토론하며 평가과정에서 사후 개념망을 구성하여 사전–사후 개념망을 비교해 봄으로써 자신들의 개념 변화를 인지할 수 있게 된다.

1) 발표

발표는 상호 작용적 교수법에서 중요한 활동 단계다. 이 활동에서 유아들은 자신들이 발견한 내용, 결과 도출 과정, 발견한 내용과 이전 개념과의 차이 등에 대해 발표하고 다른 유아의 생각이 자신과 어떻게 다른지에 대해 숙고해 볼 수 있는 기회를 가질 수 있다. 또한 보다 다양한 해설과 조사의 가능성을 인지하게 되며, 자신들의 생각이 가치 있음과 교사가 모든 지식의 원천이 아님을 인식하게 된다(Biddulph & Osborne, 1984). 발표가 갖는 또 다른 의미는 유아가 자신이 알아낸 것을 다른 유아나 전문가의 의견과 비교해 보는 기회를 갖게 됨으로써 자기 스스로 구성한 답이 항상 정답이라는 편협되고 잘못된 생각에서 벗어날 수 있도록 하는 것이다. 특히, 이 활동은 정답을 찾기 위한 목적이 아니라 유아에게 유익하고 의미있는 내용을 찾는 데 목적이 있기 때문이다.

교사는 유아들이 찾아낸 내용을 발표하고 토론하도록 격려하면서 발표한 내용을 개념망으로 구성한다. 이렇게 구성한 사후 개념망은 유아가 새로 구성한 개념을 나타내며 사전 개념망과의 비교를 통해 학습의 진전을 알 수 있다. 교사가 유아들의 이야

그림 5-13 ❙ 발표는 유아 자신의 생각을 명료화하는데 도움이 되므로 활동의 단계마다 반드시 실시하도록 한다.

기를 칠판이나 종이에 글로 써주고 조사 단계에서 유아들이 작성한 자신들의 기록물을 이용하여 함께 이야기하도록 격려하는 것은, 유아들에게 기록의 필요성을 느끼도록 하는 것이다. 더욱이 교사에게는 유아들의 생각이 어떤 것이며 알고 있는 것이 어떤 것인지에 대해 알 수 있는 새로운 출발점을 제공한다.

발표는 유아들이 자신의 생각을 명료화하는 데 도움이 된다. 그러므로 유아들이 자신들의 생각을 발표하는 것은 주제 활동의 마지막 단계에만 하는 것이 아니라 모든 단계에서 이루어져야 한다[그림 5-13].

2) 평가

주제 전개의 전과 후에 개념망 구성을 통해 이루어지는 평가는 유아들에게 주제에 대해 토론할 기회를 제공한다. 특히, 교사는 유아들에게 사전-사후의 달라진 개념을 비교해 볼 수 있도록 기회를 제공하여 유아 스스로 자신의 학습 진전 정도를 인식할 수 있도록 함으로써 일련의 활동들이 얼마나 가치 있는 것인가에 대해서 토론해 볼 수 있는 기회를 제공하는 것이 좋다. 또한 유아들은 평가과정에서 다양한 질문 과정을 통해 반성적 사고를 해 봄으로써 자신의 학습에 대한 평가능력과 통찰능력을 얻게 된다.

한편 평가과정을 통해서 교사는 유아들의 학습 내용과 수준을 알게 된다. 상호작용적 교수법은 미리 결정된 수준의 지식이나 기술을 유아들에게 가르치는 것이 아니다. 다만 유아들이 관심을 갖는 만큼의 내용과 수준을 알아보는 것이기 때문에 이러한 과정이 교사에게는 매우 의미있는 것이 될 수 있다.

특히, 개념망을 평가하는 것 이외에 지속적으로 유아들의 과학적 생각과 기술에 피드백을 주는 형성 평가는 항상 이루어져야 하는데, 이것은 대체로 관찰과 토론 활동 시 상호 작용을 통해서 이루어진다. 지금까지의 상호 작용적 교수 단계를 정리하면 [표 5-2]와 같다.

표 5-2 | 상호 작용적 교수법의 교수 단계

1. 사전활동 단계
- 1.1 주제의 선정
- 1.2 주제의 명료화
- 1.3 탐구활동

2. 질문 단계
- 2.1 유아들의 질문
- 2.2 조사를 위한 질문 선택

3. 탐구조사 단계
- 3.1 조사를 위한 계획 및 실행(관찰, 비교, 분류, 측정, 예상, 추리, 의사소통)

4. 사후활동 단계
- 4.1 보고(발표)
- 4.2 평가

05 유아과학교육의 접근 방법

과학은 유아의 일상생활 속에서 언제나 존재하는 자연스러운 부분이다. 그러므로 유아들에게 풍부한 학습 환경을 제공함과 동시에 조직적이고 합리적인 교육계획을 구성하는 것이 필요하다. 특히, 교사는 구체적인 과학활동을 계획할 때 유아들의 흥미를 고려해야 하는데, 이는 유아들이 스스로 흥미를 느낄 때 세계를 탐색하고 의문을 갖고 그 의문에 대한 사실적 해답을 찾기 때문이다. 솜털 같은 구름, 아침 햇살에 빛나는 이슬 맺힌 거미줄, 부드러운 산들바람, 영롱한 달빛, 피어나는 꽃봉오리, 곤충들의 이동, 소나기 뒤의 웅덩이, 흩날리는 눈송이, 반짝이는 개똥벌레, 바삭거리는 낙엽, 풀섶 위에서 본 뱀의 껍질, 아침에 지저귀는 새들은 유아들에게 과학적인 경험과 의문들을 제공한다. 이러한 물리적인 환경은 유아들에게 "과학을 하는" 과정을 제공함으로써 창의적인 사고, 문제해결, 의사결정, 협동학습, 사회적 상호작용, 언어적 기술과 자기신뢰 등을 형성할 수 있는 능력을 통합적으로 제공한다. 그러므로 본 장에서는 유아과학교육의 기본 전제가 되는 과학학습의 통합적 접근과 자연환경을 이용한 과학활동을 살펴보기로 하겠다.

1. 과학학습의 통합적 접근

우리나라의 경우 전통적으로 유아교육에서는 이미 통합적 유아교육과정의 접근법과 같은 맥락의 단원중심으로 교육과정을 운영해 왔다. 더욱 2012년과 2015년에 개정된 누리과정에서는 신체운동 · 건강, 의사소통, 사회관계, 예술경험, 자연탐구의 5개 영역별 교육내용들을 그 내용에 따른 학문적 지식구조와 유아의 발달 특성 및 유아가 흥미와 관심을 보이는 경험적 요소들을 통합적으로 고려하였다. 특히, 2015년의 누리과정에서는 유아들의 발달특성을 고려하여 연령을 3세, 4세, 5세로 나누고 각 연령별로 세부내용 수준을 구분지어 상세화 하였다(교육부, 2015).

이와 같이 전통적으로 유아교육에서 강조되고 있는 통합교육은 "유아들이 경험하는 학교생활을 통해서 시간적으로 공간적으로 그리고 내용영역에서 각각 다른 학습 경험들이 상호 관련되어지고 의미있게 모아져서 전체로서의 학습이 이루어지고, 나아가서 유아들의 전체적인 성장발달이 바람직하게 이루어지게 하는 과정(김재복, 1999)"이다.

특히, 입증할 수 있는 객관적인 사실만 다루는 과학 문제는 통합적인 맥락에서 이해하지 않으면 전체적인 개념을 이해할 수 없기 때문에 통합 교육 활동이 더욱 강조되는 것이다[그림 5-14].

그림 5-14 | 유아들의 과학개념은 그들의 다양한 실제 경험을 통해 형성된다.

1) 통합 활동

유아교육과정의 모든 영역과 과학은 매우 깊은 관련이 있다. 이와 같은 관련성을 과학과 통합하여 정보를 제공하고 연계하면서 과학적 사고의 범위를 넓힌다면 유아들은 뇌의 신경회로를 보다 더 복잡하게 형성하고 기억 책략을 발전시켜나갈 수 있다. 특히, 유아 개인은 그들의 독특성으로 인하여 과학을 학습하는 방법과 이것을 정서적으로 적용하는 능력이 다르므로 다양한 적용방법이 계발되어야 한다.

이와 같은 맥락에서 치클리(Checkley, 1997)는 가드너(Gardner)의 다중지능 이론(Multiple Intelligences Theory)이 과학활동의 기본이론이 된다고 주장하였는데, 가드너의 기본이론을 살펴보면 다음과 같다.

① **논리-수학적 능력** : 논리적, 수학적, 과학적 개념을 사용하고 이해하는 능력

② **언어적 능력** : 자신의 생각을 표현할 수 있는 언어적 능력

③ **음악적 능력** : 음악을 듣고, 생각하고, 인식하고, 반복되는 리듬을 기억할 수 있는 능력

④ **공간적 능력** : 공간세계를 논리적으로 표현할 수 있는 능력

⑤ **신체-운동 능력** : 문제해결 혹은 탐색을 위해 신체를 적절하게 활용할 수 있는 능력

⑥ **대인관계 능력** : 다른 사람을 이해하는 능력

⑦ **개인 통찰 능력** : 자신을 이해하는 능력

⑧ **자연주의자** : 생물을 관찰하여 분류하고, 자연 현상에서 나타나는 여러 가지 형태를 이해하는 능력

표 5-3 ❙ 통합과학 학습

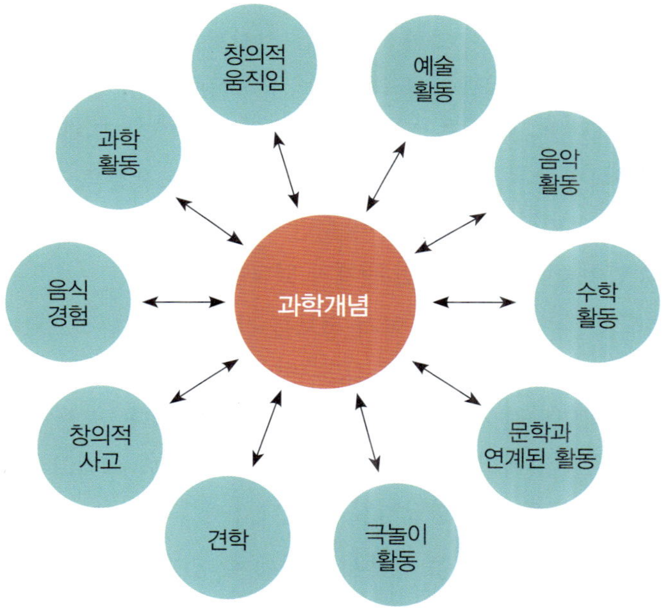

이상과 같은 이론에 기초한 과학개념 학습에 관한 통합 활동을 그림으로 나타내면 위와 같다[표 5-3].

① **수학 활동** : 모든 과학활동의 기초가 된다. 즉 양을 재고, 분류하고, 비교하고 기록 관찰하는 기본적인 방법을 제공하기 때문이다. 그러므로 수학 기술은 새로운 과학적 사실에 대한 기초이론을 제공해 준다.

② **음악 활동** : 과학적 이해를 증진시킨다. 특히, 멜로디는 과학적 개념에 대해 긍정적인 감정을 제공하며, 가사는 과학적 사실에 대한 기억을 쉽게 회상할 수 있

도록 강화 또는 은유적인 이해를 북돋는다.

③ **문학과 연계된 활동** : 과학적 개념을 은유적인 언어로 설명하고 상징적으로 연계함으로써 유아들이 과학개념을 쉽게 이해할 수 있도록 도와준다. 이야기로 꾸며진 과학 동화 또는 시 같은 문학작품들은 정서적으로 유아들의 마음속에 깊이 새겨지게 된다. 또한 자신들이 관찰한 과학적 사실을 이야기하면서 객관적인 사실을 내면적으로 구체화시킬 수 있다.

④ **예술 활동** : 자신의 생각을 직관적이고 창의적으로 표현할 수 있도록 도와준다. 따라서 자신들이 관찰하고 연구한 특정 사물에 대해서 그리고, 색칠하고, 만들고 하는 과정을 통해 공간적 지각능력, 분석능력, 심미적 표현능력 등을 계발할 수 있다.

⑤ **극놀이 활동** : 유아들에게 과학적 개념을 상상적으로 적용하고 실험해 볼 수 있는 기회를 제공한다. 창의적인 극놀이는 유아들이 이미 알고 있는 과학 이야기를 극화할 수 있고, 과학에 대한 유아들에게 능동적인 문제해결 능력, 창의적 행동을 이끌어낼 수 있다. 그러나 극놀이의 가장 큰 장점은 극놀이 활동이 과학과 직접 관련이 되는 공간지각능력 뿐만 아니라 신체-운동 능력, 대인관계 능력 그리고 언어능력과 통합적인 관계가 있다는 것이다.

⑥ **창의적 움직임** : 유아들에게 과학적 정보를 강화하고 개념적으로 이해하기 쉽도록 하기 위하여 자주 이용되는 즐겁고 편안한 방법이다. 유아들은 신체적인 움직임을 통해 막연했던 개념들을 구체화할 수 있게 된다. 또한 움직임을 통한 자발적인 경험은 인지적인 신체-운동 능력과 공간 능력 그리고 인지적인 대인관계 능력과 음악 능력 등도 발달시킬 수 있다.

⑦ **창의적 사고** : 다양한 질문을 통해서 향상될 수 있다. 예를 들면 유아의 상상력을 이용하여 현재의 사실을 반대로 생각해 보기, 문제해결 방법을 상상해 보기, 새로운 시각에서 문제를 다시 보기 등을 시도해 볼 수 있다. 이와 같은 활동은 유아들에게 생각하는 방식을 이성적이면서도 직관적으로 바꿀 수 있도록 도와줄 뿐만 아니라 새로운 과학주제 에 대한 흥미를 유발할 수 있다.

⑧ **음식경험** : 맛보고 냄새 맡는 경험을 통해서 과학적 개념을 강화시켜 준다. 즉 음식을 만드는 과정과 먹는 행위는 그와 관련된 사건을 오래도록 유지시켜 줄 수 있도록 정서적인 자극을 강하게 해 주기 때문이다[그림 5-15]. 따라서 유아들은 어떤 특정 음식과 그 음식에 관련된 느낌을 오래도록 생생하게 기억할 수

있다. 이와같이 음식을 통한 과학은 인지적인 신체-운동능력과 밀접한 관련이 있다.

⑨ **견학** : 유아교육기관에서 배운 과학 정보를 유아들에게 실제로 확인시켜 주고 의미있게 해 준다. 특히, 유아들은 교실에서 배운 과학적 사실이 실제 생활에서 의미있게 쓰일 때 매우 경이롭게 생각난다. 따라서 견학뿐만 아니라 전문가들이 교실에 초대하여 유아들에게 그들이 견학에서 배운 개념을 확인하고 적용할 수 있도록 배려해야 한다.

이상과 같이 통합 과학학습은 물리적, 정서적, 감각적 활동을 통해서 이루어지지만 유아들이 과학적 개념을 계속 유지할 수 있도록 하기 위해서는 실제 생활에 과학적 지식을 적용해야 하며, 과학적 개념을 연결하기 위해서 이전 개념을 적절히 연계시키는 것이 중요하다.

그림 5-15 | 음식을 먹는 것은 5감을 통한 정서적 자극이므로 과학적 개념을 오래도록 기억할 수 있게 해 준다.

chapter 6

유아과학교육을 위한 환경

불교사찰과 운동경기장을 대비해서 보는 것은 물리적 환경이 얼마나 큰 영향력을 가지고 있는지를 보여주는 하나의 예일 것이다. 환경이란 우리가 느끼고 행동하는 데 영향을 주고 다른 사람과의 상호 작용 여부를 결정지을 뿐만 아니라, 우리의 목표를 성공적으로 달성하도록 하는 데 결정적인 역할을 한다(Dodge, 1992; Weinstein & Mignano, 1997). 그러나 불행하게도 어린 유아들은 그들의 환경을 스스로 선택할 수 없는 한계를 가지고 있다. 유아들은 비록 주위 환경을 탐색하기 위해 이리저리 움직일 수는 있다고 하더라도 자신의 요구에 맞춰 특정한 환경에서 벗어나거나 환경을 변화시킬 수 있는 능력이 없기 때문이다. 다만 그들은 성인이 제공하는 환경 안에서만 살 수 있을 뿐이다.

이것은 즉, 유아의 경험은 성인이 유아를 위해 만들어 놓은 물리적 환경에 의해 결정된다는 것을 의미한다. 그러나 유아들은 선천적으로 호기심을 가지고 일상생활에서 일어나는 과학적 현상에 흥미를 가지고 세상에 대한 궁금증을 해결하기 위해 열심히 연구하는 과학자들이다. 따라서 유아들에게 제공되는 환경은 이들이 풍부한 호기심을 가지고 주변 세계를 진지하게 탐구할 수 있는 다양한 과학환경이어야만 한다(Biddulph & Osborne, 1984).

특히, 과학교육은 유아를 둘러싼 주변 환경과의 상호 작용을 통해 이해하고 탐색해가는 과정이다. 이러한 의미에서 과학활동을 위한 환경은 자연적 환경과 함께 조작적 환경을 적절하게 조화시키는 것이 중요하다.

따라서 이 장에서는 과학교육을 위한 환경을 자연친화적(실외) 환경과 물리적(실내) 환경으로 나누어 설명하고자 한다.

능력단위(분류번호)	유아 과학교육의 교수원리와 방법(0701040106-13V1)	
능력단위요소	자연친화적 실 · 내외 환경구성(0701040106-13V1.3)	
학습목표(수행준거)	• 자연친화적 환경을 구성할 수 있다. • 자연친화적 과학탐구를 위한 매체를 제공할 수 있다.	
지식(Knowledge)	기술(Skill)	태도(Attitude)
• 자연친화적 환경 • 물리적 환경	• 자연친화적 환경탐색 자료정리 능력 • 물리적 환경구성 능력	• 물리적 환경구성을 유아의 개별성에 맞추려는 태도 • 유아의 자연환경을 조직할 수 있는 민감성
수행내용	• 자연친화적(실외) 환경 • 물리적(실내) 환경	

출처 : 국가직무능력표준(www.ncs.go.kr)

01 자연친화적(실외) 환경

인간은 자연에서 태어나 자연 속에서 산다. 그리고 자연의 건강은 인간의 건강과 매우 밀접한 관계를 가지고 있다. 즉 사람들은 생명 유지를 위해 생물계의 건강에 전적으로 의존하고 있다. 다시 말해서 공기, 물, 햇빛, 영양(음식), 자연재해를 막기 위한 은신처를 만드는 데 필요한 재료들, 난방과 음식을 만드는 데 필요한 불, 식량을 재배하기 위한 토양 등 모두가 생물계에서 얻어지는 것이다.

그러므로 유아들은 자연 속에서 성장할 필요가 있다. 이것은 유아들이 자연의 수호자가 되기 위해서, 그들은 자연 속에서 자라야만 한다는 것을 의미한다. 유아들은 태어난 그 날부터 집에서, 보육시설에서, 유치원에서, 동네에서, 그리고 친구들 또는 가족과 함께 경험하는 다른 많은 특별한 곳에서 자연과 직접 접할 수 있어야 한다.

그러나 오늘날의 상황은 어떠한가? 자연적 삶의 공간은 점점 줄어 가고 있다. 인위적 환경이 유아들을 둘러싸고 있으며, 자연은 한낱 장식품에 지나지 않게 되었다. 따라서 유아들이 자연과 친할 수 있는 기회는 점점 적어지고 있는 것이 현실인 것이다. 도시의 유아들에 비하면 시골의 유아들은 그래도 자연적 환경 속에서 생활할 수 있었으나, 요즈음은 시골에도 인도 없이 만들어진 도로와 농약과 살충제의 남용에 의해 유아들을 점점 더 위험 속으로 내몰고 있는 것이 현실이다.

그러나 유아들은 기본적으로 자연환경을 선호하는 경향을 가지고 이 세상에 태어난다. 이들은 자연을 놀이의 상대로 생각하고 학습의 대상으로 여긴다.

『기저귀를 차고 있는 10개월가량의 사내아기가 판석 위에 앉아 있는 메뚜기를 보고 있다(메뚜기는 모양이나 색에서 지면과 대조를 이루기 때문에 눈에 잘 띄지만 잔디 위에 있었다면 그렇지 않았을 것이다). 아기는 1~2초 동안 메뚜기를 관찰하면서 서 있다가 메뚜기를 잡기 위해서 가까이 기어간다. 메뚜기는 잔디로 뛰어 들어가지만 아기는 눈으로 메뚜기를 추적하면서 가까이 기어간다. 메뚜기는 다시 뛰어올라 통나무 위로 올라간다. 아기는 다시 얼마간 홀린 듯이 관찰하다가 또다시 통나무 옆으로 가까이 다가간다. 이때 메뚜기는 꽃밭으로 뛰어들어가 숨을 수 있는 은신처를 찾게 된다(Moore, 2000).』

위의 예에서 볼 수 있는 바와 같이 유아들은 태초부터 호기심을 가지고 태어난다. 호기심은 세계를 탐험하고 자신을 알게 하는 본능적 욕구로서, 새로운 것을 경험하게 되고 반복적인 학습을 통해 호기심의 실체를 확실히 알게 된다.

아기는 "메뚜기 현상(길고 힘센 다리를 가지고 있으며 쉬지 않고 이곳저곳을 움직이는 작고 가늘고 긴 생물)"을 발견하면서, 더 많이 세상을 알게 된다. 이렇게 처음으로 세상을 알게 된 후 잠시 멈추었다가 다시 똑같은 현상이나 유사한 현상을 관찰하게 된다. 아마도 다음에는 딱정벌레 또는 나비를 관찰하게 될 수도 있을 것이다. 이때 아기는 비슷하지만 다른 행동들을 관찰하게 될 것이고, 계속해서 이런 방법으로 주변 세계를 이해하게 될 것이다.

점차로 성장하면서 유아는 뛰어오르거나 기어가거나 날아가는 것과 같이 서로 다른 방법으로 장소를 옮기는 생물들이 세상에 존재하고 있음을 이해하게 될 것이다. 사물의 모양, 공간을 통한 이동, 주변의 향기와 색, 피부를 간지르거나 흔들리는 식물을 통한 공기의 움직임 등과 같은 자연 현상들을 인지함으로써 유아는 생생하게 이러한 자연 현상을 기억 속에 간직하게 된다[그림 6-1].

그림 6-1 ❙ 유아들은 자연 속에서 자연과 함께 호흡할 때 자연을 기억할 수 있다.

1. 자연친화적 환경과 과학활동

실제 세계를 경험하는 것은 건강하게 성장할 수 있는 힘, 기초적인 학습 능력, 탐구적인 과학교육을 위해 매우 중요하다. 왜냐하면 자연환경은 어떤 특별하고 무한한 방법으로 놀이와 학습을 자극하기 때문이다. 그 결과, 유아들은 계속해서 모든 감각을 동시에 총동원하여 자연 세계에 집중하게 된다. 감각의 통합(sensory integration) 이론에 따르면 유아의 감각양식들은 아주 어릴 때 전체적으로 자극을 받아야만 하며 그렇지 못했을 때는 기능장애(역기능)가 발생하게 된다고 한다(Moore, 2000).

최근 스웨덴에서 진행된 연구는 점진적 발달이라는 이론을 강조하고 있다. 이 연구는 두 집단의 아동들을 대상으로 하였으며 육체발달과 집중력을 비교하기 위해서 표준화된 척도를 사용하였다. 비교 집단의 아동들은 스웨덴의 일반 초등학교에 다녔으며, 실험 집단의 아동들은 "모든 날씨를 느낄 수 있는 야외(outdoors-in-weathers)"학교에 다녔는데 이 학교에는 옥외공간에 마련 "자연 그대로의 정원(wild garden)"이 있었다. 조사 결과를 보면, 두 집단의 아동들은 신체발달과 집중력에서 서로 차이가 있는 것으로 나타났다. 즉 야외학교에 다니는 아동들의 육체발달이 더 빨랐고 집중력도 더 강했다. 이 같은 발달상의 차이는 더 다양한 자연 놀이환경이 있는 야외에서 더 많은 시간을 보낸 결과라고 할 수 있다. 이론적으로 이 연구 결과는 강력한 감각통합의 영향에 의한 것이라고 해석할 수 있을 것이다(Moore, 2000).

같은 맥락에서 윌슨(Wilson, 1996)은 매일의 실외놀이 경험(구름, 씨앗, 곤충, 여러 종류의 식물들)을 통해 자연에 대한 유아의 관심이 고조되기 시작하면 인지적이고 과학적인 생각들이 무한정으로 확장되므로, 유아기의 자연생태에 관한 활동은 적극 권장되어야 한다고 하였다. 특히, 펜턴(Fenton, 1996)은 유아들이 자연환경에서 살아 있는 생명체와 죽어 있는 것을 발견하고, 곤충과 식물에 흥미를 느끼기 시작하면 유아들의 상상력과 자연에 대한 감성은 어른이 상상할 수 없을 정도로 활성화된다고 하였다. 따라서 계절에 따른 자연의 순환과정 속에서 일어나는 자연의 경이는 그 자체가 위대한 과학적 발견의 원천이 되는 것이다.

그러나 20세기의 산업화 과정에서 도시화되고 황폐화된 환경을 자연 그대로의 상태로 환원하여 유아들에게 활동의 장소로 제공한다는 것은 그리 간단한 일이 아니다. 밀집된 도시 환경은 유아들이 활동할 수 있는 실외공간을 축소시키면서, 과거처럼 자연을 탐험하며 동식물에 관심을 가지고 벌레를 찾고 꽃모양을 관찰하는 등의 활동보다는 TV시청이나 스마트폰 게임과 같은 활동을 하면서 실내에서 지내려는 경향이 강하게 나타나고 있기 때문이다. 또한 교통사고의 위험, 유괴 등과 같은 사회적 요인과 부모 또는 교사의 잘못된 인식 등으로 인하여 실내놀이를 유도하는 경향도 최근에 들어서 더욱 강하게 나타나고 있다(이숙재, 1995).

그런 까닭에 21세기에서 우리는 자연환경을 어떻게 다시 유아들에게 돌려줄 수 있는가를 깊이 생각해 봐야 할 것이다[그림 6–2].

이에 대한 대안으로 산업화된 도시에서 자연친화적 환경을 복원할 수 있는 정책 수립이 필요한데, 이를 구체적으로 살펴보면 다음과 같다(Moore, 2000).

그림 6–2 ❙ 산업화된 도시라도 자연친화적 환경을 복원하려는 노력이 필요하다.

✚ **첫째, 풍경의 보전** : 유아교육기관, 학교 그리고 거주지역을 건설할 때 다양한 교

육적, 생태적 중요성을 가지고 있는 풍경의 모습(시냇물, 숲, 나무울타리, 잘 자란 나무들, 잔디, 풀, 들꽃, 바위 등)을 지키고 보존하는 방법 등이 있다(이것은 단순히 유아들만을 위한 것은 아니다).

✚ **둘째, 유아기와 아동기를 위한 매력적인 특별한 장소의 보존** : 자연을 담고 있는 장소와 특별한 매력을 가지고 있는 인공장소들은 특히, 유아들에게 매력적인 곳이 된다. 예를 들어 보면, 과일나무들의 자취, 오래된 나무들, 오래된 건물과 구조물의 잔해, 모래 또는 흙 "더미(dumps)", 탄광과 같이 이전에 땅에서 이루어진 여러 작업장들, 그리고 땅에 남아 있는 "흔적(scars)" 등이다.

✚ **셋째, 살기 좋은 거리 만들기** : 지난 25년 동안 많은 나라들은 주변 차량들의 소음을 막을 수 있는 기술과 소음측정법을 다양하게 개발해 오고 있다. 가장 널리 알려진 체계적인 방법으로는 네덜란드에서 개발된 "보네르프(woonerf)" 개념이 있다.

✚ **넷째, 도심의 자연생물 관리** : 지난 20년 동안 여러 나라에서는 자연생물의 관리에 대한 관심이 점차로 고조되고 있다. 특히, 어떤 나라에서는 도시정책의 핵심으로 다루어지고 있는 경우도 있다. 학교운동장과 유아교육기관들은 도심에 있는 자연생물을 보존할 수 있는 장소를 제공하기가 쉽다. 미국의 경우 전국 야생생물보호협회는 학교부지와 주변부지 모두를 개발, 보존할 수 있는 성공적인 프로그램을 개발하고 있다.

✚ **다섯째, 자연모습 그대로의 대지** : 도시의 야생생물과 유아들은 그들이 자유를 누리며 자연과 접하면서 즐길 수 있는 자연 그대로의 다양한 자연영역을 좋아한다. 특히, 이것은 어른들의 미학에만 치중하고 있는 도시공원에서 문제가 된다. 영국과 네덜란드의 생태공원, 스톡홀름의 놀이공원, 덴마크와 독일의 자연공원 등 대안적 모델들이 여러 나라에서 제시되고 있다.

✚ **여섯째, 다양성** : 앞에서 언급한 5가지의 정책을 실현함으로써 유아기의 풍경 기준에 가장 중요한 다양성을 충족시켜 줄 수 있다. 유아들이 감각통합 이론에 따라 효과적으로 성장하기 위해서는 풍부한 자연경험을 해야 한다. 다양한 자연환

경과 계속해서 접촉하는 것이 과학적 탐구 능력의 토대를 마련할 수 있는 기회가 되므로 무엇보다 중요하다고 할 수 있다.

2. 자연친화적 환경탐색을 위한 자료

유아들은 주변에 있는 모든 것에 관심과 흥미를 느끼면서 그 흥미의 대상을 과학적 경험으로 확대할 수 있는 학습 자료로 활용한다. 특히, 자연친화적 환경은 식물과 동물을 포함하는 생명과학과 운동, 무게, 균형, 중력, 부력, 온도 등과 관계 깊은 물리과학 그리고 날씨, 지질, 부식, 오염 등과 연계된 지구과학을 포함하여 자연과학에 관한 풍부한 활동자료를 제공하기 때문에 유아들에게 대단히 중요한 학습 자원이 된다(Robinson & Schwartz, 1982). 그러나 이와 같이 풍부한 과학적 경험을 제공해 주는 자연환경 탐색 자료는 의외로 가정에서 쉽게 구할 수 있는 경우가 많다[그림 6-3].

따라서 자연친화적 환경을 탐색할 수 있는 자료는 주변에서 쉽게 구할 수 있는 것

그림 6-3 ❙ 집에서 쉽게 구할 수 있는 모든 물건들이 자연 탐색을 위한 자료가 된다.

과 교사가 제작하여 사용할 수 있는 자료, 상품화된 자료로 나눌 수 있다.

특히, 이와 같은 자료들은 유아들의 안전을 고려하여 선정해야 하며 유아의 발달수준에 적합해야 한다. 과학활동과 환경 탐색을 촉진할 수 있는 도구와 자료는 다음과 같다.

1) 주변에서 볼 수 있는 자연자료

① **자연스러운 공간** : 작은 폭포, 연못, 개울, 숲, 습지, 물, 잔디, 채소밭, 모래, 돌, 바위, 흙, 진흙

② **살아있는 공간** : 일년생풀, 다년생풀, 다육식물, 수생식물, 꽃나무, 과일나무, 등나무, 활엽수, 침엽수, 채소, 곤충, 파충류, 포유류, 양서류

2) 주변에서 쉽게 구할 수 있는 자료

① **사육 및 재배를 위한 기구** : 화분, 투명수조, 꽃삽, 호미, 유아용 물뿌리개, 분무기, 상자, 호스, 어항, 플라스틱 병류, 먹이통, 테라리움 등

② **다양하게 쓸 수 있는 자료** : 바늘과 실, 모래종이, 기름종이, 카드보드지, 박스, 설탕, 거름종이, 식용유, 소금, 고무줄, 이쑤시개, 빨대, 물병 닦는 솔, 신문, 스펀지, 톱밥, 오래된 목재, 클립, 주방용품, 병, 컵, 가위, 거울, 스펀지, 호스, 계량스푼, 달력 등

3) 교사가 제작할 수 있는 자료

솜방망이, 자료사전, 바람개비, 풍차, 저울, 깔때기, 의자, 사다리, 귀마개, 집게 등

4) 상품화된 자료

① **일반적인 자료** : 돋보기, 졸보기, 컴퍼스, 장도리, 온도계, 막대자, 저울, 줄자, 주사기, 자석, 손전등, 거울, 신장기, 시계 등

② **특수 자료** : 현미경, 망원경, 카메라, 녹음기, 요리용 측정기구, 청진기, 흡입기 등

02 물리적(실내) 환경

과학교육을 위해 준비된 환경은 유아들로 하여금 일찍부터 과학적 태도를 형성하게 한다. 피아제는 유아의 구체적인 조작활동이 지식 구성에 필수적이라고 보았다(이영우 외, 2001).

그가 말하는 사물에 대한 다양한 조작행위란 적절한 자료의 준비와 함께 교사↔유아, 유아↔유아, 유아↔자료 등의 상호 작용이 원활하게 이루어지는 자유로운 환경에서 가장 잘 이루어진다는 것을 말하는 것이다. 따라서 상호 작용적 과학교육에서 물리적 환경은 유아들에게 매우 중요하므로, 물리적 환경 공간을 목적에 맞도록 구성하는 것이 필요하다. 이와 같은 입장에서 물리적 환경 구성의 전제조건을 다음과 같이 살펴보기로 하겠다[그림 6-4].

그림 6-4 | 실내환경 구성은 목적에 맞도록 조직적으로 구성해야 한다.

1. 물리적 환경 구성의 전제조건

상호작용을 필요로 하는 교실에서는 벽을 어떻게 꾸미고, 방을 어떻게 정리하고, 조명이나 다른 장식들을 어떻게 꾸미는가 하는 것보다도 다음과 같은 다섯 가지 물리적 환경에 관한 기본 전제가 먼저 고려되어야 한다(David & Weinstein, 1989; Bredekamp & Copple, 1997).

- **첫째, 물리적 환경은 유아들에게 직접적인 영향을 준다.** 공간의 위치, 실내 디자인, 교재 · 교구들은 유아의 활동을 활성화하기도 하고 억제하기도 한다.
  그러므로 똑같은 물리적 환경이라 할지라도 어떤 목표는 향상시킬 수도 있지만, 다른 목표는 손상시킬 수도 있다. 예를 들면 교사가 인형, 작은 차, 플라스틱 동물 또는 길 표시판 같은 쌓기 놀이에서 쓰는 보조 장난감들을 제시한 경우가 이에 해당한다. 이러한 보조 장난감들이 매력적이고 깔끔하게 정된되어 있으면 유아들이 선택활동시간에 쌓기 놀이에서 더욱 더 창의적인 상호 작용을 할 수 있게 된다.
- **둘째, 물리적 환경은 유아들에게 상징적인 영향을 준다.** 실내환경의 상징적인 영향은 섬세하나 그 위력이 매우 크다. 공간이 어떻게 배열되어 있고, 유아들이 얼마나 자료들을 쉽게 접할 수 있고, 물질적 환경이 얼마나 아름다운지의 정도가 유아들의 능력이나 가치 측면에서 유아들에게 다양한 의미를 전달한다(Proshanky & Wolfe, 1974; Clayton, 1989).
  다시 말해서 유아들이 손쉽게 꺼내 쓸 수 있는 곳에 자료들이 정리되어 있으면 "마음껏 원하는 대로 사용하세요"라는 메시지를 전하는 것이다. 이와 같이 배치는 유아 스스로 자료를 선택하는 능력에 직접적으로 영향을 준다. 이는 또한 유아가 그렇게 할 능력이 있다는 상징적인 의사 표현일 수도 있다. 반면에 자료가 유아들의 손이 닿기 어려운 곳에 배치되어 있다면 "손대지 마시오"라는 메시지를 전달하는 것이 된다. 즉 유아의 입장에서는 스스로 자료를 선택할 수 없다는 메시지를 받는 것이다.
  특히, 유아교육기관에서는 이 두 가지 메시지를 모두 전할 필요가 있다. 예를 들어 날카로운 칼이나 세제 등은 위험한 물건이므로 유아들의 손이 쉽게 닿지 않는 곳에 배치해야 한다.

그러나 유아들이 일상적으로 사용하는 자료들이 어른의 도움 없이는 꺼낼 수 없는 곳에 배치되어 있다면, 유아들은 어른이 뜻했던 바와는 다른 상징적 메시지를 받을 수 있다. 따라서 혼합된 메시지는 유아들로 하여금 혼란에 빠지게 하고 종종 문제행동을 유발시킬 수도 있다.

✚ 셋째, 물리적 환경은 그 환경을 만든 사람들의 철학을 반영한다. 교실 환경은 유아들과 그들의 학습에 관한 어른들의 신념을 반영한다. 또한 교실에서의 인간관계나 교과 과정에 관한 신념을 반영한다(Gestwicki, 1997).

예를 들면 레지오 에밀리아 접근법에서 물리적 환경은 프로그램의 철학을 잘 보여 주고 있는데, 특히, 프로그램의 운영 면에서 유아들이 직접 활동하는 것을 매우 중요하게 생각하고 있다. 물리적 환경은 유아들이 만든 작품들로 꽉 차 있고, 교실 안은 유아들의 그림, 종이 공작물, 철사 공작물, 점토 공작물, 그리고 머리 위를 조용히 움직이고 있는 모빌 등을 볼 수 있다. 특히, 유아들의 작품은 교실이나 복도는 물론 층계 올라가는 곳이나 화장실에서조차도 볼 수 있다(Gandini, 1997). 이들 작품 중에는 교사가 느낀 점을 적은 것들, 유아들 사진, 유아들의 사고를 잘 반영하는 유아들의 말을 적어 놓은 것들로 가득 차 있다.

그러나 환경이 전하는 철학적 메시지는 꼭 이렇게 훌륭하게 구성된 환경이 아니라도 얼마든지 있을 수 있다. 예를 들면 교실 안에 그림이나 거울을 유아들의 눈높이에 맞게 달아 주는 것도 유아들이 가치 있는 존재라는 메시지를 전달하는 것이다. 또한 유아를 위해 기어올라 갈 수 있는 나지막한 놀이기구, 부드러운 경사로와 계단 등을 마련하는 것은 그들의 환경에 대한 적극적인 참여를 지지해 주는 것이라고 하겠다.

✚ 넷째, 유아들도 자신이 참여하는 환경에 관한 의견이나 선호도를 가지고 있다. 유아들은 스스로 자신의 환경을 매우 잘 파악하고 있고 교실에 무엇이 있어야 하고 없어야 할지에 관한 명확한 의견을 가지고 있기 때문이다. 이에 대해 유아 실내 환경 전문가인 그린먼(Greenman)는 "유아들과 어른은 서로 다른 감각의 세상에서

살고 있다. 우리(성인으로서)는 거의 주의를 기울이지 않는 것을 유아들은 주의 깊게 본다. 벽과 소파 사이의 각진 구석 혹은 고양이와 장난감들, 매료당할 만큼 따스하고 햇볕이 드는 구석진 마룻바닥 등과 같이 어른들은 무심코 지나치는 장소, 모양, 느낌을 유아들은 좋아한다. 또한 유아들은 회반죽이 뭉개지고 울퉁불퉁해서 손가락이 들락날락할 수 있는 벽이나 바닥의 장소에 매료당하기도 하지만, 우리 어른들의 냉정하고 실리적인 눈은 단지 정리정돈, 기능성, 청결 그리고 안정성만을 추구하려고 한다(Greenman, 1988)"라고 말하고 있다.

따라서 눈높이를 개발하는 방법은 먼저 유아들이 환경과 상호 작용하거나 유아들간에 상호작용하는 것을 관찰하는 것이 필요하다. 예를 들면 '교실에서 무엇을 보아야 하는가? 교실에서 다른 장소에 비해 더욱 많이 사용되는 장소는 어디인가? 모두들 꺼리는 장소는 어디인가? 갈등을 불러일으키는 특별한 공간이 실제로 있는가? 어느 장소에서 유아들은 친구들과 즐겁게 상호 작용하는가? 어느 곳이 유아들의 주의를 끌고 있는가?' 등이다.

두 번째 방법으로 교사는 무릎을 낮추고 유아들의 눈높이에서 교실을 살펴보는 것이다. 즉 '무엇이 보이고, 무슨 소리가 들리고, 무슨 냄새가 나는가? 무엇이 만져지는가?' 등이다. 이러한 과정을 통해서 유아들이 공간을 어떻게 사용하는지 재평가할 수 있다.

✚ 다섯째, 효과적인 실내환경은 유아들의 요구뿐만 아니라 교사의 요구도 고려한다.

유아교육 현장에서 교사들은 1년에 대략 2,000시간을 유아들과 함께 일을 하면서 보내는데, 이러한 일의 질은 작업환경에 의해 크게 영향을 준다(Abbott, 1995).

특히, 교실 내의 물리적 환경에 대한 디자인은 교사가 유아들과 상호 작용하는 정도의 차이를 보여 준다(Weinstein, 1987). 교실 안의 한 영역에서 다른 영역을 쳐다보는 데 여러 가지 시각적 장애물이 많은 경우에는 교사들이 교실을 전체적으로 한 눈에 보기가 어렵다. 이런 경우에 교사는 유아들과 개별적으로 활동하는 데 시간을 할애하기보다는 유아들이 어디서 어떻게 어디로 움직이는지를 확인하는데 더 많은 시간을 보내게 된다.

반면에 교실 내의 물리적 환경이 교실 내 모든 유아들을 어디서든지 잘 볼 수 있게 디자인되어 있는 경우, 교사는 유아들과 편안한 마음으로 오랫동안 활동에 몰두할 수 있다. 교사는 유아들이 어디로 갔는지 확인하기 위해 계속적으로 움직여 다니기보다는 눈으로 모두 확인할 수 있기 때문이다[그림 6-5].

그림 6-5 ❙ 물리적 환경구성은 유아가 주체가 되어 교사와 유아의 상호작용이 원활하게 이루어질 수 있도록 설계되어야 한다.

이상의 예를 통해서 유아들의 필요와 요구는 매우 중요하므로 실내환경 디자인 과정에서 소홀히 다루어져서는 안 된다는 것을 알 수 있다. 긍정적인 물리적 환경은 유아와 교사들 간의 상호 작용의 질을 높이고, 결과적으로 유아들을 위해 더욱 흥미로운 프로그램을 운영할 수 있게 도와주기 때문이다(Doherty-Derkwski, 1995).

2. 물리적 환경 구성의 실제

잘 꾸며진 실내환경은 유아들과 교사 모두에게 매력적이면서 유아들의 정서를 안정시키고, 언어와 감각을 발달시키며, 운동기술과 사회성 발달뿐만 아니라 다양한 교재 · 교구를 통해 문제해결 능력과 논리적 사고능력을 촉진시킬 수 있다[그림 6-6]. 유아를 위한 효과적인 실내환경을 위해 다음과 같은 내용을 살펴보겠다(Lally & Stewart, 1990).

그림 6-6 ❙ 물리적 환경구성은 유아의 신체 크기, 안전, 건강, 편리함, 융통성이 고려되어야 한다.

1) 안전

안전한 환경에서 유아들은 자유롭게 움직이고 탐색하고 새로운 도전을 시도할 수 있으며, 교사 역시 이러한 환경에서 안심하고 유아들과 탐구활동을 할 수 있다.

안전한 환경 구성에서 고려해야 할 점은 다음과 같다.

① 위험 요인

- 미끄러운 바닥
- 전기난로 또는 히터
- 가구 또는 물건들의 날카로운 면

- 불안정한 선반
- 벗겨지는 페인트
- 떨어져 나가는 타일

② 환경 관리

- 부드러운 중간색의 벽
- 자연 채광, 형광 불빛과 백열등 불빛을 겸함
- 신선한 방 안 공기
- 소리를 흡수하는 타일과 양탄자

2) 건강

건강한 환경은 질병이 생기거나 감염될 가능성을 줄이는 환경을 말한다.

① 효과적인 학습을 위한 건강

- 안전한 영양식과 간식
- 안전한 놀이감
- 운동
- 청결
- 구강위생

② 건강 진단

- 교사의 관찰과 건강검진
- 시력과 청력검사
- 치아검진
- 신체검사

3) 편리함과 편안함

편리하고 편안한 환경은 유아들과 교사의 평화로움과 조화로움의 감정을 촉진함으로써, 이들의 탐구 의욕을 북돋아 준다.

- 교사가 쓸 물건들을 정리하는 곳은 유아들의 손이 닿지 않으면서 교사가 꺼내기 쉬운 곳에 둔다.
- 유아들이 쓸 물건들은 유아들 스스로 쉽게 꺼낼 수 있도록 정리한다.
- 공간은 움직이기 편리하고 유아들의 움직임이 눈에 잘 띄게 구성한다.
- 공간을 융통성 있게 쓰도록 한다.
- 활동영역을 잘 정비한다.

4) 유아의 신체 크기

환경이 유아의 신체에 맞게 이루어졌을 때 유아들은 자발적으로 탐구할 수 있다. 교사 또한 유아들이 원하는 다양한 탐구활동을 쉽게 이끌 수 있다.

- 책 · 걸상의 높이와 크기
- 영역별 교재, 교구, 비품의 위치와 종류
- 가구의 크기와 높이

5) 융통성

교사는 유아들의 활동이나 관심이 변화할 때마다 공간을 재정리하여 융통성 있게 활용한다.

- 교실 가운데는 비워 두어 매일매일의 탐색활동에 변화를 줄 수 있도록 한다.
- 교실에 배치된 과학 자료들은 활용하기 쉽게 한다.
- 다양한 자료, 비품들을 편리한 곳에 둔다.
- 영역들을 다양하게 활용한다.

6) 선택

여러 가지 다양한 자료, 탐색활동, 교재 · 교구 등을 골고루 갖춘 환경에서 유아들은 과학적 흥미를 가지고 도전할 수 있게 된다.

① 과학 탐구활동을 위한 자료와 도구

일반적인 자료	• 돋보기, 졸보기, 컴퍼스, 칼(교사용), 프리즘, 집게, 블록 • 장도리, 에어펌프, 주방기구, 병, 컵, 가위, 건전지 • 거울(손, 소, 대), 자석(말굽, 막대, 원), 나사 돌리기, 여러 종류의 플라스틱 용기, 꼬마전구, 전선, 스위치, 플라스틱 비커 • 종이, 공책, 연필, 색연필, 견출지, 신문, 옷핀, 클립, 종이클립, 집게, 스프링, 노란색 고무줄 • 작은 카페트, 바늘과 실, 밧줄, 이쑤시개, 수세미(고무, 고체), 빨대, 테이프(종이, 투명), 플러그, 면봉, 스펀지 • 가방(플라스틱, 종이), 물병 닦는 솔, 비닐 앞치마, 기름걸레, 기계용 기름, 솜, 모래, 물, 양동이, 후크, 여러 종류의 드라이버, 모래종이, 거름종이, 왁스, 카드보드지, 박스, 물뿌리개, 붓, 깔대기, 호스 등
측정도구	• 온도계, 막대자, 저울, 줄자, 천정, 타이머, 요리용 시계, 요리용 측정기구 등
특수도구	• 현미경, 망원경, 카메라, 녹음기, 라디오, VTR(필름), 팝콘기계, 폴라로이드 카메라, 컴퓨터, 프로젝터, 색안경 등
소모품	• 나무 – 팩 보드, 압축한 목재, 표면이 플라스틱처럼 처리된 것, 원목, 오래된 목재, 톱밥 등 • 주방용품 – 설탕, 식용유, 소금, 젤라틴, 소다, 식초, 고춧가루 등 • 세제류 – 암모니아, 표백제, 세척제(성인만 사용할 수 있음) 등

② 과학 탐구활동을 위한 교재

- 아동용 백과사전
- 식물도감
- 동물도감
- 광석도감
- 지구본
- 동식물 표본
- 과학활동의 내용과 범위에 관계된 각종 서적

③ 과학 탐구활동을 위한 자료의 선택기준

- 자료의 개방성
- 자료의 다양성
- 자료의 적합성(연령, 발달)
- 자료의 용이성

chapter 7

유아과학교육을 위한 평가

평가의 첫 번째 중요한 목적은 유아들이 획득한 것, 즉 유아들이 알고 있는 것과 그들이 할 수 있는 것에 관한 정보를 얻고 해석하는 것이다. 이것을 위해서는 교육 활동의 목적과 목표를 반영해야 하며, 유아들의 성취를 완전하고 충분히 정확하게 나타내는 평가에 관한 정보를 얻어야 한다.

둘째로 평가의 중요한 목적은 교사의 교수 활동 평가와 프로그램 자체를 평가하는 것이다. 따라서 평가는 유아들에게 교실 속에서 무엇이 평가되어야 하는지에 관하여 분명한 정보를 전달하면서 좋은 성과를 거두기 위해 무엇이 이루어져야 하는가에 대한 메시지를 전달한다.

유아과학교육에서 유아들은 주위의 여러 가지 사물과 자연 현상에 대하여 호기심과 관심을 가지고 탐구하는 데 필요한 기초 능력과 태도를 기른다는 것을 알아야 한다. 과학은 과정이지 단순한 사실의 집합이 아니기 때문이다.

때때로 교사들은 가르쳐지는 것을 평가하기보다 평가될 것을 가르쳐야 한다는 견해에 압도된다. 사실적인 정보의 습득은 비교적 평가하기 쉽기 때문에, 사실적 정보의 평가가 일반적이며, 교사들 또한 사실을 가르치고, 유아들 역시 그와 같은 사실적 평가에 잘 적응하게 된다. 그러나 이러한 경향은 이제 상호작용적 입장에서 우리가 평가할 것을 가르치기보다는 유아들이 배우는 것, 즉 우리가 가르치는 것을 평가해야 한다는 개념으로 바뀌어야 할 것이다(Martin, 1997).

전통적인 표준화 검사들은 일반적으로 모든 학습자들에게 부적절하다고 비판되지만, 특히, 유아들에게는 이 시기가 발달적으로 안정된 시기가 아닐 뿐 아니라 형식적이고 조직화된 시험을 치를 준비가 되지 않았다는 이유로 그 피해가 더욱 심한 것으로 알려졌다(Leavitt & Eheart, 1991; Perrone, 1991; 정정희, 1999 재인용). 그러나 이와 같은 전통적 유아과학교육의 평가도 1980년대 이후 발달에 적합한 유아교육의 실제가 소개되면서 평가에 대한 패러다임이 변화하고 있다.

유아기는 주의집중 시간이 짧고, 발달적인 한계가 있으며, 읽기와 쓰기 기능이 완전하게 갖추어지지 않았다는 특징이 있다. 그러므로 유아들을 위한 평가는 반드시 내용과 과정에 있어서 유아들의 발달에 적합한 수준이어야 신뢰할 수 있으며, 실제로 이 평가가 도구를 사용하는 유아들에게도 익숙한 것이어야만 한다. 따라서 유아들의 학습 경험과 동떨어진 상황에서 지필검사만으로 평가가 이루어지기보다, 평가자가 유아들의 학습 장면에 직접 참여하여 이들의 활동 상황을 실제로 이해하도록 하여야 한다.

이와 같은 맥락에서 본 장에서는 먼저 평가의 일반적인 의미와 종류를 설명하고, 특히, 상호작용적 입장에서 과학활동에 대한 평가내용과 포트폴리오 평가를 구체적으로 알아본 후, 유아의 안전과 관계 깊은 환경평가에 대해서 살펴보고자 한다.

학습전 평가

담당교수		교과목명	
학번		이름	

진단영역		진단문항	매우 미흡	미흡	보통	우수	매우 우수
탐구활동	탐구 기술평가	• 나는 유아 개개인이 자신에게 필요한 탐구과정 기술을 계발할 수 있도록 환경을 제공할 수 있다.					
	탐구 능력평가	• 나는 유아가 과학탐구과정에서 제기한 부가적인 문제를 탐구할 수 있도록 심화된 탐구활동을 계획할 수 있다.					
	탐구 태도평가	• 나는 유아가 탐구과정에서 탐구하는 태도를 격려할 수 있다.					
	포트폴리오 평가	• 나는 포트폴리오 평가를 통해 유아에게 필요한 영역의 확인 및 지원 등에 대한 정보를 얻을 수 있다.					
	환경평가	• 나는 유아의 환경(실내 · 외, 동 · 식물)을 안전하게 관리할 수 있다.					

진단결과

진단영역		문항수	점수	점수÷문항수
탐구활동	탐구기술평가	1		
	탐구능력평가	1		
	탐구태도평가	1		
	포트폴리오평가	1		
	환경평가	1		
합계		5		

능력단위(분류번호)	유아과학교육 교수원리와 방법(0701040106–13V1)	
능력단위요소	과학교육평가(0701040106–13V1.3)	
학습목표(수행준거)	• 과학교육을 위한 평가내용(탐구기술, 탐구내용, 탐구태도)을 이해할 수 있다. • 환경평가(실내 · 외 안전, 교재교구 안전, 동 · 식물의 안전)를 할 수 있다.	
지식(Knowledge)	기술(Skill)	태도(Attitude)
• 평가의 개념과 종류 • 평가내용 • 포트폴리오 평가 • 환경평가	• 유아의 탐구과정기술을 능숙하게 할 수 있는 능력 • 유아의 탐구능력을 평가할 수 있는 능력 • 유아의 탐구태도를 이끌어낼 수 있는 능력	• 유아의 탐구과정을 격려하는 태도 • 유아의 탐구능력을 알아차리는 민감성 • 포트폴리오를 평가하는 태도
수행내용	• 평가의 종류 및 내용 • 포트폴리오 평가 • 환경평가	

출처 : 국가직무능력표준(www.ncs.go.kr)

01 평가의 개념

평가의 목적은 유아의 개별적인 능력을 확인하고 이해하는 것이다. 그러므로 평가는 유아 개개인이 학습해 가는 과정을 중시해야 하고, 유아가 수행한 것에서 진보된 점, 유아의 장 · 단점, 유아의 학습 방법, 문제해결 방법을 입증해야 한다. 이와 같은 맥락에서 1986년 NAEYC(National Association for the Education of Young Children)의 '발달적으로 적합한 교육실제'에 관한 입장 발표 이후, 미국은 물론 현재 우리나라의 유아교육 분야에서는 발달적으로 적합한 교육의 실제를 실천하고 있다.

그러나 진정한 교육을 위해서는 유아에 관한 발달적 이해뿐만 아니라 발달적인 평가(assessment)도 중요하게 다루어져야 한다. 물론 이러한 평가는 문화적으로 공정해야 하고, 각각의 유아에게 개별적으로 알맞은 평가 전략을 사용해야 한다는 것을 의미한다. 유아교육현장에서 발달적으로 적합한 평가를 위한 노력으로 이에 대한 평가의 준거는 다음과 같다(곽노의 외, 2001).

첫째, 유아교육의 각 프로그램 목표와 목적과 관련된 정보를 제공해야 하므로 평가는 타당해야 한다.

둘째, 평가란 집단 검사, 지필 검사, 선다형 검사와 같은 검사만을 포함해서는 안 된다.

셋째, 평가는 유아들의 전인적인 것을 다루어야 한다.

넷째, 평가는 반복적이고, 계속적인 관찰을 포함해야 한다.

다섯째, 평가는 집단의 평균을 위해서 유아 간의 행동을 비교하지 말고, 유아 개인의 성정발달을 비교해야 한다.

여섯째, 평가는 다양한 평가 방법으로 이루어져야 한다.

일곱째, 평가정보는 프로그램 안에서 유아의 개별적인 요구와 접촉하기 위해서 또한 교육과정을 변화시키기 위해서 이용되어져야 한다.

이와 같은 준거를 기준으로 하여 유아에 대한 평가는 실생활 속에서 이루어져야 한다[그림 7-1]. 유아는 자신이 신뢰하는 어른과 또래, 그리고 친숙한 환경에 있을 때

그림 7-1 ┃ 평가는 실제 생활에서 다양한 방법으로 이루어져야 한다.

스스로 과제수행을 잘 해내며, 실제로 자신이 도달한 지식, 기능, 태도를 가장 잘 입증할 수 있다. 이러한 환경에서 유아는 자신의 성숙, 다양한 경험, 학습의 상호 작용을 통해 끊임없이 성장발달 한다. 따라서 유아를 위한 최상의 평가는 실생활의 맥락에서 이루어져야 하며, 유아의 외형적 · 내면적인 행동의 모든 변화를 포함하는 것이 바람직하다.

한편 교사는 유아의 요구, 부모와 의사소통하기 위한 정보, 유아를 위한 교육 프로그램의 가치 등에 대해서 올바른 결정을 내려야 한다. 따라서 교사는 유아 개개인에 대한 끊임없는 관찰과 이에 대한 실증이 필요하다. 특히, 관찰에 근거한 평가는 유아의 일상적인 활동에 대해 있는 그대로의 어색하지 않는 상황에서 이루어져야 한다. 그리고 프로그램 목적 및 목표와 관련해서 관찰 · 기록했던 것을 반영해야 한다. 특히, 평가과정을 잘 진행시키기 위해서 다음과 같은 요소들이 필요하다.

- 목적 : 우리가 원하는 것은 무엇인가?
- 초점 : 관찰대상은 누구인가 혹은 무엇인가? 어떤 행동을 나타내는가? 언제

나타내는가? 어디에서 나타내는가?

- 기록/실증 : 필요한 정보는 무엇인가? 그것을 어떻게 기록할 것인가? 얼마나 자주 기록할 것인가?
- 관찰의 결과 및 사용 : 유아의 진보와 요구에 대해 관찰된 사건은 무엇을 의미하는가? 유아의 발전을 훨씬 더 잘 파악하기 위한 다음 단계는 무엇인가?

이상과 같이 유아교육에서 평가는 평가 자체로 끝나는 것이 아니라 교수-학습과 같은 총체적인 의미에서 유아에 대한 평가는 유아과학에서도 매우 중요한 위치를 차지하고 있다.

02 평가의 종류

평가의 도구로는 체크리스트, 조사, 구조화된 관찰 안내문, 기타 체계화된 관찰수단, 기록 정보 등이다. 절차에서의 방법과 기술로는 관찰, 유아와 부모면담, 작업 결과물의 수집과 분석, 다양한 종류의 검사 등이 있다.

이와 관련된 개념들은 대안적인 평가(alternative assessment) : 사실 · 직접 · 수행평가(authentic, direct, or performance assessment), 역동적인 평가(dynamic assessment), 포트폴리오 평가(portfolio assessment), 그리고 계속적인 평가(continuous assessment) 등으로 구체적인 용어의 설명은 아래와 같다(곽노의 외, 2001).

✚ **첫째, 사실, 직접, 혹은 수행평가** : 이 평가는 전통적인 검사의 대안으로 제안된 평가로서 사실평가, 직접평가, 또는 수행평가(authentic, direct, or performance assessment) 등의 다양한 용어로 쓰이고 있다. 이 평가는 과제를 수행하고 있는 유아를 평가하는 것으로서 유아로 하여금 지적인 도전을 하도록 하여 실제 활동을 평가하는 것이다. 수행평가와 사실평가는 흔히 혼용하여 사용하지만 몇 가지 구분되는 점이 있다. 수행평가는 유아의 반응 유형에 따르기 때문에, 만일 신체 협응을 측정하고 싶다면 유아는 적절한 행동을 수행해야만 한다. 따라서 쓰기에 관심이 있다

면 유아는 실제로 글씨를 써야 한다. 반면에 사실평가는 유아가 과제를 수행하는 맥락에 따른다. 그러므로 사실평가에서 유아는 바람직한 행동을 완수해야 할 뿐만 아니라 실제 생활 속에서도 그와 같은 행동을 해야만 한다.

특히, 우발적인 수행평가는 교실 내에서 매일 일어나는 것이므로 교사의 직관적인 관찰과 판단에 기초하게 된다. 그러나 구조화된 수행평가는 신뢰도, 타당도 기준에 부합되어야 하며 구체적인 목적을 위해 체계적으로 설계되고 계획되는 특징이 있다.

✚ 둘째, 역동적인 평가 : 이 평가에서 평가자는 평가를 할 때 실마리를 주고, 이끌어 주며, 도움말을 주면서 평가하는 것이다. 비고츠키(1978)는 근접발달지대(zone of proximal development)를 교사가 입증하기 위한 하나의 방법이라고 하면서 실제 발달 수준과 수행 수준 간의 차이에 대하여 유아는 성인, 즉 교사의 도움으로 성취할 수 있음을 알 수 있다고 하였다. 이러한 평가지식은 개념, 기술, 발달이 다음 단계를 위한 기초를 형성하게 해 준다는 것이다. 즉 교사가 유아를 위해 지지(scaffolding)해 준다는 것은 유아의 성장 방향을 안내하는 것이며, 조력자로서의 책임을 다하는 것이다. 역동적 평가의 개념과 기술은 교과과정, 교수를 통합하도록 하며 유아의 학습과 발달의 조장을 약속할 수 있다.

✚ 셋째, 포트폴리오 평가 : 웹스터 사전에 나타난 포트폴리오의 정의는 "보관, 유지가 가능한 서류철로서 그림, 작품 등의 진술증거를 수반하는 용기이며 공무원, 정부관리, 관료들의 문서목록, 또는 상업적인 문서나 은행의 투신을 위한 안전보장에 관한 문서목록(Webster, 1992)"으로 되어 있다. 이러한 정의를 살펴볼 때, 바람직한 평가대안으로서 포트폴리오에 대한 정의는 "주어진 영역에서 학습자의 노력, 진전 또는 성취에 관한 이야기를 말해 줄 수 있는 학습자의 작업에 관한 목적적인 수집"이라고 할 수 있다[그림 7-2].

따라서 포트폴리오 평가는 본질적으로 "사실적(authentic)"이다. 뿐만 아니라, 기존의 평가에 대한 대안으로서의 교수 활동이며, 조정 · 통합 · 적용의 원리를 가지고 있다. 또한 계속적으로 유아의 성장, 발달의 근거를 제공하고 정보수집을 하

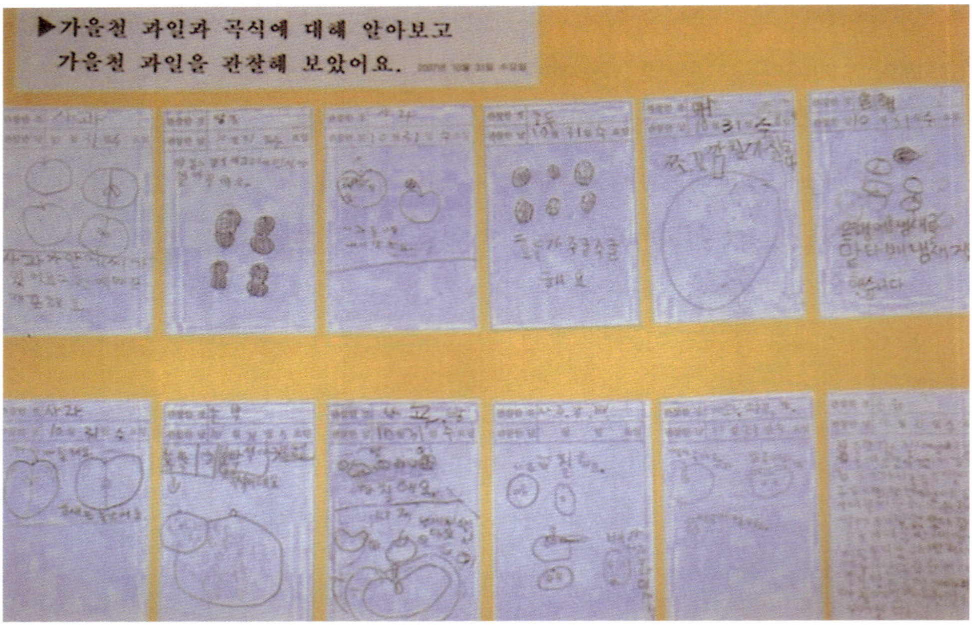

그림 7-2 ┃ 포트폴리오 평가는 유아들이 실제 활동한 것을 증거물로 수집하여 평가한다.

> 여 다양한 차원의 수준에서 학습자를 평가하고, 교사, 부모, 유아 자신의 협동적 인 성찰의 원리를 가지고 있다.

그러나 이러한 정의는 보다 구체화될 필요가 있기 때문에, 연구자들 사이에서 어느 정도 합의된 포트폴리오 개념에 대한 내용을 살펴보기로 하겠다. 조한무(1998)에 의하면, 포트폴리오란

첫째, 장시간에 걸친 유아들의 성장과 학습과정을 보여 주며, 이것은 하루아침에 만들어지거나 이용될 수 없으며, 다양한 영역을 가지고 있다.

둘째, 교사와 유아들의 목적에 따라 만들어지며, 유아들에게 자신의 학습에 대한 정리나 반성의 기회를 제공해 준다. 또한 유아들의 성장과 성취를 타당하게 평가할 수 있는 방법을 제공한다.

셋째, 유아들에게 선택이 기회를 제공한다. 유아들은 포트폴리오에 포함될 항목과 구성 방법을 정할 수 있다. 또한 유아들일지라도 포트폴리오의 어떤 부분이 평가되고

어떤 기준에 의해 평가되는지를 쉽게 이해할 수 있다.

넷째, 유아들로 하여금 자발적으로 활동할 수 있도록 한다. 시험은 인간의 성장과 잠재력을 모두 밝혀낼 수 없지만 포트폴리오는 열정적 학습을 가능하게 하는 효과적인 방법이기 때문이다.

다섯째, 자기반성의 자료를 보여 준다. 유아들은 자신의 학습을 점검하고, 내용이 어떻게 변화했는지를 알아보기 위해 초기의 노력을 돌아보고 그 후의 모습을 비교할 수 있다.

즉 포트폴리오는 유아가 무엇을 배웠는지/ 어떻게 그 학습을 이루어 냈는지/ 어떻게 생각하고 질문하고, 분석하고, 창조해 냈는지/ 타인과의 지적, 정서적, 사회적 상호 작용은 어떠했는지 등을 알아보기 위한 학습과정 전반에 대한 기록을 말한다고 할 수 있다.

03 평가의 내용

1. 탐구기술과 평가

유아과학의 기본 목표는 "호기심을 가지고 주변세계를 탐구하며, 일상생활에서 (수학적)과학적으로 생각하는 능력과 태도를 기르는 것"이다(교육부, 2015). 즉 유아 개개인이 과학에서 필요한 탐구과정의 기술을 능숙하게 할 수 있도록 계발하는 것이다. 그러므로 탐구기술의 평가는 유아들이 얼마나 탐구하는 것을 잘 완수할 수 있는지를 조사하는 것이다. 과학의 탐구과정은 탐구과정의 능숙 정도를 보여주는 하위 척도로 나눌 수 있으므로 탐구과정의 평가는 이들 척도들을 나타내는 것에 기초를 둘 수 있다. [표 7-1]은 탐구기술의 숙달을 알아보기 위한 척도를 보여 준다.

표 7-1 | 과학 탐구기술의 평가 영역

탐구기술	내용
관찰	• 대상을 식별한다. • 하나 이상의 감각(기관)을 이용한다. • 적절한 모든 감각을 이용한다. • 특성들을 정확히 묘사한다. • 정성적인 관찰을 한다(성질을 관찰한다). • 정량적인 관찰을 한다(양에 관한 관찰을 한다). • 대상들의 변화를 묘사한다.
비교	• 비교할 수 있는 특징을 식별한다. • 유사점과 차이점을 제시한다. • 유사점과 기준을 설명한다. • 복잡한 비교체계를 만든다. • 비교되는 특징들을 정확하게 묘사한다.
분류	• 대상들을 분류할 수 있는 주요한 특성들을 식별한다. • 한 표본 안에서 모든 대상들과의 유사한 특성들을 식별한다. • 정확하게 두 그룹으로 분류한다. • 정확하게 여러 그룹으로 분류한다. • 하위 그룹들을 구성한다. • 자신의 분류기준을 세운다. • 분류를 위한 논리적인 근거를 제시한다. • 복잡한 분류체계를 만든다.
측정	• 적절한 측정의 형태를 선택한다(길이, 부피, 무게 등). • 적절한 측정의 단위를 선택한다. • 측정기구를 적절히 사용한다. • 측정기술을 적절히 적용한다. • 표준단위와 비표준단위를 사용한다.
예상	• 유형을 구성한다. • 유형을 확장한다. • 간단한 예상을 한다. • 상황에 적절한 예상을 하여 탐구과정에 적용한다. • 예상에 대한 이유를 논리적으로 맞게 말로써 나타낸다.
추리	• 대상들과 관찰된 사실들 사이의 관계에 대해 말한다. • 추리하기 위한 모든 적절한 정보를 사용한다. • 존재하지 않는 정보를 사용하지 않는다. • 비핵심적인 정보들을 적절히 분리한다. • 논리적 이유를 말로써 나타낸다. • 상황에 적절한 추리 과정을 적용한다. • 그래프, 표, 그리고 다른 실험 자료들을 해석한다.
의사소통	• 대상들을 정확히 묘사한다. • 알려지지 않은 대상을 다른 사람들이 식별할 수 있도록 묘사한다. • 말과 글로 정확히 타인들에게 정보를 전달한다. • 생각을 말로 표현한다.

물론 탐구과정에서 유아들이 실제로 숙달된 정도는 연령 그리고 환경과 같은 개인적 요인들에 의존하게 된다. 교사는 유아들이 활동과정에서 탐구과정에 대한 숙달을 보여주는 척도의 점검표를 준비할 수 있고, 유아들의 실제 숙달도와 척도들을 비교할 수 있다. 교사에 의해 구성된 목록표는 교사 자신의 상황과 유아들에게 요구되는 것들을 반영한다.

특히, 관찰법은 유아들의 탐구 능력을 평가하기 위한 훌륭한 기법이다. 구조화되거나 혹은 반구조화된 면담으로 관찰하면 유아들의 탐구능력 성취와 진보에 관한 많은 정보를 생산할 수 있다. 비형식적인 관찰법은 교사들이 유아들의 행동을 주의 깊게 살펴보는 것이다[그림 7-3].

이런 비형식적인 관찰법은 유아들이 무엇을 하고 있는지, 또는 올바른 길로 가고 있는지 등의 여부와 논리적으로 적절한 방법으로 그들이 일련의 과정을 실시하고 있는지에 대한 일반적인 생각을 교사에게 제공한다.

형식적이고 구조화된 관찰 또한 여러 가지 방법으로 실시할 수 있다.

예를 들면, [표 7-1]과 같이 교사는 목표달성을 위한 행동 점검표를 준비하여 유아

그림 7-3 ❙ 교사는 비형식적인 관찰을 통해 유아의 다양한 탐구 능력을 살펴볼 수 있다.

들이 실제 탐구활동을 수행하고 있을 때 그들의 행동을 점검할 수 있다.

질적 평가를 위해, 교사는 유아들이 나타내는 행동의 수준을 기록한다. 이때 모든 행동의 수준이 높게 나타났다면 동일한 연령에서 모든 과정을 완수했다고 생각할 수 있다.

양적 평가는 [표 7-2]의 "탐구기술 평가"에 기초하여 작성한 [표 7-3]의 과학 탐구기술 평가를 위한 채점체계와, [표 7-4]의 과학탐구기능 평가의 실례에서 보는 바와 같이 각각의 척도에 대해서 1~4의 숫자로 된 등급을 매기고, 그 총합 또는 평균을 계산한다. 그러므로 이러한 평균들의 평균이 그 유아의 과학 탐구과정 점수가 된다.

표 7-2 ┃ 과학 탐구기술평가내용

평가순서	평가자료	평가활동	탐구기술
1	3~4종류의 야채	각각의 야채에 대한 특성 말하기 사용한 감각	관찰
2	10~15종류의 씨앗	씨앗을 묶음으로 나누고 이름 붙이기	분류
3	비밀상자 속의 물건	비밀상자 속의 물건 설명하기	의사소통
4	나무토막, 긴 자	나무토막의 길이 측정하기	측정
5	물통, 여러 가지 물건	어떤 물건들이 뜰 지 또는 가라앉을 지 예상하기	예상
6	상자, 물건	상자 속에 무엇이 있는지 이야기하기	추론
7	유리병, 막대	막대로 유리병을 쳤을 때 어느 것이 높은 소리가 날지 말하기	예상
8	3종류의 돌	돌의 특성과 유사점 · 차이점 말하기	관찰
9	10~12종류의 조개껍질	조개껍질을 묶음으로 나누고 이름 붙이기	분류
10	나무토막 2개, 양팔저울	무거운 것 찾기와 그 이유 말하기	측정
11	긴 그림자가 있는 창밖 풍경	해가 떠 있는 곳 말하기	추론

표 7-3 | 과학 탐구기술 평가를 위한 채점표

점 수	기 준	
1	수행하지 못 함	
2	어느 정도 수행함	
3	잘 수행함	
4	탁월하게 수행함	
평가순서	**탐구과정**	**점수**
1	관 찰	
2	분 류	
3	의사소통	
4	측 정	
5	예 상	
6	추 론	
7	예 상	
8	관 찰	
9	분 류	
10	측 정	
11	추 론	
	총 점	
백분율(=총점을 44로 나눈 값)		

표 7-4 ❙ 과학 탐구기술 평가의 실례

평가순서	과정	점수	이유
1	관찰	2	후각을 사용하지 않음
2	분류	4	기준에 따라 2가지 그룹으로 나눔
3	의사소통	1	물체를 확인은 했으나 설명은 못함
4	측정	3	신체를 이용해 측정은 했으나 측정단위 사용은 못함
5	예상	4	정확하게 예상하고 실험함
6	추론	2	탐구방법이 제한됨
7	예상	4	정확한 예상과 실험을 함
8	관찰	3	특징 설명은 했으나, 유사점과 차이점은 설명 못함
9	분류	3	두 묶음으로 나누었으나 특징에 따른 분류를 못함
10	측정	4	균형을 잘 잡음
11	추론	2	태양의 정확한 위치를 설명하지 못함
총점 32 백분율 32/44=73%			

이와 같은 평가표는 교사들이 각 과정의 숙달 또는 성취에 관하여 각각의 유아에 대한 평가를 하는 데 중요한 요소가 된다. 특히, 이러한 평가는 다른 사람에 의해 평가될 수 있고, 또한 양적으로 평가받을 수 있는 척도들로 나누어진다는 면에서 본다면 객관적인 것이다.

2. 탐구능력의 평가

유아과학교육에서 두 번째 중요한 목표는 탐구능력의 숙달이다. 탐구라는 것은 활동 과제에 대한 흥미, 호기심, 인지적 갈등을 해결하기 위한 개인적인 필요와 만족스런 해결을 위해 질문을 계속하는 욕구 등을 일컫는다. 상호작용의 입장에서 과정 중심적인 탐구 과학은 개방적인 활동을 제안한다. 유아들은 이런 개방적인 활동에서 기초적인 이해를 구성하고, 좀 더 깊이 있는 탐구활동을 계속할 수 있다. 또한 유아들은 탐구에서 제기된 부가적인 새로운 문제를 탐구하고, 그들 자신만의 잠정적인 결론을 도출한다. 이러한 결론의 타당성을 확보하기 위해, 그리고 변경된 결과들을 발전시키기 위해 유아들은 더 심화된 조사를 계획하고 친구들 또는 교사와 함께 의논한다. 이 과정에서 교사의 임무는 근본적 원리와 목표들을 발전시켜 주고, 기초적인 활동을 준비하고, 이용 가능한 추가 활동을 제시하고, 질문을 하고, 유아들의 질문에 도움을 주는 것 등이다. 특히, 유아들이 말하는 것이 무엇인지 이해하기 위해 귀 기울이는 것이 중요하다. 탐구는 상호작용적 교육의 실제적인 대리자인 것이다.

유아들의 탐구능력은 그들의 과학적 진보의 중요한 요소가 된다. 그러므로 유아들의 탐구능력에 대한 평가는 유아과학 평가 프로그램에서 없어서는 안 될 중요한 요소이다. 탐구학습에서 고려되어야 할 탐구능력을 알아보는 평가목록은 [표 7-5]에서와 같이 제시할 수 있다. 그러나 유아의 탐구능력에 대한 평가목록은 유치원 혹은 유아 개인에 따라 그 내용을 달리할 수 있으며, 때에 따라서는 [표 7-3]과 같이 점수화하여 유아들의 탐구 능력을 평가할 수도 있으므로 이 점에 주의해야 할 것이다.

표 7-5 ┃ 과학 탐구 능력 평가내용

- 탐구과정을 적절하게 선택하고 적용한다.
- 탐구과정에서 나타난 현상에 대하여 질문한다.
- 탐구과정에서 자신의 생각을 이야기한다.
- 탐구과정에서 자신의 의문점과 새로운 생각들을 계속 탐구한다.
- 다양한 정보자원을 사용한다(컴퓨터, 인쇄자료, 부모 또는 교사).
- 탐구를 이전 경험과 관련시킨다.
- 탐구과정에서 관찰한 것의 원인을 제안한다.
- 합리적이고 논리적인 방법으로 사고 과정을 설명한다.
- 다른 사람들에게 탐구에 관한 생각과 개념을 소개한다.
- 탐구에 관한 사실에 대해 토의한다.
- 탐구 기회를 계속 가지려고 한다.
- 탐구과정의 결과를 유치원 밖에서도 관계시킨다.

3. 탐구태도의 평가

유아과학교육의 세 번째 중요한 목표는 과학에 대한 긍정적 태도를 기르는 것이다. 특히, 긍정적 태도는 과학적 판단, 과학적 소양, 과학과 기술의 발전으로 인한 사회 이익을 가치있게 여길 때 길러질 수 있는 것이다. 어떤 면에서는 태도에 관련된 요소들, 즉 협동심, 반성적 사고, 호기심, 유치원과 지역사회에 대한 이해와 같은 것들 역시 과학에 대한 긍정적인 태도를 나타내는 요소들로서 탐구 목록에 함께 포함될 수 있는 것들이다. 다음의 [표7-6]과 [표 7-7]은 긍정적인 과학 태도에 대한 내용과 과학적 탐구 태도를 보여 주고 있다(이경민, 2000).

표 7-6 ❙ 탐구 태도 평가내용

- 기회가 있을 때면 언제나 과학 탐구를 하려고 한다.
- 과학이 재미있고 흥미 있다고 느낀다.
- 호기심을 언어로 표현한다.
- 탐구과정을 유치원 밖의 상황에서도 적용한다.
- 과학적 지식 탐구를 위해 인쇄자료, 박물관, 식물원 등을 방문한다.
- 과학과 관련된 인쇄자료나 TV 프로그램을 골라 본다.
- 실내 또는 실외에서 식물과 동물을 기른다.

표 7-7 ❙ 과학적 탐구 태도

호기심	개념	신기한 것을 탐구하려고 하는 정서로서, 새로운 것이나 생각을 탐구하려는 열망, 설명에 대한 열망을 표현하는 것이다.
	행동	질문 자주 하기, 새로운 대상에 관심 기울이기, 문제가 있을 때 원인을 찾으려고 노력하기 등이 있다.
자진성 및 적극성	개념	실험이나 학습, 문제해결에 자진해서 적극 참여, 활동하려는 태도이다.
	행동	실험이나 활동에 스스로 참여하기, 문제해결에 적극적으로 임하기, 의문나는 점을 해결하려고 시도하기 등이 있다.

솔직성	개념	관찰 및 실험 결과를 왜곡하거나 선택적으로 취하지 않고, 관찰 사실에 대해서 편견 없이 제시하는 태도이다.
	행동	자신이 예상한 점이나 관찰한 점을 그대로 나타내기, 어려운 점이나 안 되는 점을 그대로 나타내기, 활동 결과를 그대로 나타내기 등이 있다.
객관성	개념	자신의 주관적인 생각이나 가설에 치우치지 않고 가설에 반대되는 증거도 수집하며 결론을 내리기 전에 가능한 많은 자료를 수집하여 객관적인 결론을 내리려는 의도이다.
	행동	사물을 자기가 본 그대로 정직하게 표현하기, 결론을 내릴 때 실험 결과를 근거로 하기, 문제해결에 있어서 몇 가지 가능한 해결책을 고려하기 등이 있다.
개방성	개념	새로 밝혀진 근거에 따라 자신의 주장을 변경하는 태도, 반대의 견해나 결론도 기꺼이 수용하고 새로운 아이디어, 방법을 기꺼이 추구하려는 태도이다.
	행동	자기주장에 대한 비판을 수용하기, 실패한 것에 대해서 기꺼이 수용하기, 한 가지 문제에 대해 여러 가지 의견을 듣기 등이 있다.
비판성	개념	타인의 결론이나 설명에 대해 옳고 그름을 판단하기, 결론을 내릴 때 신중하기, 어떤 주장에 대한 대안을 제시하기 등이 있다.
	행동	다른 사람의 의견에 대해 옳고 그름을 판단하기, 결론을 내릴 때 신중하기, 어떤 주장에 대한 대안을 제시하기 등이 있다.
판단유보	개념	성급히 판단하거나 결론을 내리지 않고 확실한 증거에 의해 지지될 때까지 사실로 받아들이지 않는 태도이다.
	행동	결론을 내리기 전에 많은 자료 찾기, 신중하게 결론 내리기, 확실한 증거에 의해서 지지되지 않는 것은 다시 한 번 생각해 보기 등이 있다.
협동성	개념	개인보다는 집단의 이익을 먼저 생각하고 행동하며 이견이 있을 때 서로 협의하는 태도이다.
	행동	실험도구를 나누어 사용하기, 실험 후 정리정돈을 함께 하기, 집단 전체의 생각을 따르기, 실험에서 역할 분담하기 등이 있다.
끈기성	개념	해결되지 않는 문제를 포기하지 않고 지속적으로 해결하고자 노력하는 태도이다.
	행동	실험 도중 실패했을 때 반복하여 실험 결과를 찾으려고 노력하기, 해결되지 않은 문제는 계속해서 해결하려고 노력하기, 한 문제가 해결되면 또 다른 문제를 해결하려고 노력하기 등이 있다.

혹시 아래의 항목에 긍정적인 과학 태도를 더 추가할 필요가 있다면 그 항목을 더 첨가함으로써 가능한 태도 지표를 완벽하게 만드는 것도 필요하다. 물론 목록의 정확한 본질은 자신의 독특한 상황, 지역사회의 과학 중심적 자원들, 학급의 특색, 유아들의 필요와 사전 경험 등에 달려 있다[그림 7-4].

그림 7-4 | 과학에 대한 긍정적인 태도는 지역사회의 학습 자원과 밀접한 관계가 있다.

04 포트폴리오 평가

포트폴리오는 유아가 무엇을 배우고, 질문하고, 사고하고, 분석하고, 종합하고, 생산하는 지, 그리고 다른 사람과 지적, 정서적, 사회적으로 상호 작용을 어떻게 하는 지를 기록한 것이다.

스펜델(Spandel, 1992)은 포트폴리오는 학생이나 교사 혹은 다른 사람에게 한 가지 또는 그 이상의 영역에서 성취한 것 혹은 노력한 것을 보여 주기 위해 의도적으로 수집한 학생들의 작품이라고 정의하였다.

특히, 머피(Murphy)와 스미스(Smith, 1990)에 따르면 포트폴리오는 "표준적으로 참조되는" 또는 "표준화된 검사"와 같이 엄밀한 지침과 관련되는 용어라기보다는 오히려 발달하는 개념으로 보아 평가의 대상이나 목적이 달라지면 각기 다른 유형의 포트폴리오를 가지게 된다고 하였다.

이와 같은 목록에서 노스웨스트 평가협회(NWEA: Northwest Evaluation Association, 1990)는 포트폴리오는 "시간의 흐름에 따른 유아의 발달과 학습을 기록하는 증거를 조직적으로 목적을 가지고 모아 놓은 것"이라고 본다. 예술가나 건축가의 포트폴리오가 다른 사람들과 공통적인 성취뿐만 아니라 그들의 독특한 능력도 보여주는 것처럼, 유아에 대한 포트폴리오도 그 유아의 경험, 노력, 진전, 성취 등을 보여줌으로써 학습과 발달을 위한 기초적인 평가의 지침을 제공하는 것이다.

과학은 유아들의 직접적인 활동 및 그 과정에 대한 탐구를 강조하기 때문에 포트폴리오 평가는 평가로서 매우 적절한 것이다. 따라서 포트폴리오는 유아에 대한 체계적인 관찰기록, 유아들이 성취한 과학적 기능, 활동이나 프로젝트에 대한 보고서, 과학 영역의 참여 정도 등에 대한 모든 기록을 평가 자료로 수집해야 한다. 이러한 자료를 토대로 포트폴리오 평가는 각 유아가 수행해 온 과학활동의 전반적인 사항을 보다 잘 이해할 수 있도록 도움을 준다(이영석, 이정화, 2000).

린드(Lind, 1996)에 의하면 과학 영역의 포트폴리오 평가는 다음의 단계를 거쳐 이루어진다.

- **첫째, 활동 및 프로젝트에 대한 평가 문항을 만든다.** 평가문항은 평가될 포트폴리오의 속성을 규정해 줄 일반적 진술의 형태로 이루어진다. 다시 말해, 교사가 지금 현재 유아들이 하고 있는 활동이나 프로젝트에 있어서 중요하다고 생각되는 특성들을 뽑아서 나열하는 것이다. 평가 항목을 만들 때 주의해야 할 것은 각 항목의 기술이 획득되었느냐 아니냐 하는 것보다는 [표 7-8]과 같이 유아들의 이해 정도를 평가할 수 있는 문항이 되어야 한다는 것이다.

표 7-8 | 포트폴리오 평가 문항의 예

포트폴리오 수행 과정 평가			
시행연도(　　　　　　년)	명확하게, 지속적으로 나타난다.	나타나기 시작한다.	거의 나타나지 않는다.
1. 자료를 조직하고 기록할 수 있다.			
2. 탐색 및 분석을 한다.			
3. 문제해결을 위해 구체적 자료를 사용한다.			
4. 조사활동 등을 통해 개념들을 익힌다.			
5. 지속적이고 융통적이며 자기 주도적이다.			
6. 협동하여 작업한다.			

표 7-9 | 포트폴리오 등급 준거의 예

등급	등급 준거
4	평가문항에 제시된 특성들이 매우 강하게 나타난다.
3	대부분의 평가 문항에 제시된 특성들이 비교적 일관되게 나타나고 있다.
2	평가 문항에 제시된 특성들이 가끔 보이긴 하지만, 아직 구체적인 아이디어, 개념, 행동 등으로 나타나지 않는다.
1	평가 문항에 제시된 특성들이 아직 나타나지 않고 있다.

✚ 둘째, 문항 평가를 종합하여 각 포트폴리오 작품에 대한 개괄적 의견을 기술한다.

✚ 셋째, 각 포트폴리오 작품을 [표 7-9]와 같이 숫자나 글자 등으로 점수화(또는 등급화)할 수 있다. 그러나 점수화하여 표기하기를 원치 않을 경우 이 단계는 생략할 수도 있다.

보통 과학 영역에서의 포트폴리오 평가는 과학활동에 대한 성취 이외에도 참여와 열의의 정도, 관심 영역, 활동에 대한 즐거움 등도 함께 평가한다. 따라서 유아들의 과학적 태도에 대한 교사평정 체크리스트 등이 포트폴리오 평가에 포함되는 것이 좋다. 과학적 행동과 태도는 주어진 주제의 적절한 성취뿐만 아니라 유아들이 과학에 대해 갖는 태도 형성에도 크게 도움을 주기 때문이다(김옥경, 2000).

유아를 위한 과학활동에 포함될 수 있는 기본 내용과 기초적인 과학 기술을 살펴보는 것은 포트폴리오 평가의 목적 및 평가 준거를 명확하게 하는 데 도움을 준다. 2015년에 개정된 유치원 교육과정은 유아기에 다루어질 수 있는 자연탐구영역 내용으로 호기심을 유지하고 확장하기, 탐구 과정 즐기기, 탐구 기술 활용하기, 물체와 물질 알아보기, 생명체와 자연환경 알아보기, 자연현상 알아보기, 간단한 도구와 기계 활용하기 등을 제시하고 있다(교육부, 2015).

유아들에게 적합한 과학적 기초 기술을 정의하는 데는 학자들마다 약간의 차이가 있다. 예를 들어, SAPA(Science – A Process Approach) 교육과정은 관찰, 분류, 시 · 공간 관계 사용, 숫자의 사용, 의사소통, 측정, 예상, 추리 기능을 제시하고 있다(김미경, 1998 재인용). 그러나 여기서는 상호 작용적 교수법의 교수 단계에서 이미 살펴본 바와 같이 관찰, 비교, 분류, 측정, 예상, 추리, 의사소통을 과학적 기초 기술이라고 본다.

1. 포트폴리오 평가내용

위에서 살펴본 바와 같이 포트폴리오 평가는 크게 2가지로 나누는데 먼저 포트폴리오 작성의 중심이 되는 유아 자신의 기여도이며, 다음은 교사의 기여도이다(Martin, 1997).

따라서 유아들의 포트폴리오는 그들의 노력, 흥미, 발달 등을 총체적으로 보여 주는 것이므로 다음의 [표 7-10]과 같은 준거에 의해서 평가하는 것이 바람직하다.

표 7-10 | 포트폴리오 평가내용

	유 아	교 사
선 택	• 나타내고자 하는 것을 제대로 선택했는가? • 선택된 것은 유아의 생각을 나타내고 있는가? • 선택된 것은 유아의 상징과 발전을 잘 나타내고 있는가?	• 탐구기술 평가 • 탐구 평가 • 내용 평가 • 면담기록 • 관찰기록 • 활동 평가 • 유치원 활동 평가
반 성	• 설명은 논리적인가? • 나타내려고 하는 것을 잘 나타내고 있는가? • 종합적으로 유아의 과학적 활동의 질을 정확히 나타내고 있는가? • 유아 스스로 활동과정을 이해하고 있다는 증거가 보이는가? • 취약한 부분을 이해하기 위해 노력한 것이 나타나는가?	
기 술	• 순서가 있는가? • 활동 내용에 명칭이 있는가? • 구성이 순조로운가?	

2. 포트폴리오 평가의 유의점

여기서는 포트폴리오 평가 활용 시 유의해야 할 점들에 대해 간략히 살펴보기로 하겠다(이영석, 이정화, 2000).

✚ **첫째, 교사들이 포트폴리오 평가를 처음으로 실시해 본다면, 처음에는 작은 규모로 시작하는 것이 좋다.** 다시 말하면, 유아들의 전반적인 탐구 영역을 모두 모니터하기보다는 한 가지 특정 영역을 선택하여 시작하는 것이 바람직하다는 것이다. 평가 영역을 너무 광범위하게 선정할 경우 평가 작업 그 자체가 교사들에게 큰 부담이 될 수 있기 때문이다.

✚ **둘째, 교사들은 유아들의 포트폴리오에 대해 반드시 피드백을 해 주어야 한다.** 유아가 잘 하는 것뿐만 아니라 좀 더 향상이 필요한 것 등에 대한 교사의 해석을 들려주거나 기록화해서 전해 줄 필요가 있다. 이러한 과정을 통해 교사–유아 간 의사소통이 향상되고 유아들이 자신이 모은 자기 작품에 반성적 사고를 할 수 있게

된다. 포트폴리오 체제에서는 유아와 교사가 늘 함께 일하고, 반성적 사고를 하여, 함께 평가한다.

✚ **셋째, 포트폴리오 평가 방법은 많은 장점을 가지고 있는 것이 사실이나 다른 한편, 문제점과 단점도 가지고 있다.** 우선 평가를 사용하는 데 드는 비용이 표준화 검사보다 2~3배가 비싸다는 점이다. 평가를 준비하고 교육 방법을 수정하는 데 많은 시간이 소요된다는 점도 단점이다. 또한 심리측정 능력이 전통적인 표준화 검사와 어울리기 어렵기 때문에 일반화가 어렵다는 점도 있다. 평가의 신뢰도와 타당도가 결여되어 있다는 점, 유아들의 사회적 배경, 성 등에 관한 편견이 작용할 수 있다는 점들도 문제점으로 지적되고 있다(박영충, 1997 재인용). 그러므로 포트폴리오 평가를 실시하고자 할 때에는 이러한 문제점 및 단점을 잘 숙지하고 그에 대처하는 자세가 필요하겠다.

✚ **넷째, 포트폴리오 평가는 표준화 검사처럼 일순간에 이루어지는 것이 아니다.** 그보다는 오랜 시간에 걸쳐 지속적으로 이루어진다는 점, 평가하는 데 소요되는 시간이 길다는 점을 감안하여 사전에 평가 항목 및 평가 일정 계획을 꼼꼼히 준비해 두는 것이 필요하다. 즉 학기 초, 학기 중간, 학기 말로 나누어 어떤 항목의 포트폴리오를 수집할 것인지, 시간의 차이를 두고 반복적으로 수집할 항목과 한두 차례로 끝낼 항목은 어떤 것인지를 선택해야 한다. 그리고 각 항목마다 수집의 최적 시기는 언제인지, 평가를 통해 의사결정을 하는 시기는 언제가 좋을지 등에 관한 계획을 구체화한다면 효과적인 포트폴리오 평가를 할 수 있게 될 것이다. 그러나 정기적인 교사-유아 간의 만남에 따라 포트폴리오의 선택 항목 및 시기 선정에 있어 변화의 여지가 있으므로, 융통성 있는 계획을 세우는 것이 좋다.

교사는 유아들의 지식 및 능력에 관해 잘 이해하고 있을 때 더욱 적절한 교수-학습 방법을 모색할 수 있다. 과학활동의 포트폴리오 평가는 유아들의 현재 능력이나 지식 그 자체에 대한 정보를 얻고자 실시하는 것이 아니다. 그보다는 유아들의 과학적 인지발달 및 성장 내용의 재검토, 추가 탐구과정을 위한 심화 및 보충활동, 더 많은 노력이나 수정이 필요한 영역의 확인 및 지원 등에 대한 정보를 얻고자 실시한다는 점을 주의해야 겠다[그림 7-5].

그림 7-5 ❙ 포트폴리오는 과학에 대한 유아의 성장 내용에 따라 적절한 교수 방법을 제공하기 위한 것이다.

05 환경평가

교실 환경을 안전하게 조성하는 일은 과학활동을 주관하는 교사의 가장 중요한 역할이다. 따라서 유아들의 탐구활동을 제한하지 않으면서 실내 · 외 환경을 안전하게 유지하여 위험을 최소화할 수 있는 방법이 연구되어야 한다[그림 7-6].

다음은 유아들의 안전을 위한 환경평가에서 고려해야 할 구체적인 사항들이다(권영례, 박영충, 2000; Brewer, 1995).

그림 7-6 ❙ 식당의 환경은 안전뿐 아니라 건강과 영양이 충족되는 곳이어야 한다.

1. 실내 환경의 안전

- 유아들의 특성을 이해해야 한다. 유아들은 위험을 즐기는 경향이 있다. 일이 발생하기 전에 일어날 가능성이 있는 문제들을 예상할 수 있어야 한다.
- 유아들의 실험 · 활동이 적절하게 진행될 수 있도록 교실 환경을 깨끗이 정리하고, 활동 내내 또는 실험 내내 유아들을 주의 깊게 감독한다.
- 아무리 사소한 사고나 상처도 즉시 교사에게 보고하도록 한다.
- 실험 중 교실에서 뛰지 않도록 한다.
- 실험 수행 전후 손을 씻고 실험이 완전히 끝난 후 깨끗이 정리정돈한다.
- 실험을 수행하면서, 사용한 자료들을 정리하고 적절히 보관할 수 있을 만큼 충분한 시간을 계획한다.

- 교사가 하는 모든 주의사항을 잘 듣도록 한다.
- 교재 · 교구는 적절하게 보관해야 한다. 위험한 교구는 교실에 노출된 채 두지 말아야 한다.
- 교재 · 교구를 취급하기 전에 발생 가능한 위험을 잘 알아둔다.
- 실험 시 집단의 크기는 혼란이나 사고 없이 안전하게 실험이 수행될 수 있을 만큼만 허용한다.
- 교사는 안전하게 행동하고 보안용 안경 같은 필요한 보호장비를 사용함으로써 유아들에게 긍정적인 역할 모델이 되도록 한다.
- 활동을 시작할 때 유아들에게 위험에 대한 주의를 환기시킨다. 그리고 준비된 자료를 재차 조사한다. 유아들이 기록할 수 있도록 격려하고 만일 위험한 상황이 발생하면 관리자에게 즉시 보고하여 상황이 바르게 수정될 수 있도록 설명한다.
- 유아들이 교실바닥에 떨어뜨린 종이나 다른 어떤 물건을 반드시 줍도록 상기시킨다. 이렇게 함으로써 유아들이 미끄러지거나 넘어지는 것을 방지할 수 있다.
- 흘린 액체는 즉시 닦는다. 타일 바닥이 젖어 있으면 매우 미끄럽다.
- 깨진 유리조각을 쓸어 담기 위해 빗자루나 쓰레받기가 항상 준비되어 있어야 한다.
- 불을 사용하는 경우에 특히, 안전교육을 강조하고, 소화기의 사용법을 환기시킨다.
- 화학약품은 '단지 무슨 일이 일어날까?' 하는 호기심 정도라도 절대 섞어 보지 못하도록 가르쳐야 한다. 또한 필요한 최소의 양만 교실 안에 둔다.

2. 교재 · 교구 환경의 안전

- 모든 교구 및 재료는 위험성이 있다는 것을 인식시킨다. 유아들과 활동하기 전에 반드시 미리 실험해 본다.
- 세제를 쓸 때는 반드시 계량스푼을 사용한다.

- 풀, 마커, 매직펜 등은 수성이면서 무독성인 것을 사용한다.
- 가위, 칼 등 날카로운 물건을 조심스럽게 다루도록 한다. 특히, 어린 유아는 끝이 둥근 가위를 사용하도록 한다.
- 유리제품은 조심스럽게 잡는다. 거울, 프리즘, 날카로운 모서리가 있는 제품을 사용할 때 상해 방지에 유의한다.
- 입안에 어떤 물건도 넣지 않도록 한다. 클립, 작은 블록, 구슬 등은 삼킬 위험이 있다.
- 실험 자료 중 교사가 허락하기 전에는 어느 것도 맛보거나 먹어서는 안 된다.
- 실험에 사용된 용기를 이용하여 아무 것도 마시지 못하도록 한다.
- 뜨거운 물건을 다룰 때는 특히, 주의가 필요하다. 만질 때는 두꺼운 장갑이나 패드를 사용하고 활동 시 교사의 지도 · 감독이 필요하다.
- 건전지에 철사를 연결하지 못하도록 한다. 화상의 위험이 있다.

3. 동물 · 식물의 안전

- 유아나 동물 어느 쪽도 상해를 입지 않도록 각별히 유의한다.
- 포유류는 자신의 새끼를 보호하기 위해 물거나 할퀴거나 발로 찬다. 따라서 교실에서는 토끼, 쥐, 햄스터, 기니아 피그 등의 작은 동물이 적절하다. 단, 동물들이 음식을 먹을 때는 절대 방해해서는 안 된다.
- 질병이 있는 야생동물이나 질병을 옮길 가능성이 있는 동물은 절대 교실에 가져오지 못하도록 한다.
- 동물들이 살 수 있는 적절한 우리를 제공한다[그림 7-7]. 동물들은 청결하게 유지되고 전염되지 않도록 하여 안전하게 닫혀진 우리 속에 있도록 해야 한다. 주말이나 공휴일에 돌봐 줄 사람도 반드시 정해야 한다.
- 동물들을 절대로 괴롭히지 말고 철망 우리 안에 손가락이나 물건을 넣지 않도록 한다.
- 동물에게 물렸거나 할퀴었을 때는 즉시 교사에게 알리도록 한다.

그림 7-7 ❙ 동물의 생김새는 생태계의 환경과 관계가 있다.

- 동물들을 다룰 때는 두꺼운 장갑을 사용하고 동물을 다루기 전후에 반드시 손을 씻도록 한다.
- 친숙하지 않거나, 낯선 동물을 관찰할 때는 만지거나 집어들지 않도록 한다.
- 탐색에 사용되는 식물은 교사가 잘 아는 것이어야 한다.
- 식물의 어느 부분도 절대 입에 넣지 않도록 하고, 피부에 수액을 바르지 않도록 한다.
- 유아들이 어떤 식물에 알레르기 반응을 나타내는지 알도록 한다.
- 식물을 만진 후 손을 씻지 않은 채 절대 먹지 않도록 한다(식물의 어느 부분은 대체로 독이 있는 경우가 있다).
- 만지면 안 되는 독성 식물 : 독 있는 아이비, 옻나무, 독 참나무 등
- 먹으면 안 되는 독성 식물 : 독버섯, 백부자, 아마릴리스, 삿갓풀, 싸리풀, 장녹, 쑥국화, 디키타리스, 독말풀 등
- 수액에 독이 잇는 식물 : 협죽도, 능소화 등[그림 7-8]

- 일반 가정용 식물에도 독이 있다는 것을 알아야 한다.
- 과학기구 및 자료상에서 구입한 곤충들은 밖에 방치해서는 안 된다. 많은 곤충이나 작은 벌레는 다른 동물의 먹이로 사용될 수 있다. 죽이거나 버려야 할 경우 플라스틱 용기에 넣어 얼린 후 버린다.

그림 7-8 ❙ 유아교육기관의 주변에 있는 식물은 독성이 없어야 한다.

4. 실외 환경의 안전

- 교사의 개인적 경험으로 잘 알고 있더라도 탐색활동 장소는 유아들과 같이 선택한다.
- 그 지방에서 자라는 식물 중 어느 것이 독성인지 대학이나 전문기관에 문의한다.
- 무엇을 볼 것인지, 각각의 장소에서 얼마나 오래 시간을 보낼 것인지, 장소를 옮길 때는 얼마나 걸리는지 알아둔다.

- 방문에 앞서 미리 관련된 활동을 계획한다.
- 견학하는 동안 유아들로 하여금 질문하고 보고 발견하도록 격려한다.
- 그룹으로 나뉘어졌을 때 다시 모이는 장소, 시간에 대한 계획 등 안전규칙을 재검토한다.
- 교사들 간에 안전과 상호 책임을 명확히 하기 위해 팀 체제를 확립한다.
- 물리적 경계와 시간적 한계를 분명히 설정한다.
- 응급처치기구를 가져오고 비상운송을 위한 현금을 준비하고 비상연락망을 갖춘다.
- 유치원에서는 견학 장소의 전화번호를 가지고 있어야 하며 만일 도움이 필요하면 누구에게 연락할 것인지 알아둔다.
- 관리자와 부모의 허락을 미리 받는다(부모허락서와 교통수단 계획).
- 긁힘, 물림, 혹은 식물 독의 위험을 방지하기 위하여 긴 팔 셔츠와 긴 바지를 입힌다[그림 7-9].
- 사전에 각 가정에서 준비해야 할 자세한 의복, 장비 목록을 보낸다.
- 집단의 크기에 따라서는 부모자원봉사자를 동반하는 것이 좋다.

그림 7-9 ❙ 실외환경은 다양한 과학활동의 기회를 제공하지만 안전에 주의하여야 한 다.

연습문제

1. 다음의 (　　　)에 알맞은 단어를 써서 완성해보세요.

1) 상호작용적 교수방법의 특징은 유아 스스로 관찰, 측정, (　　　　), 의사소통 등의 구체적 과정을 직접 경험하는 것이다.

2) 유아 과학활동은 (　　　　　) 방법으로 이루어져야 한다.

3) 교사는 유아들에게 질문을 할 때 유아의 능력, 지식, (　　　　), 기술 수준의 개인차를 고려해야 한다.

4) K-3학년의 과학 기술에 대한 유형은 관찰, 비교, 분류, 측정, (　　　　), 추리, 의사소통이다.

2. 다음의 상호작용적 교수법단계에 (　　　)을 채워서 완성해 보세요.

5)
1. 사전활동단계
1) 주제의 선정
2) 주제의 (　　　　)
3) 탐구활동

6)
2. 질문단계
1) 유아들의 (　　　　)
2) 조사를 위한 질문 선택

8)
3. 탐구 · (　　　　) 단계
조사를 위한 계획 및 실행

7)
4. (　　　　) 활동 단계
1) 발표
2) 평가

3. 다음의 문장을 읽고 맞으면 O, 틀리면 X 하세요.

1) 자연친화적 탐색자료는 주변에서 볼 수 있는 자연자료를 말하는 것이다(　　).

2) 물리적 환경구성은 유아의 신체크기, 건강, 안전, 편리함, 융통성이 고려되어야 한다 (　　).

3) 과학탐구의 평가는 판단 유보의 행동도 포함한다(　　).

4) 포트폴리오 평가내용은 선택, 반성, 평가이다(　　).

정답 : 1. 1) 분류, 2) 통합적, 3) 흥미, 4) 예상
2. 5) 명료화, 6) 질문, 7) 조사, 8) 사후,
3. 1) X, 2) O, 3) O, 4) X

학습후

담당교수		교과목명	
학번		이름	

진단영역		진단문항	매우 미흡	미흡	보통	우수	매우 우수
탐구활동	탐구 기술평가	• 나는 유아 개개인이 자신에게 필요한 탐구과정의 기술을 계발할 수 있는 환경을 제공할 수 있다.					
	탐구 능력평가	• 나는 유아가 과학탐구과정에서 제기한 부가적인 문제를 탐구할 수 있도록 심화된 탐구활동을 계획할 수 있다.					
	탐구 태도평가	• 나는 유아가 탐구과정에서 탐구하는 태도를 격려할 수 있다.					
	포트폴리오 평가	• 나는 포트폴리오 평가를 통해 유아에게 필요한 영역의 확인 및 지원 등에 대한 정보를 얻을 수 있다.					
	환경평가	• 나는 유아의 환경(실내 · 외, 동 · 식물)을 안전하게 관리할 수 있다.					
예시		• 탐구기술평가를 위한 채점표 활용해 보기 • 포트폴리오 수행과정평가를 활용하여 등급나눠 보기 • 교재 · 교구 안전 환경 기준 설정해 보기					

진단결과

진단영역		문항수	점수	점수÷문항수
탐구활동	탐구기술평가	1		
	탐구능력평가	1		
	탐구태도평가	1		
	포트폴리오평가	1		
	환경평가	1		
합계		5		

PART Ⅳ

유아과학교육의 실제 내용과 방법

산업혁명이후 과학기술의 발전은 21세기에 진입함과 동시에 인공지능(Artificial Intelligence)의 시대를 열게 되었다. 이것은 인공지능(AI)으로 말미암아 지금까지 인류가 유지해왔던 모든 종류의 과학적 기술과 방법을 송두리째 바꿔놓게 되었다는 것을 의미한다. 따라서 인류는 인공지능이 탑재된 기계와 경쟁하면서 인공지능의 지배를 받게 될 것이라는 두려움 섞인 염려를 하게 되었다.

그러나 인공지능이 지배하게 된 21세기라 할지라도, 유아과학교육은 여전히 유아가 실제생활 환경인 자연에 대해 탐구하는 과정을 통해 과학적 개념과 창의적 문제해결능력을 습득한다는 사실에 주목하고 있다.

따라서 PART Ⅳ에서는 유아들에게 직접적인 환경이 되는 계절의 특징을 구체적으로 살펴 보고, 탐구활동의 실제를 통해 생물, 무생물 기상, 공간, 감각 등의 프로젝트에 대한 실제 활동 내용을 알아보고자 한다.

학습목표

1. 4계절의 특징을 감각적 특성, 놀이, 직업 등을 통해 이해할 수 있다.
2. 생물, 무생물, 기상, 공간, 감각 등의 프로젝트를 통해 교육목표, 주제, 교수개념, 활동경험을 조직할 수 있다.
3. 주제 중심 프로젝트를 통해 교사의 질문방법을 이해할 수 있다.

주요 용어

계절의 특성, 지형적 특징, 감각적 특성, 탐색, 관찰, 비교, 분류, 측정, 예상, 추리, 의사소통

chapter 8

계절의 특징

우리는 흔히 과학이라면 어떤 특정한 자료를 가지고 특정한 과학적 결과를 얻기 위한 실험장치를 연상한다. 그러나 자연은 우리 인간이 속해 있는 우리의 환경이며, 모든 과학은 자연에서 출발하여 자연을 이해하고 그 속에서 자연적인 기술을 이용하여 "과학을 하는 것"이다. 그러므로 유아들에게 과학이란 자연을 탐구하고 이해하는 과정 그 자체인 것이다.

따라서 유아를 위한 과학활동은 실제 생활과 밀접한 관계를 가지고 있다. 특히, 날씨의 변화(비, 구름, 빛의 반사, 강우량, 폭풍우, 온도, 눈, 우박, 공기, 바람, 습도, 건조 등)는 유아들로 하여금 과학과 실제 생활을 연계하여 일상생활 속에서 과학적 원리를 쉽게 발견하고 이해할 수 있도록 한다.

본 장에서는 계절의 특징을 생활환경과 상호작용적 측면에서 살펴본 다음, 이에 기초하여 과학활동의 실제를 예시하고자 한다.

능력단위(분류번호)	과학교육의 실제 내용과 방법(0701040106-13V1)	
능력단위요소	계절의 특징에 따른 환경구성(0701040106-13V1.3)	
학습목표(수행준거)	• 계절의 특징과 특성을 파악할 수 있다. • 계절과 연관된 사람, 동물, 식물, 음식 등의 특징을 이해한다.	
지식(Knowledge)	기술(Skill)	태도(Attitude)
• 봄, 여름, 가을, 겨울의 특징(계절적 특징, 놀이, 직업, 음식, 공휴일 등)	• 계절에 따른 식물의 특성 비교 능력 • 계절에 따른 감각적 특성 비교 능력 • 계절에 따른 곤충과 짐승의 변화비교	• 계절에 따른 의복의 중요성을 인식하는 태도 • 계절에 따른 기상변화를 탐구하는 태도 • 계절에 따른 감각적인 변화에 대한 관심
수행내용	• 봄의 특징 • 여름의 특징 • 가을의 특징 • 겨울의 특징	

출처 : 국가직무능력표준(www.ncs.go.kr)

01 봄

더운 바람과 찬 바람의 방향이 바뀌는 봄의 계절은 봄비와 바람을 관찰하기 쉽고, 산과 들, 심지어는 도심의 아스팔트 또는 보도블록 사이에서도 강한 생명력을 가지고 돋아나는 풀과 야생화, 특히, 민들레 등은 유아들에게 자연을 탐색할 수 있는 다양한 기회를 제공한다.

예를 들면 바람의 변화와 상태를 관찰하기 위해 여러 종류의 씨앗을 날려보면서(털이 달린 씨앗, 팔랑개비모양의 씨앗, 둥근 씨앗, 납작한 씨앗 등) 이러한 씨들이 얼마나 높이, 얼마나 빠르게, 그리고 얼마나 멀리 날아가는지를 관찰할 수 있다.

또한 우리가 흔히 볼 수 있는 깃발 또는 천으로 만든 선전포스터들이 바람에 나부끼면서 어떤 소리가 나며, 어떤 방향으로 날리고 있는지 그리고 얼마나 세게 나부끼는지 등을 관찰할 수 있다. 냇가에서는 개구리 알을 관찰하고, 송사리, 피라미 등의 각기 다른 종류를 분류하고, 이들의 특징에 따라 헤엄치는 방법과 속도 등을 측정할 수 있다.

또한 이른 봄에서부터 늦여름까지 푸른 초원을 더욱 아름답게 해 주는 민들레를 관찰하면서 유아들은 민들레의 뿌리, 줄기, 잎 모양의 특징을 이해할 수 있고, 민들레의 씨가 바람에 날려서 씨앗을 퍼뜨리는 풍산종자라는 것을 알게 된다. 또한 클로버, 질경이, 잔디 등과 민들레가 어떤 점이 비슷한지 또는 다른지를 판별할 수 있게 된다.

특히, 봄비 오는 날 창문에 부딪히는 빗방울의 모양을 보면서 떨어지는 빗방울의 모양, 크기, 색깔, 움직임 등을 관찰할 수 있다. 그리고 빗방울의 모양을 보고 바람의 방향을 예상하고, 비가 빨리 내리는 곳이 어디인지도 예상할 수 있으며, 나뭇가지에 떨어진 물방울도 셀 수 있다. 더욱이 비 내리는 동안 하늘을 쳐다보며 환상적으로 움직이는 빗줄기를 감상하는 것은 자연의 경이를 느낄 수 있는 또 다른 좋은 프로그램이 될 수 있다.

따라서 새 생명이 살아 움직이는 봄이야말로 유아들에게 살아 숨쉬는 과학을 직접 탐색할 수 있는 풍성한 계절이다.

1. 봄의 특징

1) 봄은 그 나름대로의 특성을 가지고 있다

① 겨울과 여름 사이의 계절로서 천문학적으로는 춘분(3월 22일경)~하지(6월 22일경) 전까지이며, 24절기로는 입춘(2월 4일경)~입하(5월 6일경) 전까지를 봄이라고 하지만, 일반적으로 기상학적인 분류에 따라 3, 4, 5월을 봄이라고 한다.

② 따뜻하고 때때로 습기가 있거나(봄비), 바람이 불기도 하고(꽃샘바람), 음산하기도 하고(춥고 흐림) 건조하기도(가뭄)하다. 그러나 대부분의 날은 화창하고 건조하다.

③ 활기차고, 꿈틀거리고, 바삐 움직이고, 집과 마당이 따뜻하고, 식물들이 자라고, 푸르고, 새롭게 성장하고, 새들이 지저귀고, 눈이 스스로 녹아 버리고, 꽃이 만발하고, 사람들은 밝은 색상의 옷을 입는다[그림 8-1].

그림 8-1 ❙ 봄은 만물이 소생하는 희망의 계절이다.

2) 봄은 감각적인 특성을 지닌다

① **소리** : 유아들이 밖에서 뛰어노는 소리, 롤러스케이트, 롤러브레이드, 스케이트보드, 새들의 지저귐, 바람, 비, 꿀벌들, 밭 가는 기계, 모터사이클, 기계로 쓰레기를 치우는 인부들의 소리 등

② **시각** : 밝고 어두운 웅덩이, 잔디의 성장, 갓 태어난 동물들, 나무들의 성장, 꽃, 집이나 마당을 청소하고 있는 사람들, 밖에서 놀고 있는 유아들, 얼음이 사르르 녹는 장면, 황사 현상, 아지랑이, 팔랑거리는 나비, 분주히 움직이는 벌레 등

③ **냄새** : 비, 대지와 흙, 봄에 피는 꽃, 들의 풀, 딸기, 연못, 냇가의 이끼, 깨끗하게 치운 집(봄 대청소), 냇물, 거름, 신선한 공기 등

④ **촉각(느낌)** : 아침, 저녁의 쌀쌀한 기온, 한낮의 따뜻함, 차가운 봄비, 풀, 대지, 그리고 흙들의 촉감(잡초를 뽑아서 정원 꾸미기) 등

⑤ **맛** : 아이스크림, 신선한 야채, 신선한 딸기, 봄나물, 쑥국, 쑥떡, 햇김치 등

3) 사람들은 봄을 대비해서 자동차, 집, 옷, 마당을 다양한 방식으로 정리한다

① **자동차** : 스노우타이어와 체인은 치우고, 에어컨을 점검한다.

② **의복** : 겨울옷은 치우고 봄과 여름옷을 구입하거나 보관된 것을 꺼내 놓는다. 장화와 비옷도 정리해둔다.

③ **집** : 벽을 닦거나 창문, 마루, 장롱과 같은 곳을 깨끗하게 하고 집안에 둘 것과 버릴 것을 분류한다.
(실외를 청소한다) 화단은 정비하고 꽃을 다시 심거나 혹은 분갈이를 하고 나무를 말끔하게 손질하고 잔디에 비료를 주거나 흙 갈이를 하고, 집 밖을 칠하거나 눈삽과 기구들을 보관하고 정원용구를 손질한다.

4) 봄의 동물들은 새 생명을 준비한다

① 많은 동물들이 동면에서 깨어난다. 새들도 돌아오고, 아기 동물들도 태어나고, 두꺼운 털도 벗기 시작한다.

② 농장에서 일하는 동물들은 일하러 나오고, 양들은 뿔을 자르고, 새들은 둥지를 틀게 된다.

5) 봄의 식물들은 바쁘다

① 겨울 동안 동면한 식물에서 새싹이 돋고, 꽃이 피며, 나뭇잎이 자라기 시작한다. 버들가지가 돋아나기 시작하며, 수선화, 튤립과 같이 동면하던 식물들도 땅 속에서 뾰죽히 고개를 내밀게 된다.

② 일단 서리가 지났다고 생각되면 실내의 나무들을 실외로 옮겨 놓아도 된다. 높은 나무 위의 새집과 새들도 볼 수 있다. 과실수의 싹도 무성해지고, 꽃과 채소들도 자라게 된다[그림 8–2].

농부들은 채소와 곡식, 그리고 동물들의 먹이를 기른다.

그림 8–2 ❙ 봄은 새 생명이 움트는 신비한 계절이다.

6) 봄과 관련 있는 직업들이 있다

도시청소인부, 정원사, 건축인부, 농부, 전문적 카펫이나 담요 세탁사, 종묘상 등이 있다.

7) 봄에 할 수 있는 놀이들은 특별하다

모래놀이, 자전거 타기, 롤러스케이트, 롤러브레이드, 줄다리기, 그네뛰기, 숨바꼭질, 씨름, 땅재먹기, 스케이트보드, 야구, 공기놀이, 고무줄, 줄넘기, 낚시, 테니스, 그리고 소풍 등이 있다.

8) 봄의 특색이 있는 음식은 산뜻하다

신선한 야채, 신선한 딸기, 쑥떡, 냉이국, 미나리 나물, 찔레꽃떡, 망개떡, 화전, 달래와 냉이 나물 등이 있다.

9) 봄의 공휴일

식목일, 어린이날, 어버이날, 스승의 날, 부부의 날, 사월초파일, 노동절 등이 있다.

02 여름

우리는 흔히 여름을 작열하는 태양의 계절 혹은 바다로 향하는 피서의 계절이라고 한다. 따라서 오래 전부터 여름바다는 유아과학 프로그램에서 주목을 받아 오고 있다. 또한 대부분의 식물은 봄부터 이른 여름에 걸쳐 꽃을 피우고 여름 동안 그 결실을 충실하게 살찌운다. 또한 우리나라의 지형적 특징에 따른 장마와 태풍은 유아들에게도 매우 친근하다. 유아들은 냇가에서 물장구치는 동안 개흙과 모래의 다른 점을 발밑에서 느끼고 수초에 얽힌 다리의 촉감을 언어로 표현하게 된다. 냇가 혹은 강가에서 볼 수 있는 다양한 돌의 모양, 색, 무게, 크기를 관찰하고 비교하고 분류하면서 광석에 대한 기초적인 개념을 이해할 수 있다.

바닷가에서 유아들은 또한 물새(갈매기 등), 조약돌, 조개 등이 사는 환경을 탐색해 볼 수 있으며, 파도를 보면서 파도의 부서지는 모양, 색, 파도의 그림자, 조류의 방향

등을 관찰할 수 있다. 또한 갈매기의 먹이, 소리, 걷는 모습의 특징, 발자국 모양, 날아가는 속도 등을 관찰하여 그 특징을 도요새의 특징과 비교해 볼 수도 있다. 그리고 바닷가에서 흔히 볼 수 있는 불가사리, 조개, 참게, 홍합, 해초 등에 대해서도 다양한 방법으로 관찰하고 이것들의 특징을 비교 · 분석할 수 있다.

그리고 7~8월의 한 여름에 꽃을 피우고 열매를 맺는 봉선화, 백일홍, 과꽃 등과 같은 일년생 꽃들을 관찰하면서 여름식물들의 특징에 따른 생장조건, 모양(꽃, 잎, 줄기, 뿌리 등), 이용방법 등을 아주 자연스럽게 비교하고 이해하게 된다. 또한 고구마, 감자, 양파 등의 수확을 통해서 이러한 종자의 증식방법, 생김새, 맛 등을 탐색해 보고 흙과의 관계를 살펴볼 수 있다.

또한 이러한 수확 과정에서 사용되는 연장과 농기계 · 기구에 대해서도 탐색할 수 있는 기회를 가질 수 있다. 여름의 자연환경은 유아들에게 강렬한 호기심을 느끼게 해 주는 다채로운 계절이다.

1. 여름의 특징

1) 여름은 나름대로의 특성을 가지고 있다

① 봄과 가을 사이의 계절로서 천문학적으로는 하지(6월 22일경)~추분(9월 23일경) 전까지이며, 24절기로는 입하(5월 6일경)~입추(8월 8일경) 전까지를 여름이라고 하지만, 일반적으로 기상학적인 분류에 따라 6, 7, 8월을 여름이라고 한다.

② 더운 열기, 습기, 나른함, 쨍쨍 쬐는 햇빛, 건조함, 짙은 초록색, 꽃이 만발한 정원, 얇고 가벼운 옷, 땀, 그리고 바삐 움직이던 사람들이 휴가를 간다[그림 8-3].

2) 여름은 감각적인 특성을 지닌다

① **소리** : 농기계, 모터사이클, 소쩍새, 물뿌리개, 하이킹, 쏟아지는 빗물, 계곡물, 퍼레이드, 소방차, 새, 매미, 밖에서 노는 유아들, 선풍기, 자동차 소리 등이 창

그림 8-3 | 여름은 곤충의 계절이다.

문을 열어 두기 때문에 더 크게 들린다.

② **시각** : 야영객, 보트, 옷을 거의 걸치지 않은 사람과 휴가 중인 사람들, 낚시, 얼음, 아이스크림, 하이킹하는 사람들, 정원, 꽃, 나뭇잎, 축제, 햇볕에 태운 피부, 초록, 땀이 자욱 한 사람과 동물들, 물뿌리개, 선풍기, 그리고 냉방기, 선글라스, 수영복 등을 볼 수 있다.

③ **냄새** : 소독약, 해변, 꽃, 햇살, 피부연고, 대지, 풀, 곰팡이, 사람과 동물들의 땀 냄새, 싱싱한 물고기, 모닥불, 신선한 과일과 야채, 야외에서의 숯불구이, 뜨거운 아스팔트, 과열된 자동차, 살충제 등의 냄새를 맡을 수 있다.

④ **촉감** : 풀밭, 모래 혹은 도로에 맨발로 걷기, 여러 벌레들에게 쏘임, 과일, 풀, 채소, 땀이 흐름, 후덥지근함, 끈적끈적함, 시원한 음료수와 얼음, 시원해지는 수영 등의 느낌을 갖는다[그림 8-4].

⑤ **맛** : 시원한 음료, 신선한 과일, 싱싱한 채소, 소풍 가서 먹는 음식, 구운 감자. 아이스크림, 싱싱한 물고기 등의 맛을 볼 수 있다.

그림 8-4 ❙ 무더운 여름날 제일 좋은 피서법은 물놀이이다.

3) 사람들은 그들의 집 밖에서 많은 활동을 하며, 여름에는 더욱더 시원한 옷을 입게 된다. 또한 휴가를 떠나게 된다

① **옷** : 수영복, 뜨거운 여름날에 어울리는 짧고 가벼운 옷, 선선한 저녁에 언덕이나 공원에서 입을 수 있는 얇은 스웨터나 재킷, 특히, 유아들을 위한 신발 또는 샌들

② **집** : 물이 있는 마당이나 정원, 만발한 꽃, 늦여름의 수확기, 잔디 손질하기, 해충 퇴치 또는 잡초 제거, 주택 보수, 방충망 설치, 모닥불, 야외식탁

③ **놀이활동이나 휴가** : 계곡, 공원, 해변, 그리고 실외놀이, 한낮에는 집에서 느긋하고 재미 있게 보내기, 또는 휴가 가기

4) 여름이면, 다른 계절에서는 볼 수 없는 동물들을 많이 볼 수 있다

① 물고기들이 연못이나 저수지에서 뛰어오르고, 곤충들은 어디론가 바삐 움직이며, 박쥐와 불나방은 밤에 볼 수 있으며, 귀뚜라미 소리도 들을 수 있다.

② 가축들이 풀밭이나 산등성이에서 풀을 뜯어먹고 있는 모습을 볼 수 있다. 그리고 애완동물들도 집 주위를 자유로이 다닌다.

5) 식물들 또한 여름에 왕성하게 자란다

① 농부들은 채소를 수확하고 논에 물을 대고 잡초를 제거하기 바쁘다.

② 마당과 정원은 꽃과 푸른 나무 그리고 녹색 잔디들로 아름답다.

③ 과일나무에서는 과일이 자라고, 텃밭에서도 고추, 가지, 깻잎 등의 야채를 수확한다.

④ 늦여름이면 농부들은 곡식, 채소, 그리고 다른 농작물을 수확한다.

6) 여름과 관련 있는 직업들이 있다

청소업체, 정원사, 건축인부, 농부, 보트 · 수영복 제조업자, 튜브 대여업자, 모자 제조업자, 선글라스 제조업자, 우산(양산) 제조업자, 인명구조원, 아이스크림, 빙수 판매원, 관광버스 기사, 농산물 중개상 등이 있다.

7) 여름 특성상 놀이는 특히, 실외에서 이루어진다

대부분의 놀이활동은 휴가 중에 이루어진다. 여름활동으로써 즐길 수 있는 활동들은 소풍, 풀각시 만들기, 풋콩 구워 먹기, 하이킹, 낚시, 수상스키, 보트, 수영, 테니스, 골프, 캠핑, 자전거, 롤러스케이팅, 물 뿌리면서 뛰기, 모래성 쌓기, 물놀이 등이 있다.

8) 여름의 특색이 있는 음식은 시원하기도 하고 영양가도 높다

신선한 과일, 수박, 화채와 다른 시원한 음료, 백숙, 보신탕, 호박전, 밀전병, 밀국수, 신선한 야채, 소풍에서 먹는 음식, 구운 감자, 구운 콩, 아이스크림 콘, 싱싱한 물고기 매운탕 등이 있다.

9) 여름의 공휴일

현충일, 제헌절이 있다.

03 가을

가을은 무성했던 여름을 정리하는 결실의 계절이다. 흐드러지게 떨어지는 가을의 낙엽을 통해 종류, 모양, 색깔, 크기, 냄새 등을 관찰할 수 있고, 수확한 가을의 곡식을 통해 형태, 색깔, 촉감, 무게 등의 차이점을 비교 · 분류 · 측정할 수 있다. 또한 추수한 농산물의 무게와 부피의 관계를 예상하고 추리하면서 유아–유아, 유아–교사 간에 원활한 의사소통을 하게 된다.

특히, 가을걷이가 끝난 들판은 유아들에게 다양한 곤충과 들풀들의 겨울준비를 관찰할 수 있는 좋은 기회를 제공한다. 낙엽 덤불, 나무등걸, 모래언덕 속에 있는 다양한 형태의 곤충들을 관찰하면서 이들의 생태를 이해하며 각기 다른 곤충들의 겨울준비를 예측할 수 있다. 여름 내내 한없이 자랄 것만 같던 억새 등과 같은 일년생 들풀들도 제각기 씨를 만들어서 내년을 기약한다. 어떤 씨앗은 둥실둥실 날아가고, 어떤 씨앗은 달라붙고, 또 어떤 씨앗은 튕겨서 날아간다. 이들 종류를 관찰하고 분류하면서 이들 씨앗이 다음해 어느 곳에 가서 새로운 싹을 틔울 것인지를 토의해 보는 것도 유아들에게는 매우 의미 있는 과학활동이 된다.

또한 가을은 동물들의 털갈이 계절이다. 개, 고양이, 오리, 닭, 양, 염소 등의 가축은 물론이고, 사슴, 너구리, 늑대, 곰 등의 야생동물들도 아주 가느다란 털이 온몸을 촘촘하게 덮음으로써 겉모습이 몽실몽실해지고 부드럽게 되어 추위를 이기게 된다. 이러한 동물들의 털을 비교하고 관찰하면서 동물들 간의 유사점과 차이점을 발견할 수 있다.

이와 함께 가을 날씨의 온도 변화를 측정하면서 서리가 내리는 현상을 살펴볼 수 있다. 두더지, 지렁이 또는 벌레들의 겨우살이 구멍의 크기, 모양 등을 살펴보면서 그 구멍의 주인이 어떤 종류인지 추리해 볼 수 있으며, 또한 나뭇가지에 붙어 있는 겨우살이 애벌레 집의 모양, 크기, 색 등을 관찰하고 분류하면서 어떤 곤충의 애벌레인지 알 수 있다.

한편 시냇물 속에서 사는 물고기, 곤충, 수초 등의 생물들도 가을에는 그 모습이 달라진다. 이와 같이 가을은 다양하고 풍성한 볼거리를 유아들에게 제공하는 친절한 계절이다[그림 8–5].

그림 8–5 | 가을은 계절의 완성품이다.

1. 가을의 특징

1) 가을은 그 나름대로의 특성을 가지고 있다

① 여름과 가을 사이의 계절로서, 천문학적으로는 추분(9월 23일경)~동지(12월 21일경) 전까지이며, 24절기로는 입추(8월 8일경)~입동(11월 7일경) 전까지를 가을이라고 하지만, 일반적으로는 기상학적인 분류에 따라 9, 10, 11월을 가을이라고 한다.

② 쌀쌀한 날, 한적함, 색(특히, 빨강색, 노랑색, 주황색, 적갈색, 고동색), 추수, 바람, 첫 번째 서리, 낙엽, 겨울을 대비해서 마당과 정원 손질하기, 창문의 문틈 살펴보기, 수도관 살펴보기, 따뜻한 낮과 추운 밤, 짧아지는 낮길이, 마른 나뭇잎, 첫 눈발 등을 볼 수 있다.

2) 가을은 감각적인 특성을 지닌다

① **소리(청각)** : 귀뚜라미 울음소리, 하교하는 아이들 소리, 태풍, 추수하는 농기계, 비 · 바람, 자동차 정비소, 낙엽이 떨어지거나 뒹구는 소리, 운동장에서 떠드는 소리가 여운이 있다.

② **시각** : 단풍잎, 추수, 곡식, 볏단, 낙엽이 떨어지고 뒹구는 모습, 사과, 붉은 고추, 늙은 호박, 감, 곶감, 앙상한 나무, 과일이나 채소의 저장, 재킷이나 스웨터를 입고 있는 유아들

③ **냄새(후각)** : 낙엽, 젖은 나뭇잎, 연기, 가정에서 장아찌 또는 잼 만들기, 고추 말리기, 호박 또는 가지 말리기, 추수, 꿀, 사과, 계피, 짚단, 국화꽃, 상쾌하고 추운 밤, 건초더미, 곶감 말리기

④ **느낌(촉각)** : 쌀쌀한 밤, 상쾌한 바람, 소슬한 바람, 때로는 따스하고 때로는 추운 낮, 낙엽에 뒹굴어 보기, 서리, 털실, 연시와 곶감

⑤ **맛(미각)** : 호박 부침, 배, 감, 사과, 군밤, 군고구마, 토란국, 꿀, 연시, 귤, 송편

3) 사람들은 가을을 대비해 그들의 자동차, 집, 의복 그리고 마당을 손질한다

① **자동차** : 스노우타이어, 체인, 부동액을 점검한다.

② **의복** : 지난해에 보관해 둔 옷을 꺼내 적합한지를 살펴보아 수선할 것은 미리 해두고 새로 구입할 수도 있다. 여름의 가벼운 옷에 비해 따뜻해야 한다. 스웨터, 재킷, 다른 겉옷, 양말, 그리고 신발 등을 준비한다.

③ **집** : 방충망을 걷고, 창문을 빈틈없이 닦는다. 냉방기는 덮어서 보관한다. 난방기는 점검하고 밸브를 교체한다.

④ **마당과 정원** : 낙엽을 치운다. 튤립과 같은 뿌리식물들을 거둔다. 마당에 있는 호스는 치우고, 수도파이프가 동파하지 않도록 밖에 있는 수도는 잠근다. 농산물의 가을 추수와 식품을 보관한다.

4) 곰이나 뱀 같은 동물들은 늦가을이면 동면하기 시작한다

동물들은 털이 무성해지며 가축들은 축사에서 지내게 되고, 철새들은 따뜻한 곳으로 이동한다. 또한 밤, 도토리, 땅콩 또는 다른 먹이를 비축하기도 하며, 어떤 동물들은 겨울을 대비해서 위장하기 위해 털색을 변화시키기도 한다. 유충은 번데기 상태로 있다.

5) 나뭇잎은 색이 변하며, 나무에서 떨어지게 된다

대부분의 나무와 식물들은 씨를 생산해 내며, 또한 식물들은 마르거나 죽기도 한다. 국화와 같은 식물은 가을에 만발한다. 때로는 첫서리로 인해 많은 식물들이 죽기도 한다[그림 8-6].

6) 가을과 관련 있는 작업은 낙엽을 치우고, 마당과 정원을 손질하는 것들이 포함된다

대부분의 작업은 수확기와 관련된다. 농부이 손은 특히, 바빠진다. 가정에서는 과

그림 8-6 ❙ 가을은 추수의 계절이다.

일과 야채를 저장하고, 김장준비를 시작한다.

7) 가을과 관련된 놀이활동

축구, 사과 따기, 고구마 캐기, 낙엽 밟기, 들놀이, 공기놀이, 강강수월래, 도토리 줍기, 밤따기, 등산, 낚시 등이 있다.

8) 가을의 음식은 독특하다

송편, 사과, 꿀, 배, 밤, 귤, 시루떡, 식혜, 팥시루떡, 토란국, 증편, 국화전 등이 있다.

9) 가을의 공휴일

추석, 개천절 등이 있다.

04 겨울

온 세상이 활동을 멈춘 듯한 겨울은 봄을 준비하는 계절이다. 그러나 겨울에도 푸른 침엽수들은 그 종류에 따라서 침엽수의 길이, 침엽수의 모양 등이 다르며, 열매 또한 모양과 크기가 다른 것을 관찰할 수 있다. 따라서 침엽수들을 관찰하면서 잎의 냄새, 나무껍질의 색깔, 나무의 촉감, 솔방울 모양, 나무의 모습 등을 구별하고 그 특징을 알아볼 수 있다.

수북히 쌓인 낙엽 밑을 치우고 그곳의 땅을 관찰하면서 낙엽이 쌓인 곳의 땅과 그렇지 않은 곳의 땅을 비교해서 관찰해 보고 왜 그런지 결과를 유추할 수 있다.

이른 아침 하얗게 서리가 내린 나뭇가지를 만져 보고 그 느낌을 이야기해 보고, 또 서리가 어떻게 녹는지 관찰한다. 또한 흐린 날 구름의 이동과 바람의 방향을 살펴볼 수 있다. 초겨울에 추적추적 내리는 진눈깨비를 관찰하고 함박눈이 내릴 때의 눈 모양과 어떻게 다른지 비교해 볼 수 있다.

또한 눈 내리는 날 눈을 관찰하면서 바람의 방향을 알고, 눈이 많이 쌓인 곳과 적게 쌓인 곳을 측정하면서 그 이유를 알아볼 수 있다. 특히, 흩날리는 눈의 모양을 살펴보고 얼음과 어떻게 다른지 관찰하고 그 이유에 대해서 서로 이야기해 볼 수 있다. 눈 오는 날 창문에 부딪히는 눈을 관찰하면서 눈이 녹는 모습을 관찰하고, 컵에 담아 온 눈과는 녹는 모습이 어떻게 다른지 비교해 보면서 물의 성질을 이해하게 된다. 얼음이 얼면서 팽창하는 것을 관찰할 수 있고 컵에 담아 놓는 물이 서서히 줄어드는 것도 관찰하면서 증발을 알게 된다. 그리고 눈이 녹으면 어떤 일이 일어나는지 살펴보고, 눈이 녹을 수 있도록 그 위에 뿌리는 재료도 알아볼 수 있다.

눈 위에 찍힌 짐승의 발자국을 보고 어떤 종류의 짐승인지, 어느 쪽으로 갔는지 관찰하면서 쫓아가 볼 수 있다.

겨울은 역시 눈과 침엽수의 계절이다[그림 8-7].

그림 8-7 ❙ 겨울의 시작은 흰 눈이다.

1. 겨울의 특징

1) 겨울은 그 자체의 특성을 지니고 있다

① 가을과 봄 사이의 계절로서, 천문학적으로는 동지(12월 21일경)~춘분(3월 22일경) 전까지이며, 24절기로는 입동(11월 7일경)~입춘(2월 4일경) 전까지를 겨울이라고 하지만, 일반적으로 기상학적인 분류에 따라 12, 1, 2월을 겨울이라고 한다.

② 추움, 축축함, 건조함, 차분함, 회색, 동면, 눈 덮인 들과 산, 북서풍, 바싹 마른 낙엽, 황량함, 따뜻한 방한복, 포근한 함박눈, 장작불, 따뜻한 난로, 군밤, 긴 겨울밤 등이 특징이다.

2) 겨울은 감각적인 특성을 지닌다

① **소리(청각)** : 바스락거리는 낙엽, 난방기, 떡방아간, 창문에 부딪히는 진눈깨비, 바람, 얼어버린 도로에서 덜컹거리는 자동차, 제설기, 썰매, 스케이트, 스키, 눈

오는 소리, 눈위의 발자국, 어는 얼음 등

② **시각** : 눈의 모양, 눈, 제설기, 방한복, 부츠, 창문의 서리, 타이어의 체인, 고드름, 헐벗은 나무, 눈에 찍힌 발자국 등

③ **냄새(후각)** : 차가운 공기, 양털 옷, 축축한 옷, 팥시루떡, 장작, 김치찌개 냄새, 난방기 냄새, 소나무, 군고구마, 군밤, 장작 등

④ **촉감** : 추움, 훈훈함, 얼얼한 손가락과 발가락, 양털, 모피, 담요, 불, 눈, 얼음, 축축한 옷

⑤ **맛(미각)** : 팥죽, 눈, 고드름, 호박떡, 팥시루떡, 떡국, 만둣국, 김치, 동치미, 수정과, 식혜, 청어, 과메기, 팥죽 등

3) 사람들은 겨울을 대비해서 그들의 자동차, 집, 옷과 정원을 정리(정비)해 둔다

① **자동차** : 부동액, 체인, 스노우체인, 얼음닦개 등을 점검한다.

② **의복** : 구입하거나 보관된 것을 꺼낸다. 부츠, 코트, 모자, 장갑과 같은 것이 맞는지 상태를 살펴본다.

③ **집** : 난방기를 점검해 본다(만약 가을에 미리 점검했으면 예외), 창틀이 제대로 맞는지 살핀다. 냉방기는 닫아 두거나 치우고 보일러도 점검한다.

④ **마당과 운동장** : 정원에서 필요한 비품, 눈삽 등을 구입하거나 보관한 것을 점검한다. 동물들에게 먹일 먹이를 준비하고, 빙판길에 뿌릴 염화나트륨 등도 준비한다.

4) 동물들은 겨울을 대비하여 여러 가지 다양한 방식으로 준비한다

어떤 동물은 동면에 들어가고, 어떤 동물은 털이 무성해지다. 가축우리의 보온 장치를 점검한다. 철새와 같은 동물들은 겨울을 대비해서 가을에 이주하기도 한다. 어떤 동물들은 콩, 열매, 씨앗, 또는 다른 양식을 비축해 두며, 어떤 동물은 환경에 맞추기 위해 색을 변화시키기도 한다.

5) 식물들을 겨울에 대비하여 여러 가지 다양한 방식으로 준비한다

대부분의 나무들은 잎을 떨어뜨리고 동면하며, 꽃은 겨울 동안 온실에서 키우지 않으면, 피지 않게 된다. 튤립이나 나팔 수선화 같은 뿌리식물은 땅 속에서 동면한다. 기온이 너무 내려가면 관목도 얼어죽을 수 있다[그림 8-8].

그림 8-8 | 겨울의 식물은 잎을 떨어뜨리고, 사람은 옷을 두껍게 입는다.

6) 겨울과 연관된 직업들이 있다

인도나 도로의 눈을 치우는 것, 목장에서 가축들의 먹이를 먹이는 것, 제설기를 조작하는 것, 자동차 창문에 서린 얼음을 닦아내는 것과 같은 겨울과 연관된 직업들이 있다(더욱 전문적인 직업들로는 난방기 수리, 스키 순찰, 스키 휴양지 관리, 그리고 눈자동차 또는 다른 겨울스포츠 기구의 판매상들이 있다).

7) 겨울에 할 수 있는 놀이활동

눈에서 놀기, 눈사람 만들기, 눈싸움, 아이스하키, 스키, 눈 신 신기, 썰매 타기, 팽이치기, 연날리기, 댓귀 맞추기, 그림자놀이 등이 있다.

8) 전통음식, 겨울 과일은 풍성하다

식혜, 김치찌개, 냉면, 팥죽, 강정, 호박 시루떡, 수정과, 떡국과 같은 전통적인 새해 음식과, 사과와 귤과 같은 겨울 과일 등이 있다.

9) 겨울의 공휴일

크리스마스, 설날, 정월 보름 등이 있다.

chapter 9

프로젝트중심 과학활동의 실제(생물)

지구상의 생물은 동물과 식물로 나뉘어지며 이들은 자연의 일부분을 구성하고 있다. 그러므로 유아들은 계절의 변화에 따라 언제 어디서나 이들을 관찰할 수 있다. 유아들은 동물과 식물을 탐색하면서(크기, 모양, 수, 색깔, 구조, 촉감, 성장속도, 무게, 냄새, 소리, 성장계절, 영양공급(먹이) 등), 관찰, 비교, 분류, 측정, 예상, 추리, 의사소통을 하게 된다.

그러나 대부분의 유아들은 주변의 동물과 식물에 대해 매우 제한된 경험을 가지고 있을 뿐만 아니라, 이들이 가지고 있는 대부분의 선행지식 또한 실제 경험보다는 TV 또는 책을 통한 간접적인 경험일 뿐이다.

따라서 자연과의 상호 작용을 실제적인 경험이야말로 유아들에게 구체적인 과학적 개념을 제공함과 동시에 자연의 경이를 깨닫게 해 주는 실천적인 방법이다.

학습전 평가

담당교수		교과목명	
학번		이름	

진단영역		진단문항	매우 미흡	미흡	보통	우수	매우 우수
생물	동물 프로젝트	1. 나는 유아들에게 다양한 동물종류(포유류, 양서류, 어류, 조류, 곤충 등)의 분류방식을 제시할 수 있다.					
		2. 나는 동물과 관련된 다양한 경험을 유아들에게 제시할 수 있다.					
		3. 나는 유아들에게 같은 종류의 동물을 비교, 측정, 추리, 탐색할 수 있는 자료제공 및 적절한 질문을 할 수 있다.					
	식물 프로젝트	1. 나는 유아를 위해 다양한 식물(한대성, 온대성, 열대성 등)의 특징을 예시할 수 있다.					
		2. 나는 교실에서 여러 종류의 식물을 재배할 수 있다.					
		3. 나는 유아들에게 식용식물의 종류와 이용방법을 제시할 수 있다.					

진단결과

진단영역		문항수	점수	점수÷문항수
생물	동물 프로젝트	3		
	식물 프로젝트	3		
합계		6		

능력단위(분류번호)	과학교육의 실제 내용과 방법(0701040106-13V1)	
능력단위요소	• 동물 프로젝트(0701040106-13V1.3) • 식물 프로젝트(0701040106-13V1.3)	
학습목표(수행준거)	• 동 · 식물 프로젝트 경험을 통해 탐구하는 태도를 갖도록 지도할 수 있다. • 동 · 식물에 대한 탐구활동을 과학적으로 조직할 수 있다. • 동 · 식물에 대한 주제를 선정하고 그에 따른 교수개념을 수립할 수 있다.	
지식(Knowledge)	기술(Skill)	태도(Attitude)
• 동 · 식물 프로젝트에 대한 교수개념 • 동 · 식물 프로젝트 활동경험과 실제	• 동물 · 식물의 특징을 구별할 수 있는 능력 • 동물의 종류를 분류할 수 있는 능력 • 식물의 종류를 분류할 수 있는 능력	• 동물의 안전을 배려하는 태도 • 동물의 습성을 존중하는 태도 • 식물의 종류에 따라 재배환경을 배려하는 태도
수행내용	• 동 · 식물의 주제 및 교수개념 • 동 · 식물에 대한 활동경험 및 실제	• 동 · 식물의 교육목표 • 동 · 식물과 주제

출처 : 국가직무능력표준(www.ncs.go.kr)

01 동물 프로젝트

1. 교육목표

동물의 종류에 따라 서식지, 먹이, 습관, 번식과 양육 방법 등을 과학적 분석 방법(관찰, 비교, 분류, 측정, 예상, 추리, 의사소통 과정)을 통해서 이해하고, 동물과 인간과의 순환과정을 앎으로써 동물보호에 관심을 가질 수 있다.

2. 주제

포유류, 파충류, 갑각류, 어류, 패류, 양서류, 곤충류, 조류, 원생동물, 환형동물, 강장동물, 연체동물, 절지동물 등 유아들이 관심을 가지고 있는 모든 동물

3. 교수 개념

① 동물은 다양한 종류의 신체적 특징을 가지고 있다.

- 신체적 특징 : 날개, 다리, 발톱, 피부(껍질), 눈, 꼬리, 입(주둥이, 부리), 코, 팔(다리), 촉각(촉수), 폐(아가미), 등뼈(척추, 무척추) 등[그림 9-1]
- 피부의 특징 : 털, 가죽, 깃털, 피부(껍질), 갈퀴, 비늘, 지느러미

② 동물은 다양한 방법으로 움직인다.

- 걷기, 헤엄치기, 날기, 기기, 닭과 같이 날개가 퇴화해서 걷기, 고래 또는 물개와 같이 팔다리가 변형되어 지느러미와 꼬리 사용하기

③ 동물은 다양한 환경에서 살며, 다양한 보금자리가 있다.

- 나무 위(밑), 사막, 정글, 땅속(위), 물속, 추운 곳(더운 곳), 물속과 땅 위, 계절에 따라 이동

그림 9-1 | 동물은 다양한 특징을 가지고 있다.

④ 동물은 다양한 종류의 먹이를 먹는다.

- 식물의 잎(뿌리, 열매), 곤충, 다른 동물

⑤ 동물은 다양한 방법으로 번식하고 양육한다.

- 새끼를 낳아 기른다, 새끼를 낳고 가버린다, 알을 낳는다. 다른 곤충의 몸에 알을 낳는다, 다른 종류의 어미가 키운다, 새끼에게 젖을 먹인다, 새끼에게 먹이를 준다, 새끼를 여러 마리 낳는다(많이 낳는다), 새끼를 한 마리 낳는다, 수많은 알을 깐다.

⑥ 동물의 새끼는 어미와 특징이 같을 수도 다를 수도 있다(성장과정을 거치면서 어미의 특 징과 같아진다)[그림 9-2].

- 외모는 어미와 같을 수도 있고 다를 수도 있다.
- 먹이가 어미와 같을 수도 있고 다를 수도 있다.
- 이동방법이 어미와 같을 수도 있고 다를 수도 있다.
- 소리가 어미와 같을 수도 있고 다를 수도 있다.

그림 9-2 ▎곤충의 일생은 알, 애벌레 그리고 (번데기)성충의 과정이다.

- 외모는 자라면서 변화한다.

⑦ 동물은 종류에 따라 특징적인 소리를 낸다.

⑧ 어떤 동물은 멸종했으므로, 화석을 통해서 학습한다.

- 공룡, 메머드, 원시조개

⑨ 사람에게 유익한 동물이 있다.

- 사람에게 식량을 제공하는 동물 : 소, 닭, 돼지, 양, 칠면조, 사슴, 물고기
- 사람에게 의복을 제공하는 동물 : 양, 모피를 제공해 주는 동물, 누에
- 사람에게 즐거움을 제공하는 동물 : 가정의 애완동물, 동물원의 동물
- 사람에게 해로운 동물을 잡아먹는 동물 : 쥐 잡아먹는 뱀, 쥐 잡아먹는 고양이, 곤충 잡아먹는 새 종류와 박쥐 종류
- 사람을 위해 일하는 동물 : 말, 당나귀, 낙타, 개, 노새, 소

⑩ 사람에게 위험한 동물이 있다.

- 사람에게 위협받았을 때 위험해지는 동물 : 집짐승, 뱀, 멧돼지

- 물렸을 때 독성이 있는 동물 : 뱀, 거미, 벌, 지네
- 물렸을 때 광견병이나 말라리아에 걸릴 수 있는 동물 : 개, 돼지

⑪ 사람에게 해를 주는 동물이 있다.

- 곡식을 먹는 동물 : 새 종류, 바구미과의 곤충
- 가축을 먹는 동물 : 늑대, 곰, 산돼지

⑫ 동물은 계절의 변화에 적응한다.

- 동면하는 동물 : 물고기, 개구리, 곰, 뱀
- 이동하는 동물 : 철새, 이동성 포유동물
- 털갈이하는 동물 : 소, 말, 양, 개, 텃새

⑬ 동물은 다양한 방법으로 외부 온도에 대처한다.

- 돼지는 추운 날씨에는 혈액순환을 활발하게 하지만, 더운 날씨에는 대처능력이 없다.
- 벌은 추운 날씨에 대처하여 떼를 지어 다닌다.

⑭ 동물은 다양한 방법으로 빛과 어둠에 대처한다[그림 9-3].

그림 9-3 | 감자밭에는 지렁이와 굼벵이가 같이 산다.

- 어두울 때 이동하는 동물(야행성 동물) : 올빼미, 너구리, 하이에나, 늑대, 두더지
- 밝을 때 이동하는 동물 : 코끼리, 물소, 낙타, 사슴, 곰

⑮ 동물은 다양한 방법으로 자신을 보호한다.

- 신체적 특징을 이용하여 자신을 보호하는 동물 : 고양이, 호랑이, 독수리, 오리, 부엉이, 고슴도치, 너구리, 비버, 산양, 순록, 전갈, 뱀
- 위장술을 이용하여 자신을 보호하는 동물 : 카멜레온, 대부분의 곤충과 물고기, 여우, 토끼
- 딱딱한 겉껍질(피부)을 이용하여 자신을 보호하는 동물 : 조개류, 거북이, 남생이, 새우, 가재, 게, 악어, 성게, 불가사리, 물방개
- 강력한 냄새 또한 액체를 이용하여 자신을 보호하는 동물 : 노린재, 스컹크, 오징어, 문어

⑯ 수의사는 동물의 병을 치료하고 보살핀다.

⑰ 동물은 먹이, 물, 공기, 일정온도, 은신처, 활동공간을 필요로 한다.

4. 활동경험

① 다양한 동물을 실제로 직접 관찰한다.

② 여러 종류의 동물 사진을 수집하고 분류한다.

③ 동물의 습성을 서식지와 연관시켜 추리해 본다.

④ 특정 동물의 스크랩북을 만든다.

⑤ 동물에서 얻을 수 있는 음식 카드를 만든다.

⑥ 동물에 관한 낱말 사전, 수수께끼 사전을 만든다.

⑦ 동물에 관한 극놀이를 한다.

⑧ 동물에서 얻을 수 있는 제품을 알아본다.

⑨ 같은 동물의 특징을 이야기한다.

⑩ 동물의 크기를 관찰한다.

⑪ 동물에 대한 분류체계를 정리해 본다[그림 9-4].

⑫ 동물 견학 또는 관찰 후 기록한다.

⑬ 조개 종류의 무늬를 탐색한다.

⑭ 특정 동물을 관찰한 후 주제망을 작성한다.

⑮ 조개 종류의 다양한 껍질 색을 비교, 분류, 측정한다.

⑯ 동물들 간에 비슷한 점과 다른 점을 비교, 분류한다.

⑰ 전문가를 초빙하여 함께 토론한다.

⑱ 불가사리 종류의 크기, 모양, 색을 비교한다.

⑲ 동물과 관련된 다양한 활동을 선택한다.

⑳ 동물들의 서식지를 관찰한다.

㉑ 곤충의 한살이를 관찰한다.

㉒ 다양한 허물을 관찰, 비교, 분류, 측정한다.

㉓ 동물의 발자국을 보고 예상하고 분류한다.

그림 9-4 ┃ 개구리의 알은 봄에 깨어난다.

5. 활동경험의 실제

✚ 청어와 우럭의 비교, 측정, 추리하기

비교, 측정, 추리 방법 비교하기, 이야기 나누기, 돋보기 관찰하기, 확대경 관찰(3배수)하기, 기록하기, 그려보기, 토의하기, 재어보기, 촉감 느껴보기, 냄새 맡아보기

참가인원 4~5세 유아, 4~6명

준 비 물 청어, 우럭, 도마, 확대경(3배수), 돋보기, 신문지, 핀셋(큰 것, 작은 것), 종이행주, 어류도감, 자(㎝), 저울, 기록지, 디지털 카메라, 필기구, 탁본재료(솜방망이, 한지, 먹)

표 9-1 | 청어와 우럭의 비교, 측정, 추리 결과

구분	결 과
비교·분류	• 청어의 몸통은 길다란 유선형이고, 우럭의 몸통은 둥근 타원형이다. • 청어의 지느러미는 얇고, 우럭의 지느러미는 두껍고 강하다. • 청어의 꼬리지느러미는 끝부분이 V자형인데, 우럭의 꼬리지느러미는 一자 형이다. • 청어의 등쪽은 암청색이며 중앙부터 배쪽은 은백색이고, 우럭의 등쪽은 붉은 주황색이며, 배쪽은 은황색이다. • 청어의 이빨보다 우럭의 이빨이 강하다. • 청어와 우럭의 지느러미에는 일정한 마디가 있다. • 청어와 우럭의 비늘은 모두 투명한 은회색이다.
측정	• 청어의 몸길이는 23㎝이고, 우럭의 몸길이는 35㎝이다. • 청어의 가슴지느러미보다 우럭의 가슴지느러미가 더 넓고 길다. • 우럭의 꼬리는 몸통의 1/4 정도이다. • 청어의 꼬리는 몸통의 1/5 정도이다. • 청어의 몸길이와 몸통의 비율은 5:1이다. • 우럭의 몸길이와 몸통의 비율은 3:1이다. • 청어와 우럭의 몸길이가 같을 때 우럭의 무게가 더 무겁다.
추리	• 청어와 우럭의 비늘은 모두 같은 방향으로 배열되어 있으므로 물의 저항이 없을 것이다. • 우럭의 지느러미는 강하므로 헤엄치는 힘이 강할 것이다. • 청어의 먹이는 작은 어류일 것이다. • 우럭의 입은 크고 이빨은 날카로우므로 청어가 먹는 어류보다 클 것이다.
탐색	• 청어와 우럭의 특징을 알아보기 위해 탁본을 만들어 비교한다[그림 9-5].

그림 9-5 | 우럭은 단단한 지느러미가 특징이다.

02 식물 프로젝트

1. 교육목표

씨앗, 채소, 과일, 나무, 뿌리, 잎, 줄기, 꽃 등의 크기, 모양, 색깔, 성장속도, 성장계절 등에 대한 과학적 분석 방법(관찰, 비교, 분류, 측정, 예상, 추리, 의사소통 과정)을 통해 식물의 속성과 인간관계의 순환과정을 이해하고 식물의 보호에 관심을 가질 수 있다.

2. 주제

일년생 풀, 다년생 풀, 나무(한대성, 온대성, 열대성), 습지 식물, 건지 식물, 포자식물, 활엽수, 침엽수, 수생 식물, 기생 식물 등 유아들이 관심을 가지고 있는 모든 식물

3. 교수 개념

① 대부분의 식물은 공기, 빛, 물, 영양분을 필요로 한다.

② 우리는 식물이 서로 다른 부분을 먹는다[그림 9-6].

- 뿌리 : 무, 당근, 우엉, 연근, 양파, 도라지, 더덕, 감자 등
- 잎 : 양배추, 시금치, 쑥갓, 미나리, 근대, 상추, 배추 등
- 줄기 : 아스파라거스, 샐러리, 브로콜리, 고구마, 파
- 열매 : 토마토, 사과, 배, 복숭아, 딸기, 수박, 밤, 감, 오렌지, 바나나, 포도
- 씨앗 : 완두콩, 강낭콩, 호두, 콩, 깨, 쌀, 보리, 밀, 수수, 조

③ 식물은 종류에 따라 색깔, 크기, 구조, 모양, 무게 등의 특징이 있다.

④ 식물의 성장은 계절, 날씨, 기후 등과 관련이 있다.

⑤ 식물은 다양한 특징이 있다.

- 뿌리, 줄기, 잎, 꽃, 씨앗, 표면

⑥ 식물의 종류는 다양하다.

- 나무, 꽃이 피는 식물, 잎이 무성한 식물, 채소, 곡물, 넝쿨식물, 이끼류, 곰팡이, 버섯류

그림 9-6 ❙ 식물의 열매는 그 모양이 다양하다.

⑦ 식물의 용도는 다양하다.

- 식용(채소, 과일, 곡물, 기름 등)
- 재료(목재, 종이, 껌, 약제, 페인트, 왁스, 염료 등)
- 옷감(면, 인조 모시, 삼베 등)
- 관상용(나무, 꽃, 화분 등)
- 동물의 서식처, 은식처(커다란 나무 그늘과 구멍 등)
- 동물의 먹이(잎, 줄기, 뿌리, 열매, 꿀 등)
- 유해한 독성(포이즌, 아이비 등)

⑧ 식물의 서식지(땅, 물, 밝은 곳, 어두운 곳)는 다양하다.

⑨ 대부분의 식물은 씨앗에서 자라지만 그렇지 않은 식물(이끼류, 곰팡이 등)도 있다.

⑩ 대부분의 식물은 태양을 향해 자란다.

⑪ 식물이 자라는 속도는 서로 다르다.

⑫ 씨앗의 종류에 따라 색, 모양, 크기, 조직, 무게는 모두 다르다[그림 9-7].

⑬ 씨앗이 이동하는 방법은 다양하다.

그림 9-7 | 강아지풀의 씨앗은 털이 따갑다.

⑭ 식물의 모습은 각기 다르다.

⑮ 식물은 항상 위로 자란다.

⑯ 식물은 수분을 빨아들인다.

4. 활동경험

① 여러 종류의 식물을 관찰하고 토론한다.

② 식물의 먹는 부분과 먹지 않는 부분을 나눈다.

③ 식물의 성장과정을 관찰하고 그림이나 글로 기록한다.

④ 꽃이 피는 과정을 관찰하고 그림이나 글로 기록한다.

⑤ 곰팡이 종류를 찾아서 비교해 본다.

⑥ 주변의 나무 한 그루를 나의 나무로 정해 놓고 그 나무를 1년 동안 관찰한다. (나무의 지름 측정, 나무껍질 검사, 나뭇잎 관찰, 계절 변화에 따른 나무의 변화 관찰, 성장 변화 기록 등)

그림 9-8 | 식물은 종류에 따라 뿌리, 줄기, 잎 모양 등이 모두 다르다.

⑦ 식물의 서식지에 따른 식물의 특징을 살펴본다.

⑧ 식물이 어떻게 물과 양분을 흡수하는지 관찰한다.

⑨ 각기 다른 식물의 크기, 무게, 모양 등을 비교한다.

⑩ 식물카드를 이용하여 준거에 따라 분류한다.
먹는 식물/ 먹지 않는 식물, 과일/ 채소/ 나무/ 잎/ 꽃, 땅 위에서 자라는 식물/ 땅속에서 자라는 식물/ 물속에서 자라는 식물, 과일/ 씨앗

⑪ 잎, 줄기, 뿌리를 관찰한 후 비교, 분류, 측정한다[그림 9-8].

⑫ 나이테를 관찰하고 기록한다.

⑬ 식물에서 얻을 수 있는 제품과 이용방법을 알아본다.

⑭ 교실 내에 여러 가지 식물을 다양한 곳에 두고 관찰한다.

⑮ 빈 수족관, 큰 병, 그릇 등을 이용하여 식물을 직접 키워 본다.

⑯ 식물에서 얻을 수 있는 음식 사진을 모은다[그림 9-9].

⑰ 식물 스크랩북을 만든다.

⑱ 다양한 씨앗을 모아서 관찰, 비교, 분류한 후 이것에 대해 토의한다.

⑲ 사람이 먹는 씨앗(땅콩, 코코넛, 콩, 밀, 완두콩, 쌀, 보리 등)을 맛본다.

그림 9-9 ❙ 과일은 식물에서 얻을 수 있는 가장 좋은 식품재료이다.

⑳ 야외에 나가서 여러 종류의 풀들을 비교해 본다.

㉑ 식물에 관한 낱말 사전을 만든다.

5. 활동경험의 실제

+ 카네이션과 석죽 비교, 통합, 탐구하기

활동목표 카네이션 꽃과 석죽 꽃을 비교함으로써 각각의 특징을 알 수 있다.

비교탐구방법 비교하기, 이야기하기, 토론하기, 수 비교하기, 분류 비교하기, 촉감 느껴보기, 냄새 맡아보기

참가인원 4~5세 유아, 4~6명

준 비 물 카네이션, 석죽, 10cm 자, 50cm 자, 50cm 줄자, 칼, 도마, 돋보기, 확대경(3배수), 핀셋, 코르판, A4용지

표 9-2 ┃ 카네이션과 석죽 비교, 통합, 탐구질문의 예

탐 구 질 문	탐구내용
Ⅰ. 꽃 비교	
• 두 종류의 꽃의 다른 점을 발견하여 이야기해 보세요(색, 크기, 잎의 수 등).	비교
• 두 종류의 꽃을 만져볼 때의 느낌은 어떤가요?	느낌 표현
• 꽃의 냄새는 어떤가요? 어떤 냄새와 비슷한가요?	탐색
• 꽃의 색깔은 어떤가요? 이 꽃의 색과 비슷한 색을 어디에서 볼 수 있나요?	은유적 표현
• 각각의 꽃의 크기를 자로 재어 볼까요? 너비 재어 보기, 높이 재어 보기	측정
• 어떤 꽃이 얼마만큼(cm) 더 긴가요?	측정 · 단위사용
• 꽃 속에는 무엇이 있을까요? 꽃을 잘라 볼까요?	예측
• 꽃을 잘라 보니 카네이션과 석죽의 꽃 가운데는 무엇이 있나요? 어떻게 다른가요?[그림 9-10]	비교
• 배 부분을 잘라 볼까요? 무엇이 있나요?	탐색
• 두 꽃의 낱장의 꽃잎 모양이 어떤 모양 같나요?	비교 · 기본 도형
• 두 꽃의 낱장의 꽃잎에서 같은 점과 다른 점을 찾아볼까요(모양, 색깔, 크기 등)?	비교
• 한 줄기에서 뻗어난 꽃의 수가 많은 것부터 순서대로 나열해 볼까요?	수개념 · 서열화
• 꽃받침의 모양은 어떤 모양인가요?	도형
• 잘라서 모양을 보니 뾰족한 부분이 몇 개씩인가요?	수개념 · 비교
• 꽃받침의 길이와 높이는 얼마나(cm) 다르고, 크기가 다른 이유는 무엇인가요?	측정 · 길이 · 둘레 비교
• 꽃잎은 어디와 연결되어 있나요? 왜 연결되어 있을까요?	식물의 생장(물관)

탐 구 질 문	탐구내용
II. 줄기 비교	
• 꽃잎이 연결되어 있는 줄기 안에는 무엇이 있을까요?	예측
• 가로로 잘랐을 때 줄기 속을 비교해 보세요. 어떻게 다른가요?	비교
• 가로(횡단면)로 잘랐을 때 줄기의 굵기는 어느 꽃이 몇 cm 더 굵은가요?	측정 · 길이비교
• 구멍이 있는 이유는 무엇일까요?	예측
• 구멍이 꽃잎까지 정말 연결되어 있을까요? 어떻게 알아볼 수 있을까요?	문제해결
• 세로(종단면)로 잘랐을 때 줄기에 나 있는 공간에는 무엇이 있나요? 왜 있을까요?	탐색 · 예측
• 두 줄기의 모양을 비교했을 때 같은 점과 다른 점을 찾아보세요(길이, 굵기, 색 등).	비교
• 줄기에서 물관이 막혀 있는 곳과 막혀 있지 않은 곳은 무엇이 다른가요?	비교 · 탐색
• 줄기의 마디와 마디가 아닌 쪽은 어떠한 점이 다른가요?	비교
III. 잎 비교	
• 잎은 줄기의 어느 부분에 붙어 있나요?	부분과 전체
• 잎은 몇 장이 어떠한 방향으로 뻗어 있나요?	수개념 · 방향
• 한 줄기에 붙어 있는 잎의 수를 두 장씩 한 쌍으로 세어 보세요.	수세기
• 잎의 수가 적은 꽃부터 순서대로 나열해 보세요.	수세기 · 서열화
• 두 종류의 잎을 만져보았을 때 느낌은 어떻게 다른가요?	촉감표현
• 두 종류의 잎의 길이는 어떤 것이 몇 cm 더 긴가요?	길이 비교 · 측정
• 두 종류의 잎의 너비는 어떤 것이 몇 cm 더 넓은가요?	측정 · 길이비교
• 잎의 두께는 어떤 것이 더 두꺼운가요? 어떻게 알 수 있을까요?	비교 · 문제해결
• 가로(횡단면)로 잘랐을 때의 모양은 어떤 모양 같은가요?	은유적 표현
• 가로로 자른 잎의 모양을 서로 비교해 보고 같은 점과 다른 점을 찾아보세요.	비교
• 잎에도 줄기와 같이 물이 가는 길이 있을까요?	예측
• 잎을 확대경으로 관찰해 보세요. 무엇이 발견되었나요?	관찰
• 어떤 방향으로 나 있나요? 그것은 무엇일까요?	방향 · 예측
• 두 개의 꽃의 공통점을 찾아보세요.	비교

그림 9-10 ┃ 모든 식물의 줄기에는 물길이 있다.

학습후 평가

담당교수		교과목명	
학번		이름	

진단영역		진단문항	매우 미흡	미흡	보통	우수	매우 우수
생물	동물 프로젝트	1. 나는 유아들에게 다양한 동물종류(포유류, 양서류, 어류, 조류, 곤충 등)의 분류방식을 제시할 수 있다.					
		2. 나는 동물과 관련된 다양한 경험을 유아들에게 제시할 수 있다.					
		3. 나는 유아들에게 같은 종류의 동물을 비교, 측정, 추리, 탐색할 수 있는 자료제공 및 적절한 질문을 할 수 있다.					
	식물 프로젝트	1. 나는 유아를 위해 다양한 식물(한대성, 온대성, 열대성 등)의 특징을 예시할 수 있다.					
		2. 나는 교실에서 여러 종류의 식물을 재배할 수 있다.					
		3. 나는 유아들에게 식용식물의 종류와 이용방법을 제시할 수 있다.					
예시		• 포유류와 양서류의 다른점 비슷한점을 도표로 만들기 • 한대성 식물과 열대성 식물의 잎맥 구성의 모양 사진 제작하기 • 기본적인 식물의 구조(뿌리 · 줄기 · 잎) 모형 만들기					

진단결과

진단영역		문항수	점수	점수÷문항수
생물	동물 프로젝트	3		
	식물 프로젝트	3		
합계		6		

chapter 10

프로젝트중심 과학활동의 실제(무생물)

지구에서 가장 많은 것은 물과 흙(돌, 모래)이다. 이들은 모든 생명체를 살리는 근원이며, 유아들이 언제 어디서나 관찰할 수 있다. 유아들은 매일 물을 만지면서 액체의 특성을 배우게 되고, 여러 종류의 음료와 다른 액체들을 비교할 수 있다. 흙은 돌이 퇴적되어 만들어진 것으로 여러 가지 특성이 있으며 흙은 또한 물과 함께 생물에게는 아주 중요한 자원이다. 특히, 물과 흙은 외형적으로 일정한 형태가 없으므로 유아들에게 가장 친숙한 물질이다. 따라서 물과 흙은 유아들에게 과학적 지식뿐만 아니라 사회적 기술 습득의 기회를 제공하고, 문제해결능력을 확장할 수 있도록 하며, 소근육을 조화롭게 발달하도록 돕는다.

학습전 평가

담당교수		교과목명	
학번		이름	

진단영역		진단문항	매우 미흡	미흡	보통	우수	매우 우수
무생물	물 프로젝트	1. 나는 다양한 물의 용도에 대한 자료를 제작할 수 있다.					
		2. 나는 물의 순환과정에 대한 영상자료를 제공할 수 있다.					
		3. 나는 물의 성질에 대한 실험을 조직할 수 있다.					
	흙(돌) 프로젝트	1. 나는 흙(돌)에 대한 분류방식을 유아들에게 제시할 수 있다.					
		2. 나는 흙을 이용한 작품활동을 지도할 수 있다.					
		3. 나는 돌의 종류에 따른 용도를 지도할 수 있다.					

진단결과

진단영역		문항수	점수	점수÷문항수
무생물	물 프로젝트	3		
	흙(돌) 프로젝트	3		
합계		6		

능력단위(분류번호)	과학교육의 실제 내용과 방법(0701040106-13V1)	
능력단위요소	• 물 프로젝트(0701040106-13V1.3) • 흙(돌) 프로젝트(0701040106-13V1.3)	
학습목표(수행준거)	• 물 · 흙(돌)에 대한 주제를 선정하고 그에 따른 교수개념을 수립할 수 있다. • 물 · 흙(돌) 프로젝트 경험을 통해 탐구하는 태도를 갖도록 지도할 수 있다. • 물 · 흙(돌)에 대한 탐구활동을 과학적으로 조직할 수 있다.	
지식(Knowledge)	기술(Skill)	태도(Attitude)
• 물 · 흙(돌)에 대한 교수개념 • 물 · 흙(돌)프로젝트 활동 경험과 실제	• 물 · 흙(돌)과 관련된 전문자료 탐색 능력 • 물 · 흙(돌)와 관련된 활동 자료 정리 능력 • 물 · 흙(돌)의 성분을 분석할 수 있는 능력	• 물 · 흙(돌)의 성질을 관찰하도록 격려하는 태도 • 유아에게 물 · 흙(돌)에 대한 감각적 기회를 적극적으로 제공하려는 태도
수행내용	• 물 · 흙(돌)의 주제 및 교수개념 • 물 · 흙(돌)에 대한 활동경험 및 실제	• 물 · 흙(돌)에 대한 교육목표 수립

출처 : 국가직무능력표준(www.ncs.go.kr)

01 물 프로젝트

1. 교육목표

물의 특성, 물의 형태, 사람에 의한 물의 이용방법 등에 대하여 과학적 분석 방법(관찰, 비교, 분류, 측정, 예상, 추리, 의사소통 과정)을 통해 이해하고, 더 나아가 물의 순환과 물의 일반적 사용을 앎으로써, 일상생활 속에서 물을 아껴 쓸 수 있다.

2. 주제

짠물, 단물, 시냇물, 강, 개울, 물 도서관, 소화전, 저수지, 세차장, 기체, 고체, 수도, 수영장, 목욕탕, 사우나탕, 수족관 등 유아들이 관심을 가지고 있는 물의 소비 장소 또는 물의 재활용 장소, 수질, 수질오염, 물의 순환 등

3. 교수 개념

① 물은 다양한 특성이 있다[그림 10-1].

- 무게가 있다.
- 액체이다(기체로 만들 수 있다).
- 형태가 없다(고체로 얼릴 수 있다).
- 색이 없다(색을 첨가할 수 있다).
- 맛이 없다(맛을 첨가할 수 있다).
- 물의 온도는 외부 온도에 따라 변한다.
- 증발한다.

② 물은 경우에 따라 액체, 고체, 기체로 변화한다.

그림 10-1 ❙ 물은 무색, 무취, 무형의 특징이 있다.

③ 물의 용도는 다양하다.

- 사람 : 음료수로 마시기, 우리의 신체, 의복, 가옥 등을 깨끗이 유지하기, 음식을 조리하기, 식물에 물주기 등
- 동물, 식물 : 먹이(흡수하기), 씻기, 거주하기

④ 물은 순환한다 : 공기 속의 물 → 구름

지하수 → 샘물

비 또는 눈 → 호수, 강, 바다

생활하수 → 정화수

정화수 → 수돗물, 공업용수, 분수

⑤ 물은 스포츠와 관계가 있다.

- 낚시, 보트, 수영, 수상스키, 윈드서핑 [그림 10-2]

⑥ 물은 직업과 관계가 있다.

- 소방관(불끄기), 어부, 항해사, 배관설비기사(수도관 교체), 수질관련기사(깨끗

그림 10-2 | 물은 높은 곳에서 낮은 곳으로 흐르는 성질이 있다.

한 물 보존), 수족관 관리사

⑦ 물에 뜨는 물건과 가라앉는 물건이 있다.

⑧ 물에 녹는 물질과 녹지 않는 물질이 있다.

⑨ 물을 흡수하는 것과 흡수하지 않는 것이 있다.

⑩ 수질은 인간에 의해 영향을 받는다.

⑪ 지구 표면은 대부분 물로 이루어졌다.

⑫ 사람들은 계속 더 많은 물을 사용한다.

⑬ 물은 깨끗하게 보존되어야 한다.

⑭ 물은 단물과 짠물이 있다.

4. 활동경험

① 겨울철에 얼음이 어떻게 어는지 관찰한다.

② 얼었던 얼음이 어떻게 녹는지 관찰한다.

③ 다양한 수중 생물의 움직임을 관찰한다.

④ 물에 뜨는 것과 가라앉는 것을 예상하여 분류하고 실제로 관찰한 후 다시 분류한다.

⑤ 다양한 물질(종이, 나무, 쇠 등)로 만든 배를 물에 띄워 보고 왜 뜨는지 그 이유를 토의해 본다.

⑥ 물에 녹는 물질과 녹지 않는 물질을 실험해 본다.

- 모래, 소금, 밀가루, 녹말, 소다, 설탕, 분유

⑦ 비의 순환과정을 관찰하기 위하여 테라리움을 만들고 이를 관찰하여 기록한다.

⑧ 물이 증발하는 현상(아스팔트 위, 땅 위, 젖은 빨래, 낙엽 등)을 관찰하고 기록한다. 또 언제 어느 때 제일 빠르게 증발하는지 알아본다[그림 10-3].

⑨ 물의 무게를 다양한 방법으로 실험한다.

⑩ 다양한 물놀이 기구를 만들어본다.

⑪ 물의 압력을 이용하여 세차하는 세차장을 견학한다.

⑫ 연못의 물 색깔과 수돗물의 색깔을 비교해 본다.

그림 10-3 ┃ 가을의 낙엽은 잎에 수분이 없어진 결과이다.

⑬ 민물과 바닷물의 차이를 알아본다.

⑭ 물과 물감을 이용하여 다양한 색을 만들어본다.

⑮ 수질오염의 원인과 개선 방안을 알아본다.

- 세탁 시 사용하는 합성세제, 설거지 때 나오는 음식물의 찌꺼기, 화장실에서 나오는 배설물, 배에서 유출되는 기름, 공장에서 나오는 폐수, 농장이나 골프장에서 나오는 농약과 비료, 목장에서 나오는 가축의 분뇨

5. 활동경험의 실제

✚ 물의 이용(책 읽고 감상하기)

책 읽고 감상하기	이야기 나누기, 탐색하기, 조사하기[그림 10-4]
참가인원	4~5세 유아, 6~8명
준 비 물	물의 이용에 관한 책, 기록지, 참고도서, 시청각 자료

그림 10-4 ┃ 그림책은 물의 이용방법을 쉽게 이해할 수 있도록 돕는다.

02 흙(돌) 프로젝트

1. 교육목표

돌, 모래, 흙(찰흙) 등의 크기, 모양, 색, 무게, 질감, 용도 등에 대하여, 과학적 분석 방법(관찰, 비교, 분류, 측정, 예상, 추리, 의사소통 과정)을 통해 이들의 특징을 이해하고, 토양환경 보존에 관심을 가진다.

2. 주제

광석, 석탄, 갈탄, 연탄, 돌(화강암, 청석 등), 자갈, 굵은 모래, 도자기, 도자기 굽는 가마, 모래, 흙, 찰흙(점토), 농장, 논, 밭, 목장, 냇가, 운동장

3. 교수개념

① 돌에는 수많은 종류가 있다.
② 돌은 서로 다른 경도를 가지고 있으므로 부딪쳤을 때 쉽게 깨지는 돌이 있다.
③ 돌은 경도, 아름다움, 질 등에 따라 쓰임새가 다르다.
④ 돌의 내부는 외부와 다를 수 있다.
⑤ 돌 속에 있는 화석은 돌의 특수한 유형이다.
⑥ 돌을 다루는 다양한 직업이 있다.
⑦ 흙을 다루는 직업이 있다.
⑧ 광석, 석탄, 갈탄의 채취방법은 같을 수도 있고 다를 수도 있다.
⑨ 모래는 돌이 미세하게 잘린 것이다.
⑩ 돌은 타지 않지만 석탄, 갈탄 등은 탄다.
⑪ 돌은 오랜 세월이 지나면 부식하여 흙이 된다.

⑫ 흙의 종류는 다양하다.

⑬ 흙의 질(토양)은 다양하다.

⑭ 흙 속에는 많은 생물이 살고 있다[그림 10-5].

⑮ 흙은 다양하게 이용된다.

⑯ 흙은 열을 가하면 성질이 변한다.

⑰ 흙은 살아 있는 흙과 죽은 흙이 있다.

그림 10-5 | 흙은 모든 생명을 보듬는 어머니이다.

4. 활동경험

① 돌의 종류를 모아보고 여러 가지 근거(크기, 무게, 모양, 색 등)에 의해 분류한다.

② 여러 곳(강가, 바닷가, 산, 들)에서 주워 온 돌을 비교한다[그림 10-6].

③ 점토를 이용하여 여러 가지(그릇, 탑, 자동차, 컵 등) 모양을 만든다.

④ 보석상을 방문하거나 교실에 초대하여 설명을 듣는다.

⑤ 자갈 채취장을 방문해서 그 과정을 관찰한다.

⑥ 여러 가지 돌에서 돌가루를 만들고 그 색을 현미경과 확대경으로 관찰한다.

⑦ 흙과 모래를 만져보고 그 촉감을 비교하여 설명한다.

⑧ 비가 오고 난 후 흙은 어떻게 변하는지 관찰한다.

⑨ 여러 가지 다양한 색깔의 흙을 관찰하고 촉감도 느껴본다.

⑩ 석탄이 타고 난 재를 관찰하고 다른 종류의 재와 비교한다.

⑪ 논의 흙과 밭의 흙을 비교하고 그 속에서 사는 생물들은 어떤 것이 있는지 찾아본다.

⑫ 모래와 흙 중에 물이 빨리 스며드는 것은 어떤 것인지, 왜 그런지 관찰한다.

⑬ 어떤 종류의 흙에서 식물이 잘 자라는지 비교하여 관찰한 후 분류해 본다.

⑭ 생물이 살 수 없는 흙은 어떤 흙인지 알아본다.

⑮ 건물에서 돌이 사용된 부분과 흙이 사용된 부분을 찾아서 기록한다.

⑯ 다양한 돌의 이름카드를 만들어서 맞춰 본다.

그림 10-6 | 돌은 조약돌, 자갈, 모래, 흙으로 변한다.

5. 활동경험의 실제

✚ 흙과 친해지기

친해지기 방법 비교 관찰, 돋보기 관찰, 촉감 느껴보기, 흙 채취하기, 흙 지도 만들기, 흙 작품 만들기

참가인원 3, 5세 유아, 4~6명

준 비 물 다양한 흙(모래 흙, 진흙, 길가 흙, 화단 흙 등), 풍경 사진, 돋보기, 모종삽, 투명비닐봉투, 디지털 카메라, 필기구, 기록지, 확대경(3배수), 동네 약도

표 10-1 ┃ 흙과 친해지기 활동의 실제

주제	활동목표	활동방법
여러 가지 흙이 있어요	• 다양한 흙의 종류와 특성에 관심을 가진다. • 흙의 존재의미를 발견한다.	• 놀이경험을 회상한다. • 여러 가지 흙을 직접 관찰하고 이야기한다. • 흙 찾기 계획을 세운다.
흙을 찾아요	• 주변의 흙에 대해 관심을 가진다. • 다양한 흙을 발견하고 느껴 본다.	• 흙 찾기 계획을 회상한다. • 주변의 흙을 찾아 수집한다. • 흙 찾기 후 경험을 나눈다. • 좀 더 다른 흙을 찾아본다.
같은 흙과 다른 흙이 있어요	• 다양한 방법으로 흙을 탐색한다. • 흙의 특성을 비교-분류한다.	• 수집해 온 흙을 비교해 보고 이야기한다. • 흙의 색깔에 따라 순서대로 놓아 본다. • 돋보기와 확대경으로 관찰하고 이야기한다.
어디에 있는 흙일까요	• 발견한 흙과 장소의 특징을 회상한다. • 흙의 특징을 표현해 본다[그림 10-7].	• 우드 블록 소리(긁는 소리)를 들려준다. • 발견한 흙에 대한 소리 만들기를 한다. • 흙에 대한 느낌을 몸으로 표현한다. • 표현한 흙의 느낌을 정리한다.
우리 동네 흙 지도를 그려요	• 우리 동네와 흙의 관계에 관심을 갖는다.	• 우리 동네 전경 약도를 보며 이야기한다. • 흙 지도를 그려 본다. • 완성된 지도를 보며 함께 이야기한다.
흙을 걸러 보아요	• 흙 알갱이의 크기와 점성에 관심을 갖는다. • 흙의 성질에 대해 이해한다.	• 흙에 대한 사전 경험을 이야기한다. • 여러 종류의 흙을 체에 걸러 본다. • 걸러진 흙을 비교하고 그 느낌을 기록한다.
흙 위에 구성해 보아요	• 흙과 자연물이 만들어내는 조화로운 풍경에 관심을 갖는다. • 흙과 자연물을 이용해 다양한 방법으로 자기의 생각을 구성해 본다.	• 책 속의 작품을 감상한다. • 흙과 자연물을 이용해 생각대로 꾸며본다. • 유아들의 작품을 감상한다.

그림 10-7 ❙ 흙은 물과 만났을 때 뭉쳐진다.

학습후 평가

담당교수		교과목명	
학번		이름	

진단영역		진단문항	매우 미흡	미흡	보통	우수	매우 우수
무생물	물 프로젝트	1. 나는 다양한 물의 용도에 대한 자료를 제작할 수 있다.					
		2. 나는 물의 순환과정에 대한 영상자료를 제공할 수 있다.					
		3. 나는 물의 성질에 대한 실험을 조직할 수 있다.					
	흙(돌) 프로젝트	1. 나는 흙(돌)에 대한 분류방식을 유아들에게 제시할 수 있다.					
		2. 나는 흙을 이용한 작품활동을 지도할 수 있다.					
		3. 나는 돌의 종류에 따른 용도를 지도할 수 있다.					
예시		• 물의 순환과정을 영상으로 제작하기 • 흙과 돌의 종류를 전시할 수 있는 환경 구성하기 • 흙과 돌의 쓰임에 대한 자료 만들기					

진단결과

진단영역		문항수	점수	점수÷문항수
무생물	물 프로젝트	3		
	흙(돌) 프로젝트	3		
합계		6		

chapter 11

프로젝트중심 과학활동의 실제(기상)

기상의 변화는 우리들의 생활과 밀접한 관련이 있다. 유아들은 공기의 이동에 의해 발생하는 기상의 변화(비, 바람)를 감각적으로 느끼고, 이들을 관찰하면서 계절의 변화를 느낄 수 있다. 유아들은 비를 맞으면서 물의 다양한 성질을 이해하게 되고, 바람개비 또는 풍향계를 보면서 바람의 방향을 알 수 있게 된다.

기상의 변화는 인류에게 재해를 줄 수도 있지만, 이것을 과학적으로 유용하게 이용한다면 인류에게 막대한 에너지를 공급해 줄 수 있는 잠재력을 가지고 있다. 따라서 유아들에게 자연 현상인 기상에 관심을 갖도록 하는 것은 특히, 중요한 일이다.

학습전 평가

담당교수		교과목명	
학번		이름	

진단영역		진단문항	매우 미흡	미흡	보통	우수	매우 우수
기상	비 프로젝트	1. 나는 다양한 비의 종류와 이름에 대한 교육자료를 영상으로 제작할 수 있다.					
		2. 나는 비와 관련된 다양한 경험을 유아들의 수준에 따라 적절하게 질문할 수 있다.					
		3. 나는 비의 순환과정에 대한 교육적 자료를 제공할 수 있다.					
		4. 나는 비에 대한 주제로 수업계획안을 구성할 수 있다.					
	바람 프로젝트	1. 나는 유아들에게 바람의 감각적 특성에 대한 자료를 제시할 수 있다.					
		2. 나는 바람의 속성에 대한 영상자료를 제작할 수 있다.					
		3. 나는 유아들이 바람의 특징을 이해할 수 있도록 다양한 기회를 제공할 수 있다.					
		4. 나는 바람에 대한 주제로 유아들과 함께 실험할 수 있다.					

진단결과

진단영역		문항수	점수	점수÷문항수
기상	비 프로젝트	4		
	바람 프로젝트	4		
합계		8		

능력단위(분류번호)	과학교육의 실제 내용과 방법(0701040106-13V1)	
능력단위요소	• 비 프로젝트(0701040106-13V1.3) • 바람 프로젝트(0701040106-13V1.3)	
학습목표(수행준거)	• 비와 바람에 대한 주제를 선정하고 그에 따른 교수개념을 수립할 수 있다. • 비와 바람 프로젝트 경험을 통해 탐구하는 태도를 갖도록 지도할 수 있다. • 비와 바람 프로젝트 활동계획안을 수립할 수 있다.	
지식(Knowledge)	기술(Skill)	태도(Attitude)
• 비 · 바람 프로젝트에 대한 교수개념 • 비 · 바람 프로젝트 활동경험과 실제	• 비 · 바람의 이용방법에 대한 탐색 능력 • 비 · 바람과 식물의 성장 관계를 관찰하는 능력 • 비 · 바람의 감각적 특성을 관찰할 수 있는 능력	• 비 · 바람으로부터 유아의 안전을 지킬 수 있는 민감성 • 비 · 바람으로부터 시설을 안전하게 유지할 수 있는 자세
수행내용	• 비 · 바람의 주제 및 교수개념 • 비 · 바람에 대한 활동경험 및 실제	• 비 · 바람의 교육목표 • 비 · 바람과 주제

출처 : 국가직무능력표준(www.ncs.go.kr)

01 비 프로젝트

1. 교육목표

비가 오는 모습과 양에 따른 비의 종류, 강우량, 저수지의 활용 방법 등에 대한 것을 과학적 분석방법(관찰, 비교, 분류, 측정, 예상, 추리, 의사소통 과정)을 통해 이해하고, 수자원의 활용 방안에 대하여 관심을 갖는다.

2. 주제

비(가랑비, 안개비, 실비, 보슬비, 여우비, 소나기, 장마, 태풍, 장대비, 폭풍우, 봄비, 가을비, 겨울비), 빗방울, 맹꽁이, 저수지, 개울, 강, 웅덩이, 먹구름, 무지개, 강우량, 흙탕물, 물의 속도, 가뭄, 비바람, 비 냄새, 우산, 장화, 비옷, 기상예보, 측우기 등

3. 교수 개념

① 비는 땅 위 또는 물 위에서 증발된 수증기가 모여서 비구름이 되고 이것이 냉각되어 비의 형태로 땅에 떨어진다[그림 11-1].

② 비는 다양한 방법으로 이용된다.

- 농업용수, 정원용수, 공업용수, 공기 중의 오염물질 정화, 음료수, 목욕용수 등

③ 비는 부정적인 영향을 줄 수 있다.

- 천둥번개를 동반한 비는 산불, 벼락 등의 위험이 있으며, 갑작스런 폭우는 도로, 제방, 축대 등을 붕괴시킬 수 있다.

④ 비는 다양한 감각적 특성을 가지고 있다.

- 청각 : 도로 위와 자동차에 떨어지는 빗소리, 지붕이나 창문에 부딪히는 빗소리, 천둥과 번개소리, 낙수소리

- 시각 : 번개, 비구름, 무지개, 흐린 날씨, 소나기 뒤의 상쾌한 시야
- 후각 : 신선함, 축축함, 곰팡내, 습기
- 촉각 : 눅눅함, 깨끗함, 신선함

⑤ 비의 굵기는 다양하다.

- 소낙비, 보슬비, 안개비

⑥ 비가 오면 사물이 잘 안 보인다.

⑦ 기상예보는 지역에 따른 강우량을 알려 준다.

⑧ 비는 계절에 따라 내리는 양상이 다르다.

그림 11-1 | 비는 모든 생물에게 축복이다.

4. 활동경험

① 창문에 부딪히는 비의 모양을 관찰한다.

② 떨어지는 빗방울의 크기를 비교하면서 관찰한다.

③ 빗방울이 떨어지는 장소에 따라 소리를 비교해 본다.

④ 비에 가장 빨리 젖는 곳은 어디인지 찾아본다.

⑤ 비올 때 하늘을 쳐다본다.

⑥ 웅덩이에 빗방울이 떨어지는 것을 관찰한다.

⑦ 빗물이 흘러가는 곳을 쫓아가 본다.

⑧ 비오는 날 논에서 맹꽁이 우는 소리를 들어본다.

⑨ 샤워기를 이용하여 비의 종류를 만들어본다.

⑩ 무지개는 어느 방향에서 생기는지 토론해 보고 실험한다.

⑪ 폭풍우 치는 소리를 만들어낸다.

⑫ 비에 관한 동시를 짓는다.

⑬ 측우기를 만들어서 실험한다.

⑭ 여름장마 이전과 이후에 댐을 견학한 후 각각 달라진 현상에 대해 토의한다.

⑮ 봄비가 내린 다음 식물의 변화를 관찰한다.

⑯ 여름비가 내린 다음 식물의 변화를 관찰한다[그림 11-2].

그림 11-2 ┃ 해바라기 꽃은 비를 맞으면 머리가 더욱 숙여진다.

⑰ 비온 후 깊게 패인 웅덩이를 관찰한다.

⑱ 비오는 날 장화를 신고 잔디, 땅, 인도를 걸어 보고 소리가 어떻게 다른지 이야기한다.

⑲ 비올 때 어느 곳에 떨어지는 빗방울이 더 많이 튀는지 조사한다.

⑳ 저수지의 물이 어디에 쓰이는지 알아본다.

㉑ 수해의 원인을 탐구해 보고 해결책을 찾는다.

㉒ 가뭄의 피해와 장마의 피해를 도표로 비교하고 토론한다.

5. 활동경험의 실제

✚ 우량계 만들기

활동목표 우량계의 속성을 파악하고 비가 온 양을 측정하는 방법을 안다(서영숙 외, 2000).

참가인원 5세 유아, 10~12명

준 비 물 플라스틱 물병, 가위, 테이프, 화분

활동방법

① 비가 오는 모습, 과정 등에 대해 이야기 나눈다.
② 비가 내린 양을 알아볼 수 있는 방법에 대해 이야기 나눈다.
③ 준비된 자료를 가지고 우량계를 만들어본다.
   ㉠ 플라스틱 음료수병의 윗부분을 자른다.
   ㉡ 자른 윗부분을 거꾸로 해서 병 안쪽에 넣고 테이프를 붙인다. 병 옆에 1cm 간격으로 눈금을 표시한다.
④ 만들어진 우량계의 맨 밑에 있는 눈금까지 물을 채운다.
⑤ 우량계가 넘어지지 않도록 화분 속에 넣은 후 비 오는 날 유치원 마당 또는 창틀에 놓는다.
⑥ 매일 또는 일주일 간격으로 실외놀이 시간에 물의 양을 관찰하고 측정해 볼 수 있다[그림 11-3].
⑦ 강우량을 잴 때마다 그 결과를 가지고 그래프로 그려 볼 수 있다.

그림 11-3 | 봄에 내리는 보슬비는 우량계로 측정하기가 어렵다.

02 바람 프로젝트

1. 교육목표

바람이 부는 원인, 특징, 형태, 이용방법 등에 대한 것을, 과학적 분석 방법(관찰, 비교, 분류, 측정, 예상, 추리, 의사소통 과정)을 통해 이해하고, 풍력자원의 활용 방안에 대하여 관심을 갖는다.

2. 주제

바람(기류, 산들바람, 폭풍, 돌풍, 태풍, 미풍, 북서풍, 동남풍, 북풍, 남풍, 회오리바람), 풍차, 항구, 연, 에너지, 모래바람, 황사, 공기유통, 기상청, 공항, 바람의 효과, 악기, 풍향계

3. 교수 개념

① 바람은 기류(공기의 흐름)의 움직임, 즉 더운 공기는 올라가고 찬 공기는 내려가는 원리에 의해서 생긴다[그림 11-4].

② 바람은 다양한 이용가치가 있다.

- 긍정적 가치 : 물건 말리기, 공기 이동, 비의 이동, 연 날리기, 풍차작동, 에너지 생산, 돛단배의 이동
- 부정적 가치 : 먼지의 이동, 눈 질환 발생, 토양침식, 황사, 미세먼지, 질병의 전파

③ 바람의 형태는 다양하다.

- 돌풍, 폭풍, 태풍, 미풍, 회오리바람 등

④ 바람은 다양한 감각적 특성을 가지고 있다.

- 청각 : 휘파람 소리, 펄럭거리는 소리, 나부끼는 소리, 날카로운 소리, 돌풍의 웅장한 소리, 톡톡 두드리는 소리, 구슬픈 소리, 지저귀는 소리, 부딪치는 소리
- 시각 : 흩날리는 머리카락, 굴뚝의 연기, 흔들리는 식물, 나뭇가지가 휘어짐,

그림 11-4 | 바람은 공기의 흐름이다.

나뭇잎이 떨어짐, 모자가 날림, 사람이 웅크리고 서둘러서 걸어감, 흔들리는 신호등, 흩날리는 휴지조각, 먼지

- 후각 : 먼지, 냄새(늪지대, 매립지, 농장, 공장, 호수, 강, 바다, 숲)
- 촉각 : 모래먼지의 느낌, 코가 매캐하게 따가운 느낌, 눈이 쓰리고 따가운 느낌, 피부가 답답한 느낌, 피부가 얼얼한 느낌, 상쾌한 느낌, 부드러운 느낌, 촉촉한 느낌
- 미각 : 입으로 스치는 모래먼지의 맛

⑤ 바람에 대한 느낌은 상황에 따라 다르다.

- 음산하고 습기를 머금은 봄바람은 불쾌하다.
- 여름밤의 시원하고 부드러운 바람은 행복하다.
- 강한 바람은 먼지를 일으키므로 피하고 싶다.

⑥ 바람은 폭설이나 폭풍우를 일으켜서 피해를 줄 수 있다.

⑦ 바람은 에너지원이 된다.

⑧ 바람은 식물의 씨앗을 멀리 보내는 풍매작용을 한다.

4. 활동경험

① 바람 부는 날 산책하면서 바람의 특징을 관찰한다.

② 바람이 많이 부는 날과 바람이 잔잔한 날에 각각 연을 날려 보고, 비교하여 기록한다.

③ 비행기의 모양과 새의 모양을 관찰하고 그 이유를 추리해 본다.

④ 폭풍우가 몰아칠 때 배는 왜 항구에 모여 있는지 토의한다.

⑤ 기상청이나 텔레비전에서 기상방송하는 것을 관찰한다.

⑥ 바람을 이용한 악기(하모니카, 멜로디언, 풍금, 피리, 아코디언 등)를 찾아보고 그 원리를 탐색한다.

⑦ 악기 상점에 견학 가서 바람을 이용한 여러 악기를 관찰한다.

⑧ 주변 환경에서 바람의 영향을 관찰한다.

- 침식, 돌담 또는 가로수가 쓰러지는 것, 식물이 쓰러지는 것, 모래더미가 부서지는 것, 간판과 신호등이 부서지는 것, 바닷가에서 해일이 이는 것

⑨ 풍향계를 관찰하여 바람의 방향을 그래프로 작성한다.

⑩ 바람의 이로움과 해로움에 대하여 토론한다.

⑪ 바람(공기)과 관련 깊은 음식(아이스크림, 스폰지케이크 등)을 찾아서 관찰해 보고 분류한다.

⑫ 바람에 날리는 식물의 씨앗을 분류해 보고 그 특징을 설명한다.

5. 활동경험의 실제

✚ 바람이 부는 곳과 불지 않는 곳 찾기

활동목표 온도와 바람의 관계를 알아본다(홍찬의, 2004).

참가인원 5세 유아, 8~10명

준 비 물 리본을 묶은 막대, 관찰기록지, 온도계

활동방법 ① 유치원 안에서 바람이 많이 불거라고 생각되는 곳을 예상하고 가설을 세워본다.

㉠ 유치원에서는 어느 곳에서 가장 바람이 많이 불까?

㉡ 왜 바람이 많이 불거라고 생각했을까?

[가설]

	지하실	바깥놀이 나무 아래	교실 안
바람의 세기	가장 많이 불 것이다.	조금 불 것이다.	바람이 불지 않을 것이다.
추운 정도	가장 추울 것이다.	조금 추울 것이다.	춥지 않을 것이다.

② 바람이 많이 불거라고 예상했던 곳을 직접 찾아가서 온도와 바람의 세기를 재어본다.

㉠ 얼마나 추운지 정확하게 알아보려면 무엇을 이용할 수 있을까?

㉡ 바람이 많이 부는지 어떻게 비교할 수 있을까?
③ 예상했던 것과 결과를 비교해 본다.

[결과]

	지하실	바깥놀이 나무 아래	교실 안
바람의 세기	바람이 불지 않는다.	가장 많이 분다.	바람이 불지 않는다.
추운 정도	가장 춥다(19℃).	가장 따뜻하다(22℃).	지하실과 바깥놀이의 중간이다(21℃).

㉠ 우리가 생각했던 것과 어떤 점이 같니/다르니?
㉡ 가장 추운 곳은 어디였을까?
㉢ 가장 바람이 많이 부는 곳은 어디일까?
㉣ 추운 곳은 항상 바람이 많이 불까?[그림 11-5].
④ 차갑지만 바람이 많이 불지 않는 곳에 대해서 이야기나눈다.
- 차갑지만 바람이 느껴지지 않는 것은 무엇 때문일까?
: 겨울에 추워도 바람이 불지 않을 때가 있어요 / 얼음은 차갑지만 바람이 안 불어요

그림 11-5 | 연을 잘 날리려면 바람 부는 방향을 알아야 한다.

⑤ 우리 주변에 있는 장소나 물건 중에서 따뜻한 바람이 부는 곳/것에 대해서 이야기 나눈다.

- 따뜻한 바람이 나오는 물건은 뭐가 있을까? 따뜻한 바람이 부는 곳은 어디일까?
  : 드라이기에서 따뜻한 바람이 나와요 / 사막의 모래바람은 덥지만 세게 불어요 / 열풍기에서도 더운 바람이 나와요

참고사항 헤어드라이기, 청소기, 선풍기, 에어컨, 온풍기 등 바람이 나오는 물건들에 대해서도 함께 알아본다.

학습후 평가

담당교수		교과목명	
학번		이름	

진단영역		진단문항	매우 미흡	미흡	보통	우수	매우 우수
기상	비 프로젝트	1. 나는 다양한 비와 종류와 이름에 대한 교육자료를 영상으로 제작할 수 있다.					
		2. 나는 비와 관련된 다양한 경험을 유아들의 수준에 따라 적절하게 질문할 수 있다.					
		3. 나는 비의 순환과정에 대한 교육적 자료를 제공할 수 있다.					
		4. 나는 비에 대한 주제로 수업계획안을 구성할 수 있다.					
	바람 프로젝트	1. 나는 유아들에게 바람의 감각적 특성에 대한 자료를 제시할 수 있다.					
		2. 나는 바람의 속성에 대한 영상자료를 제작할 수 있다.					
		3. 나는 유아들이 바람의 특징을 이해할 수 있도록 다양한 기회를 제공할 수 있다.					
		4. 나는 바람에 대한 주제로 유아들과 함께 실험할 수 있다.					
예시		• 바람의 긍정적 가치와 부정적 가치에 대한 영상자료 만들기 • 비의 순환과정에 대한 자료 제작하기 • 바람에 대한 주제의 프로그램 분석 해보기					

진단결과

진단영역		문항수	점수	점수÷문항수
기상	비 프로젝트	4		
	바람 프로젝트	4		
합계		8		

chapter 12

프로젝트중심 과학활동의 실제(공간)

유아들이 살고 있는 지구의 공간은 공기, 소리, 빛으로 채워져 있다. 특히, 이들 공기, 소리 그리고 빛은 구체적인 물건이 아니므로 때때로 유아들에게 마술적으로 다가올 수 있다.
그러나 태어나면서부터 감각적으로 익숙한 숨쉬기, 엄마의 목소리, 빛과 어둠의 순환인 밤과 낮 등은 유아들에게 매우 친숙한 환경이다.
따라서 자연환경을 통한 실제 경험은 유아들에게 공기, 소리, 빛의 존재를 과학적으로 알려줄 수 있는 최선의 방법이다.

학습전 평가

담당교수		교과목명	
학번		이름	

진단영역		진단문항	매우 미흡	미흡	보통	우수	매우 우수
공간	공기 프로젝트	1. 나는 공기오염을 측정할 수 있다.					
		2. 나는 공기가 이동하는 속도를 바람의 세기로 이해할 수 있다.					
		3. 나는 공기오염의 폐해에 대한 영상자료를 제작할 수 있다.					
	소리 프로젝트	1. 나는 소리의 원인을 종류별로 분류하여 도표로 제시할 수 있다.					
		2. 나는 소리 프로젝트 수업계획안을 수립할 수 있다.					
		3. 나는 유아들이 소리를 분별할 수 있는 기회를 제공할 수 있다.					
	빛 프로젝트	1. 나는 맑은 날, 흐린 날, 안개 낀 날에 빛의 강도를 조사할 수 있다.					
		2. 시간의 경과에 따른 그림자의 길이를 측정할 수 있다.					
		3. 계절에 따른 햇빛의 강도에 대한 자료를 제작할 수 있다.					

진단결과

진단영역		문항수	점수	점수÷문항수
공간	공기 프로젝트	3		
	소리 프로젝트	3		
	빛 프로젝트	3		
합계		9		

<table>
<tr><td>능력단위(분류번호)</td><td colspan="2">과학교육의 실제 내용과 방법(0701040106-13V1)</td></tr>
<tr><td>능력단위요소</td><td colspan="2">• 공기 프로젝트(0701040106-13V1.3)
• 소리 프로젝트(0701040106-13V1.3)
• 빛 프로젝트(0701040106-13V1.3)</td></tr>
<tr><td>학습목표(수행준거)</td><td colspan="2">• 공기 · 소리 · 빛에 대한 주제와 교수개념을 수립할 수 있다.
• 공기 · 소리 · 빛 프로젝트 경험을 통해 탐구하는 태도를 갖도록 지도할 수 있다.
• 공기 · 소리 · 빛 프로젝트 활동계획안을 수립할 수 있다.</td></tr>
<tr><td>지식(Knowledge)</td><td>기술(Skill)</td><td>태도(Attitude)</td></tr>
<tr><td>• 공기 · 소리 · 빛에 대한 교수개념
• 공기 · 소리 · 빛 프로젝트 활동경험과 실제</td><td>• 공기 · 소리 · 빛과 관련된 전문 자료 수집 능력
• 공기 · 소리 · 빛의 관계를 관찰할 수 있는 능력
• 공기 · 소리 · 빛의 감각적 특성을 비교할 수 있는 능력</td><td>• 공기오염으로부터 유아를 안전하게 지킬 수 있는 태도
• 소리오염을 적극적으로 차단하는 열의
• 공기 · 소리 · 빛에 대한 자료탐색에 대한 열의</td></tr>
<tr><td>수행내용</td><td colspan="2">• 공기 · 소리 · 빛과 관련된 교육목표 수립
• 공기 · 소리 · 빛의 주제 및 교수개념
• 공기 · 소리 · 빛에 대한 활동경험 및 실제</td></tr>
</table>

출처 : 국가직무능력표준(www.ncs.go.kr)

01 공기 프로젝트

1. 교육목표

눈에 보이지 않는 공기의 존재를 과학적 분석 방법(관찰, 비교, 분류, 측정, 예상, 추리, 의사소통 과정)을 통해 이해하고, 공기를 우리의 실생활에 어떻게 활용할 수 있을지 앎으로써 공기오염 방지에 관심을 가진다.

2. 주제

낙하산, 행글라이더, 풍선, 진공, 타이어, 공기저항, 튜브, 기구, 비누거품, 산소통, 공기오염, 호흡, 에너지, 선풍기, 공기차단, 진공청소기, 축구공, 배구공, 농구공, 탁구공 등

3. 교수 개념

① 공기는 여러 가지 특징이 있다.

- 색, 냄새, 맛이 없고 눈에 보이지 않는다.

② 공기는 우리 주위의 모든 곳에 존재하며 지구를 둘러싸고 있다.

③ 공기는 공간을 차지하고 있다.

④ 모든 생물은 공기를 필요로 한다.

⑤ 불이 타기 위해서는 공기가 필요하다.

⑥ 공기는 무게가 있다.

⑦ 공기는 힘이 있다.

⑧ 공기는 움직인다.

⑨ 공기는 흙과 물 속에도 있다[그림 12-1].

그림 12-1 | 모래가 부드러운 것은 그 속의 공기 때문이다.

⑩ 거품은 공기로 이루어져 있다.

⑪ 공기는 더워지면 팽창하여 위로 올라간다.

⑫ 공기는 물 위에 뜰 수 있는 것에 도움을 준다.

⑬ 공기는 지상에서 뜰 수 있는 것에 도움을 준다.

⑭ 공기는 다양하게 활용될 수 있다.

⑮ 공기는 온도의 변화에 따라 더워질 수도 있고 차가워질 수도 있다.

⑯ 공기는 소리를 낼 수도 있다.

⑰ 공기의 질은 인간에 의해 영향을 받는다.

⑱ 오염된 공기는 생물에게 피해를 준다.

⑲ 공기의 압력은 변한다.

4. 활동경험

① 코를 막고 입으로 숨을 쉬어 본다. 이때 손바닥을 입에 바싹 댄다.

② 물속에 빈 병을 거꾸로 넣어 보고 물속에서 생기는 물방울을 관찰한다.

③ 모든 생물에게 공기가 없다면 어떤 일이 일어나는지에 대해 토론한다[그림 12-2].

④ 선풍기를 틀어 놓고 공기의 이동을 관찰한다.

⑤ 진공청소기의 원리를 탐색한다.

⑥ 비누거품을 불어서 공기의 움직임을 관찰한다.

⑦ 크기와 재료가 다른 낙하산을 만들어서 날려보고 그 결과를 비교 관찰하고 측정한다.

⑧ 입으로 풍선에 공기를 불어서 넣어 본다. 그리고 축구공과 튜브를 비교 관찰하여 설명한다.

⑨ 풍향계를 보고 공기의 이동을 알아본다.

⑩ 풍선을 불고 난 후 꼭지를 막지 않고 관찰한다.

⑪ 불이 났을 때 효과적으로 끄는 방법을 알아본다.

⑫ 공기를 활용하는 가전제품을 찾아보고 그 원리를 탐색한다.

⑬ 공기를 깨끗하게 보존하는 방법을 탐색한다.

그림 12-2 ❙ 운동할 때는 폐에서 더 많은 공기를 필요로 한다.

5. 활동경험의 실제

✚ 공기의 이동과 바람의 종류에 대해 알기

㉠ 바람이 부는 이유

- 바람

  공기의 일부가 지표면에서 따뜻해지면 가벼워져서 상승하게 되고 상공에서 공기는 온도가 내려가면서 무거워져서 다시 지표면으로 내려오게 된다. 이와 같이 온도의 변화에 따라 기압이 변함으로써 대류 현상이 나타나며 이때의 공기의 움직임을 바람이라고 한다(홍찬의, 2004).

- 해풍

  낮에는 고체인 육지가 액체인 바다보다 빨리 데워지므로 그 위의 공기도 빨리 데워져서 위로 상승하게 되고 그 빈자리에 바다의 찬 공기가 흘러드는 것을 해풍이라고 한다.

- 육풍

  밤이 되면 빨리 차가워진 육지의 공기가 천천히 식는 바다 쪽으로 이동하는 것을 말한다.

- 계절풍

  공기의 대류 중에 규모가 크고 계절에 따라 방향이 바뀌며 일어나는 바람으로 해풍과 육풍이 생기는 것과 같은 원리이다. 따라서 여름에는 바다에서 온도가 높고 습기가 많은 바람이 불어오지만 온도차가 적기 때문에 바람이 약하다[그림 12-3]. 겨울에는 온도차가 많기 때문에 강하고 습기가 적은 바람이 분다(대륙과 바다의 온도차는 겨울에 많고 여름에 적다. 그 이유는 일조량이 작은 겨울에는 바다가 데워지기 어렵기 때문이다).

㉡ 바람의 종류

- 바람의 세기에 따른 종류

그림 12-3 ❙ 여름의 비눗방울은 멀리 날지 못한다.

계급	명칭	지상의 상태
0	고요	연기가 똑바로 올라간다.
1	실바람	풍향계는 기록되지 않지만 연기가 날리는 모양으로 보아 알 수 있다.
2	남실바람	얼굴에 바람을 느낄 수 있고 나뭇잎이 살랑인다.
3	산들바람	나뭇잎과 가느다란 가지가 흔들리고 깃발이 가볍게 날린다.
4	건들바람	먼지가 일고 작은 가지가 흔들린다.
5	흔들바람	잎이 무성한 작은 나무 전체가 흔들리고, 강이나 호수에 잔물결이 일어난다.
6	된바람	큰 가지가 흔들리고 전깃줄이 울리며 우산 받기가 힘들다.
7	센바람	나무 전체가 흔들리고 바람을 향하여 걸어갈 수 없다.
8	큰바람	가느다란 가지가 부러지고 바람을 향하여 걸어갈 수 없다.
9	큰센바람	굴뚝이 넘어지고 기와가 벗겨진다.
10	노대바람	나무가 뿌리째 뽑히고 주택에 큰 피해를 입힌다.
11	왕바람	경험하기 매우 힘들며 광범위하게 파괴된다.
12	싹쓸바람	육지에서 관측된 예는 없다.

- 바람의 방향에 따른 종류
  - 동풍 : 샛바람
  - 서풍 : 하늬바람
  - 남풍 : 마파람(=맞바람)
  - 북풍 : 높바람
- 기타
  - 건들바람 : 가을에 건들건들 시원하게 부는 바람
  - 고추바람 : 살을 에는 듯 몹시 차갑게 부는 바람
  - 꽁무늬바람 : 뒤쪽에서 부는 바람
  - 꽃샘바람 : 꽃을 시샘하듯 부는 쌀쌀한 바람
  - 살바람 : 좁은 틈으로 불어오는 찬 바람
  - 갯바람 : 바닷가에서 부는 바람

㉢ 바람의 이로운 점

- 빨래, 곡식과 김, 오징어 등을 잘 마르게 한다.
- 돛단배, 행글라이더, 기구 등을 움직여준다.
- 대기의 온도를 조절해준다.
- 우리의 땀을 식혀준다.
- 새가 날개를 움직이지 않고도 날 수 있게 해준다.
- 풍차, 풍력 발전소 등 에너지를 만들 수 있다.
- 씨앗을 먼 곳까지 퍼뜨린다.

㉣ 바람으로 인한 피해

- 태풍, 회오리, 토네이도 등의 강풍은 건물이나 자연물을 파괴한다.
- 아직 채 익지 않은 열매를 떨어뜨린다.
- 파도를 일게 하여 고기잡이를 어렵게 한다.
- 황사를 몰고 온다.

㉤ **공기오염**

- 원인 : 자동차의 매연, 공장 굴뚝 연기, 쓰레기를 태울 때 생기는 연기, 연탄 · 시멘트 공장 등에서 나는 먼지, 산불 등
- 폐해 : 숨쉬기 힘들다/ 머리가 아프다/ 눈병이 많아진다/ 나뭇잎이 누렇게 말라 죽 는다/ 산성비가 내린다/ 오존층이 파괴된다/ 지구가 점점 더워진다 등

02 소리 프로젝트

1. 교육목표

소리를 구별하는 것은 소리의 차이(음절, 운율) 또는 반사되는 소리의 차이점을 아는 것이다. 그러므로 소리를 구별하기 위한 과학적 분석 방법(관찰, 비교, 분류, 측정, 예상, 추리, 의사소통 과정)을 통해 소리에 대한 개념을 이해하고, 소리를 우리의 실생활에 어떻게 활용하는지 앎으로써 소음공해에 관심을 가진다.

2. 주제

전화소리, 사람의 몸에서 나는 소음, 동물 울음소리, 자동차 소리, 시계 소리, TV 소리, 기차소리, 장작 타는 소리, 가전제품소리, 음악, 기계소리, 노래, 공원의 소음, 비행기 소리, 요리, 바람소리, 빗소리, 종소리, 경적소리, 신호등 소리, 악기

3. 교수 개념

① 소리의 원인은 다양하다.

사람들의 웅성거림, 가전제품의 소음, 시골과 농촌의 소음, 음악, 기계소리(자

동차, 시계, 기차 등), 동물소리, 자연과 날씨(물, 바람, 천둥, 나뭇잎, 불, 비), 요리, 사람의 신체에서 나는 소리(먹는 소리, 손가락 부딪치는 소리, 손뼉소리, 발자국 소리, 위가 우글거리는 소리, 배고플 때 나는 소리, 삼킬 때 나는 소리, 딸꾹질, 트름소리) 등[그림 12-4].

② 소리는 다양한 특성이 있다.

- 약한 것, 강한 것, 부드러운 것, 큰 것, 행복한 것, 우울한 것, 화난 것, 슬픈 것, 시끄러운 것, 즐거운 것, 두려운 것, 편안한 것, 놀라는 것, 기절할 것 같은 것, 열광적인 것

③ 소리는 정보를 제공하고 우리의 행동을 자극한다.

- 전화소리, 아기 울음소리, 끓는 소리, 사람들 소리, 노크소리, 움직이는 소리, 동물들 소리, 경적소리, 신호등 소리, TV 또는 라디오 소리

④ 동일한 소리라도 사람마다 느끼는 것은 다르다.

- 알람시계 소리, 전화 소리, 문 여는 소리, 자동차 소리

⑤ 사물의 소리는 보지 않아도 들린다.

- 바람 소리, 비행기(기차, 자동차, 오토바이, 자전거) 소리, 뱃속에서 나는 소리,

그림 12-4 ❙ 모든 생물은 소리 없이 성장한다.

다른 방에서 나는 소리, 멀리에서 들리는 소리, 가까이에서 들리는 소리

⑥ 어떤 소리는 너무 약해서 잘 안 들린다.

- 눈 오는 소리, 깃털 떨어지는 소리, 눈 깜빡거리는 소리, 벌레가 기어가는 소리, 나비가 날아가는 소리, 음식 굽는 소리

⑦ 어떤 소리는 서로 비슷하다.

- 천둥소리/ 불꽃소리, 개가 짖는 소리/ 바다표범이 짖는 소리, 전화기 소리/ 알람시계 소리, 헤어 드라이어 소리/ 진공청소기 소리

⑧ 같은 종류지만 서로 다른 소리가 난다.

- 악기, 자동차, 전화벨, 사람 소리, 시계

⑨ 소리는 공기의 진동에 의해서 나며, 공기의 양에 따라 크기가 다르다.

⑩ 소리는 액체, 기체, 고체를 통해서 전달된다.

⑪ 소리는 공기가 없는 진공상태에서는 전달되지 않는다.

⑫ 소리를 잘 전달하는 물질과 그렇지 않는 물질이 있다.

4. 활동경험

① 친구들의 목소리를 녹음한 후 누구의 목소리인지 분별하여 알아맞힌다.

② 다양한 소리를 녹음하여 알아맞히기 게임을 한다.

- 물 끓는 소리, 튀기는 소리, 초인종 소리, 물 흐르는 소리, 변기물 내리는 소리, 전화벨 소리, 자동차 소리, 오토바이 소리, 도마 소리, 세탁기 소리, 낙수물 소리, 폭포수 소리, 빗소리[그림 12-5]

③ 다양한 재료(곡식, 모래, 씨앗 등)를 각각 필름 통에 넣고 소리를 구별하여 분류한다.

④ 현악기를 튕겨 보고 각각의 소리를 비교해 본다.

⑤ 실로폰을 사용해 보고 그 소리를 비교해 본다.

⑥ 우리 주변에서 나는 소음의 종류를 관찰하고 비교하여 분류한다.

⑦ 음식 먹을 때 어떤 음식이 가장 크게 또는 가장 작게 소리가 나는지 탐색해 본다.

- 깍두기, 두부, 김

그림 12-5 ❙ 잔디 위에 떨어지는 빗소리는 물이 사르르 녹는 소리이다.

⑧ 다양한 현악기를 관찰하고 음색을 알아맞힌다.

⑨ 다양한 동물의 소리를 녹음하여 알아맞히는 게임을 한다.

⑩ 음반가게, 주유소, 정비소, 건축 현장 등을 방문한 후 소음의 종류와 원인에 대하여 토론한다.

⑪ 고무줄을 이용하여 현악기를 만들어 본다.

5. 활동경험의 실제

✚ 소리나는 것 찾기

활동목표 ① 주변에서 발생하는 소리에 호기심을 가지고 소리나는 것을 찾아본다(신은수, 2006).
② 다양한 소리를 찾아 비교해 본다.

참가인원 3~4세 유아, 8~10명

준 비 물 다양한 종류의 악기와 물건들

활동방법

단 계	내 용
1. 인식	• 유아들이 마라카스를 흔들다가 "흔들면 소리가 나요. 이 안에 뭐가 들었을까?"라고 말하면서 호기심을 가질 때, 소리나는 것들이 어떤 것들이 있는지 찾아본다. – 소리나는 것에는 어떤 것들이 있을까? – 어떻게 해서 소리가 나는 것일까?
2. 탐색	• 주변에서 소리나는 것들을 찾아본다. 찾아온 것을 소리내어 보면서 어떤 소리가 나는지 이야기나눈다. 소리에 따라 기분이 달라진다는 것을 인식한다. – 이것은 어떤 소리가 날까요? 어떤 것이 듣기 좋아요? 어떤 것이 듣기 싫어요?
3. 탐구	• 유아들이 가져온 물건을 중심으로 소리나는 방법을 살펴본다. – 이 물건은 어떤 방법으로 소리를 낼 수 있을까? • 유아들의 반응에 기초하여 소리나는 현상에 대하여 생각해 본다. – 그 안에 소리나는 무엇이 들어 있어서 소리나는 것일까? 어떤 것이 들어 있다고 생각할까요? • 소리나는 이유에 관심을 보이면, 여러 가지 자료를 이용하여 소리나는 방법을 다양하게 실험하고 비교한다. – 마라카스나 소고의 뚜껑을 열어 보자. 안에 무엇이 들어 있을까요? – 소리나는 기계가 없다면, 어떻게 해서 소리를 만들까? • 색과 모양이 다른 블록을 준비하여 소리에 차이가 있는지 실험하고 비교한다. – 블록색 때문에 소리가 달라질까? 빨강색과 파랑색 블록은 다른 소리가 날까? 왜 그렇다고 생각할까요? – 블록 모양 때문에 소리가 달라질까? 길다란 모양끼리 부딪힐 때와 삼각형 모양끼리 부딪힐 때, 다른 소리가 날까? 왜 그렇다고 생각할까요?
4. 적용	• 유아들이 조사하여 알게 된 것을 중심으로 다양한 소리에 대하여 이야기 나누고, 기록하면서 마무리한다. • 일상생활에서 소리에 따라 사람들의 기분이 어떻게 되는지 살펴보고, 소음과 음악에 대한 느낌을 비교해 본다. 생활에서 소음을 방지하기 위한 방법에는 어떤 것들 이 있는지 주변을 산책하며 알아본다[그림 12-6].

그림 12-6 ❙ 카페트 위에서는 공이 굴러가는 소리가 잘 들리지 않는다.

03 빛 프로젝트

1. 교육목표

빛은 태양의 열과 빛으로부터 나오는 것으로 우리의 삶에 없어서는 안 될 빛, 열, 에너지의 원천이다. 그러므로 빛, 열, 에너지를 과학적인 분석 방법(관찰, 비교, 분류, 측정, 예상, 추리, 의사소통 과정)을 통해 이해하고 이의 효용가치를 알아본다.

2. 주제

해(햇빛), 회중전등, 음지, 양지, 그림자, 따뜻함, 건조함, 직사광선, 탈색, 일출, 일몰, 온도, 휴가, 프리즘, 백엽상, 구름, 안개

3. 교수 개념

① 해는 은하계에 떠 있는 별이다.

② 해를 향한 지구의 위치에 따라 계절의 변화가 생긴다.

③ 여름날 오랫동안 직사광선을 쬐면 건강에 해롭다.

④ 오랫동안 햇빛에 노출되면 커튼, 자동차, 가구 등은 탈색이 될 수 있다.

⑤ 해는 다양한 감각적 특성을 가지고 있다.

- 시각 : 빛, 노란 주황색, 일출 · 일몰의 색, 그림자, 빛의 반사
- 후각 : 아스팔트 녹는 냄새, 먼지 냄새, 고무 녹는 냄새
- 촉각 : 따뜻하다, 뜨겁다, 따갑다, 땀이 난다, 건조하다.

⑥ 햇빛은 사람마다 계절마다 느낌이 다르다.

- 봄, 여름, 가을, 겨울, 따뜻함, 행복함, 나태함, 삭막함, 건조함

⑦ 햇빛이 강한 여름은 의상이 가벼워진다.

그림 12-7 ❙ 해의 모양을 관찰하기 위해서는 특수필름이 필요하다.

⑧ 햇빛과 날씨는 서로 관계가 있다.

⑨ 그림자는 시간에 따라 위치가 달라진다.

⑩ 햇빛이 비치지 않는 곳과 비치는 곳의 생물은 습성이 다르다.

⑪ 프리즘은 빛을 보여준다.

⑫ 여름과 겨울은 햇빛 비치는 시간이 다르다.

⑬ 구름과 안개는 햇빛을 가린다.

⑭ 일식은 해의 모양이 변하는 것이다[그림 12-7].

4. 활동경험

① 온도계로 양지와 음지의 온도를 재어 보고 그 이유를 추리해 본다.

② 식물의 성장과 햇빛의 관계를 알아보고 이야기한다[그림 12-8].

③ 잡지에서 더운 것과 추운 것을 오려서 분류하고 비교해 본다.

④ 회중전등의 빛을 다양하게 조절하면서 빛의 강도와 힘의 변화를 관찰한다.

⑤ 햇빛이 통과하는 물질과 통과하지 않는 물질을 분류하고 그 이유를 알아본다.

그림 12-8 ❙ 햇빛을 받는 시간이 긴 여름에는 식물이 잘 자란다.

그림 12-9 ❙ 여름의 그림자는 내 몸의 밑에 있다.

⑥ 빛을 내는 기구의 종류를 알아본다.

⑦ 영사기의 빛을 이용하여 그림자 놀이를 한다.

⑧ 시간이 경과하면서 그림자의 길이가 어떻게 변화하는지 알아보고 그 이유를 추리해 본다[그림 12-9].

⑨ 해시계를 만들어서 측정해 본다.

⑩ 월별로 같은 날 같은 시간에 온도와 그림자의 길이를 관찰하고 그래프로 그린다.

⑪ 천이나 그림을 햇빛에 노출하여 탈색 정도를 관찰한다.

⑫ 양지식물과 음지식물의 다른 점을 관찰하고 비교해 본다.

⑬ 계절에 따라 해 뜨는 시간과 해 지는 시간을 관찰한다.

⑭ 구름과 안개 낀 날에 빛의 강도를 조사한다.

5. 활동경험의 실제

+ 하늘의 색 알아보기

활동목표 프리즘을 이용하여 빛의 숨은 색을 찾아본다(남기원, 이정진, 2004). 하늘이 다양한 색으로 변하는 이유에 대해 관심을 갖는다.

참가인원 5세 유아, 8~10명

준 비 물 프리즘, 흰 종이

활동방법

① 다양한 하늘의 색에 관심을 갖는다.
- 오늘의 하늘은 어떤 색처럼 보일까요?[그림 12-10]
- 어떤 색의 하늘이 있을까요? 언제 그런 색의 하늘을 보았어요?
  : 저녁에 노을이 지면 빨개져요/ 나는 보라색 하늘도 봤어요/ 어제는 하늘색이 변하고 있었어요/ 위에는 하늘색인데, 밑에는 아침처럼 검은색이었어요

② 하늘의 색이 달라지는 이유에 대해 생각해 본다.
- 하늘의 색은 왜 이렇게 달라지는 것일까요?

그림 12-10 | 가을의 하늘은 투명하고 맑다.

- 하늘에 있는 무엇 때문에 이렇게 달라지는 것일까요?
  : 구름이요. 구름이 까만색이면 하늘도 까매져요/ 구름이 빨개지면 하늘도 빨개요/ 해님이요. 해님이 없으면 하늘이 흐리잖아요
- 하늘의 색이 친구들 말처럼 이렇게 달라지는 것은 해 때문이에요. 왜 해가 있으면 하늘의 색이 달라질까요?

③ 프리즘으로 햇빛에 숨은 여러 가지 색을 찾는 방법을 이야기 나눈다.

- 우리가 보는 해는 어떤 색처럼 보여요?
  그런데 해는 우리 눈에는 보이지 않지만 여러 가지 색들을 가지고 있대요. 해에 숨은 여러 가지 색을 찾을 수 있는 방법이 있을까요?
- (프리즘을 소개하며) 이것을 본 적이 있어요?
  이것은 햇빛에 숨은 여러 가지 색을 찾아주는 프리즘이란 거예요.
  이 프리즘으로 햇빛의 색을 찾아보도록 해요.

④ 바깥놀이에서 프리즘을 이용해 산란되는 빛을 찾아본다.

참고사항

- 이렇게 햇빛의 색을 찾은 후에는 하늘이 파랗게 보이는 이유, 노을의 색이 붉은 이유, 비구름의 색이 어두운 이유, 구름이 하얀 이유 등에 대해 다양하게 탐구해 볼 수 있다.

학습후 평가

담당교수		교과목명	
학번		이름	

진단영역		진단문항	매우 미흡	미흡	보통	우수	매우 우수
공간	공기 프로젝트	1. 나는 공기오염을 측정할 수 있다.					
		2. 나는 공기가 이동하는 속도를 바람의 세기로 이해할 수 있다.					
		3. 나는 공기오염의 폐해에 대한 영상자료를 제작할 수 있다.					
	소리 프로젝트	1. 나는 소리의 원인을 종류별로 분류하여 도표로 제시할 수 있다.					
		2. 나는 소리 프로젝트 수업계획안을 수립할 수 있다.					
		3. 나는 유아들이 소리를 분별할 수 있는 기회를 제공할 수 있다.					
	빛 프로젝트	1. 나는 맑은 날, 흐린 날, 안개 낀 날에 빛의 강도를 조사할 수 있다.					
		2. 시간의 경과에 따른 그림자의 길이를 측정할 수 있다.					
		3. 계절에 따른 햇빛의 강도에 대한 자료를 제작할 수 있다.					
예시		• 공기오염 측정하기 • 소리의 원인을 종류별로 분류한 도표 제작 • 시간의 경과에 따른 그림자 길이 측정					

진단결과

진단영역		문항수	점수	점수÷문항수
공간	공기 프로젝트	3		
	소리 프로젝트	3		
	빛 프로젝트	3		
합계		9		

chapter 13

프로젝트중심 과학활동의 실제(감각)

유아들은 감각을 통해서 학습한다. 특히, 후각, 미각, 촉각, 무게, 색은 태어나면서부터 이미 민감하게 발달한 부분으로서 사람의 정서를 자극한다. 그러나 산업화 · 도시화에 이은 정보화 사회는 자연스러운 감각적 경험을 제한하면서 유아들의 탐색능력을 저하시키고 있다.
그러므로 유아들이 과학적 탐색능력의 기초 기능인 후각, 미각, 촉각, 무게, 색들에 대한 개념을 이해할 수 있도록 이들에게 실제적인 경험을 다양하게 제공하는 것이 매우 중요하다.

<table>
<tr><td>능력단위(분류번호)</td><td colspan="2">과학교육의 실제 내용과 방법(0701040106-13V1)</td></tr>
<tr><td>능력단위요소</td><td colspan="2">• 후각(냄새) 프로젝트(0701040106-13V1.3)
• 미각(맛) 프로젝트(0701040106-13V1.3)
• 촉감 프로젝트(0701040106-13V1.3)
• 무게 프로젝트(0701040106-13V1.3)
• 색 프로젝트(0701040106-13V1.3)</td></tr>
<tr><td>학습목표(수행준거)</td><td colspan="2">• 감각(후각 · 미각 · 촉감 · 무게 · 색)에 대한 활동자료를 적절하게 배치할 수 있다.
• 감각 프로젝트 활동 경험을 통해 탐구하는 태도를 갖도록 지도할 수 있다.
• 감각 프로젝트 활동계획안을 수립할 수 있다.</td></tr>
<tr><td>지식(Knowledge)</td><td>기술(Skill)</td><td>태도(Attitude)</td></tr>
<tr><td>• 감각 프로젝트에 대한 교수 개념
• 감각 프로젝트 활동 경험과 실제</td><td>• 감각 프로젝트와 관련된 자료 계발 능력
• 감각 프로젝트 활동자료 정리 능력
• 감각 프로젝트 활동에 사용되는 자료를 분석할 수 있는 능력</td><td>• 감각 프로젝트의 주제에 따라 비교 분석 관찰하는 태도
• 유아에게 감각 프로젝트를 제공하고 장려하는 태도</td></tr>
<tr><td>수행내용</td><td colspan="2">• 감각(후각 · 미각 · 촉감 · 무게 · 색)에 대한 주제 및 교수 개념
• 감각 프로젝트에 대한 교육목표 수립
• 후각 · 미각 · 촉감 · 무게 · 색에 대한 활동경험 및 실제</td></tr>
</table>

출처 : 국가직무능력표준(www.ncs.go.kr)

학습전 평가

담당교수		교과목명	
학번		이름	

진단영역		진단문항	매우 미흡	미흡	보통	우수	매우 우수
감각	후각(냄새) 프로젝트	1. 나는 냄새나는 물질과 냄새나지 않는 물질을 구별하여 교육자료를 적절하게 배치할 수 있다.					
		2. 나는 냄새 항목과 냄새군을 분류하여 설명할 수 있다.					
	미각(맛) 프로젝트	1. 나는 다양한 맛의 경험을 제공하여 맛의 차이와 특징 등을 이해하도록 지도할 수 있다.					
		2. 나는 식재료에 열을 가하면 맛과 향이 다르게 변한다는 사실을 실험을 통해 증명할 수 있다.					
	촉감 프로젝트	1. 나는 촉감이 변화될 수 있다는 사실을 실험적인 방법으로 지도할 수 있다.					
		2. 나는 촉감 자료분석에 대한 교재를 개발할 수 있다.					
	무게 프로젝트	1. 나는 무게 주제의 교수개념을 수립할 수 있다.					
		2. 나는 무게 중심에 대한 개념을 지도할 수 있다.					
	색 프로젝트	1. 나는 색의 종류를 분류하고 느낌을 표현할 수 있도록 지도할 수 있다.					
		2. 색 프로젝트 활동계획안을 작성할 수 있다.					

진단결과

진단영역		문항수	점수	점수÷문항수
감각	후각(냄새)프로젝트	2		
	미각(맛)프로젝트	2		
	촉감 프로젝트	2		
	무게 프로젝트	2		
	색 프로젝트	2		
합계		10		

01 후각(냄새) 프로젝트

1. 교육목표

코로 맡을 수 있는 냄새를 과학적 분석 방법(관찰, 비교, 분류, 측정, 예상, 추리, 의사소통 과정)으로 판별하고, 냄새가 우리 일상생활에 어떻게 작용하는지를 알아본다.

2. 주제

세제, 향수, 화장품, 여러 가지 음식 냄새, 꽃향기, 나뭇잎, 연기, 젓갈, 악취 제거제, 매연, 과일, 조미료, 생선, 고기, 채소, 과일, 모기향, 소변, 대변, 방귀, 음료수, 연고

3. 교수 개념

① 냄새는 직접적이거나 간접적인 행위를 유발한다.

- 연기 냄새, 타는 냄새, 음식 냄새, 불쾌한 냄새, 좋은 냄새, 친숙하지 않은 냄새, 달콤 한 냄새

② 동일한 종류라도 냄새는 다르다.

- 사람, 향수, 비누, 음식, 꽃, 자동차, 나뭇잎, 과일

③ 동일한 식료품이라도 시간의 경과에 따라 냄새가 다르다.

- 빵, 고구마, 감자, 채소 등의 부패하는 식품

④ 다른 종류이면서 같은 냄새가 난다.

- 모닥불 연기/ 담배연기, 서로 다른 종류의 식초, 서로 다른 풀 종류

⑤ 냄새가 없는 것도 있다.

- 도자기류, 물, 천, 유리 등

⑥ 냄새는 변화한다.

- 요리 전후, 과일향, 꽃향기

⑦ 화학약품은 첨가제에 따라 냄새가 다르다.

- 세제, 향수

⑧ 후각은 위험을 방지할 수 있다.

- 가정용 가스

4. 활동경험

① 냄새 항목과 냄새군을 분류하고 설명한다.

② 조미료 통에 있는 조미료의 이름을 알아맞힌다.

③ 고구마, 양파, 당근, 시금치, 마늘, 생강 또는 감자의 냄새를 익기 전과 익고 난 후에 비교하여 맡아 본다.

④ 다양한 물질의 냄새를 맡아보고 이름을 말한다.

- 술, 세제, 물, 탄산음료, 향수, 바나나, 배, 사과, 귤, 감, 복숭아, 포도, 딸기, 수박, 건어물(오징어, 명태, 과메기, 김, 뱅어포, 멸치, 새우), 식초, 스테이크소스, 김치, 수정과, 팥시루떡, 콩시루떡, 김치찌개, 로션, 콜드크림, 글리세린, 꿀, 샴푸, 시럽, 비누, 양파, 파, 마늘, 설탕, 밀가루, 옥수수 전분, 소나무, 향나무, 장미꽃, 국화꽃 등

⑤ 주변 환경에서 냄새나는 것을 찾아보고 분류한다.

⑥ 풀의 종류를 냄새에 따라 분류하고 관찰한다[그림 13-1].

⑦ 좋아하는 냄새와 싫어하는 냄새를 분류하고 토의한다.

⑧ 눈을 가리고 음식 맛과 냄새의 관련성을 실험해 본다.

⑨ 고기, 생선, 야채 냄새를 분류하고 비교한다.

⑩ 페인트 가게로 견학간다.

⑪ 다양한 화장품 냄새를 맡아 보고 분류한다.

그림 13-1 ❙ 딸기 잎에서는 딸기 냄새가 나지 않는다.

5. 활동경험의 실제

✚ 채소와 과일 냄새 알아맞히기

활동목표 여러 가지 채소와 과일의 냄새를 맡아 보고 구별할 수 있다.

참가인원 4~5세 유아, 4~6명

준 비 물 여러 가지 과일(딸기, 사과, 바나나, 배, 키위 등), 여러 가지 채소(홍당무, 양파, 배추, 파, 고추, 우엉, 미나리 등), 도마, 칼, 접시, 수저, 믹서기, 관찰기록지, 필기구, 돋보기, 종이행주, 비커

활동방법

① 과일 종류와 채소 종류를 관찰하고 이야기를 나눈다.
② 과일 종류와 채소 종류의 모양과 냄새를 연관시킨다[그림 13-2].
③ 과일 종류와 채소 종류를 횡단과 종단으로 잘라 보고 관찰한다.
- 모양이 같은 것끼리 모아본다.
- 비슷한 색끼리 모아본다.
- 과일 종류와 채소 종류의 맛을 본다.

④ 과일 종류를 각각 믹서기로 갈아서 비커에 담아 놓는다.
⑤ 채소 종류를 각각 믹서기로 갈아서 비커에 담아 놓는다.
⑥ ④와 ⑤를 냄새 맡아 보고 분류한다.
⑦ 채소 종류와 과일 종류의 냄새에 따라 분류한 것을 그래프로 그려 본다.

그림 13-2 ❙ 사과의 향은 배의 향보다 진하다.

02 미각(맛) 프로젝트

1. 교육목표

입으로 먹어 보고 알 수 있는 맛의 성분을 과학적 분석 방법(관찰, 비교, 분류, 측정, 예상, 추리, 의사소통 과정)으로 판별하고, 맛이 우리 일상생활과 어떤 관계가 있는지 알아본다.

2. 주제

신맛, 짠맛, 단맛, 쓴맛, 매운맛, 감칠맛, 비린맛, 부드러운 맛, 강한 맛, 과일 맛, 채소 맛, 고기 맛, 생선 맛, 버섯 맛, 톡 쏘는 맛, 고소한 맛

3. 교수 개념

① 맛은 행동적 반응을 유발한다.

- 쓴맛 : 얼굴을 찡그리고 뱉으려 한다.
- 단맛 : 표정이 밝아지고 더 먹으려 한다.
- 신맛 : 얼굴을 찡그리고 입맛을 다신다.
- 매운맛 : 표정이 굳어지고 입을 벌린다.

② 동일한 종류라도 맛은 언제나 같지 않다[그림 13-3].

- 사과 : 신 것, 단 것, 심심한 것
- 감 : 떫은 것, 단 것, 심심한 것
- 케이크 : 재료와 향료에 따라 다양한 맛

③ 다른 종류라도 맛이 같을 수 있다.

- 레몬 맛 : 아이스크림, 케이크, 쿠키

- 팥 맛 : 팥죽, 팥밥

④ 모양이나 색깔은 같아도 맛은 다르다.

- 소금/ 설탕, 계피가루/ 향신료, 올리브 주스/ 자두 주스, 깨죽/ 땅콩죽, 보리차/ 옥수수차

⑤ 맛은 변화한다.

- 요리 전/ 후, 신선한 음식/ 상한 음식, 음식이 얼었을 때/ 녹았을 때
- 과일 말리기 전/ 말리고 난 후, 첨가물을 넣기 전/ 넣고 난 후, 익기 전/ 익은 후

⑥ 재료의 고유한 맛에 따라 음식 맛은 달라진다.

- 어류, 육류, 어패류, 채소류

그림 13-3 | 과일의 맛은 종류에 따라 모두 다르다.

4. 활동경험

① 여러 가지 음식의 맛을 보고 음식의 이름을 예상한다.

② 조미료의 맛을 보고 분류해 본다.

③ 모양이나 색깔은 같으면서 맛이 다른 것을 찾아본다.

④ 요리하기 전의 재료 맛과 요리하고 난 후의 재료 맛을 보고 그 이유를 추리해 본다.

⑤ 식료품점이나 슈퍼마켓에 견학을 간다.

⑥ 신선한 과일 맛과 구운 과일의 맛을 비교하여 기록한다.

⑦ 김치 담기 전 각각의 재료를 맛보고 김치 담은 후에 김치맛을 보고 비교한다.

⑧ 음식 맛을 보고 음식에 들어간 재료를 알아본다.

⑨ 서양식과 한식 맛의 차이점을 설명한다.

5. 활동경험의 실제

✚ 궁중 떡볶이와 일반 떡볶이의 맛 비교

활동목표 떡볶이의 맛, 냄새, 색깔, 재료의 같은 점과 다른 점을 안다[그림 13-4].

그림 13-4 ┃ 떡볶이는 양념에 따라 색과 맛이 다르다.

참가인원 4~5세 유아, 4~6명

준 비 물 궁중 떡볶이, 일반 떡볶이, 접시(큰 것, 작은 것), 집게, 확대경, 종이행주, 국자, 숟가락, 젓가락, 관찰기록지

표 13-1 | 궁중 떡볶이와 일반 떡볶이의 맛에 관한 비교 관찰기록지

<table>
<tr><td rowspan="6">궁중 떡볶이</td><td colspan="2">맛</td><td></td></tr>
<tr><td colspan="2">냄 새</td><td></td></tr>
<tr><td colspan="2">색 깔</td><td></td></tr>
<tr><td rowspan="3">재료</td><td>주재료</td><td></td></tr>
<tr><td>부재료</td><td></td></tr>
<tr><td>조미료</td><td></td></tr>
<tr><td rowspan="6">일반 떡볶이</td><td colspan="2">맛</td><td></td></tr>
<tr><td colspan="2">냄 새</td><td></td></tr>
<tr><td colspan="2">색 깔</td><td></td></tr>
<tr><td rowspan="3">재료</td><td>주재료</td><td></td></tr>
<tr><td>부재료</td><td></td></tr>
<tr><td>조미료</td><td></td></tr>
</table>

03 촉감 프로젝트

1. 교육목표

촉감과 관련된 개념을 실제적인 경험과 과학적 분석 방법(관찰, 비교, 분류, 측정, 예상, 추리, 의사소통 과정)으로 형성하고, 촉감이 우리 일상생활과 어떤 관계가 있는지 알아본다.

2. 주제

울퉁불퉁함, 거칠음, 뻣뻣함, 우둘두둘함, 미끈미끈함, 매끌매끌함, 미끌미끌함, 끈적끈적함, 보들보들함, 딱딱함, 차가움, 뜨거움, 거칠거칠함, 흐늘흐늘함, 간질간질함, 축축함, 눅눅함

3. 교수 개념

① 이 세상의 모든 무생물과 생물은 고유한 촉감이 있다[그림 13-5].

② 같은 종류라도 촉감은 다를 수 있다.

- 나무(나뭇잎, 나무껍질, 나뭇가지, 떡잎)
- 자동차(타이어, 시트, 범퍼, 핸들)
- 돌, 시멘트 벽돌

③ 다른 종류라도 촉감은 같을 수 있다.

- 유리, 거울, 벽돌, 도자기, 책, 과일

그림 13-5 ❙ 모래가 물을 만났을 때 그 거칠거칠한 느낌이 간질간질한 느낌으로 바뀐다.

④ 촉감은 변화될 수 있다.

- 열에 의한 변화 : 딱딱해진다, 두꺼워진다, 울퉁불퉁해진다, 뭉글뭉글해진다, 보슬보슬해진다, 누굴누굴해진다.
- 냉각에 의한 변화 : 단단해진다, 딱딱해진다.
- 건조에 의한 변화 : 보송보송해진다, 딱딱해진다, 보슬보슬해진다.
- 씹는 것에 의한 변화 : 부드러워진다.
- 자연적인 변화 : 서리, 바람, 비, 얼음, 등과 같은 날씨의 변화에 따른 촉감의 변화

⑤ 촉감과 관계있는 직업들이 있다.

- 직물 디자이너, 가죽 디자이너, 카페트 직조사, 가구 디자이너

4. 활동경험

① 다양한 천을 이용해서 촉감 판을 만들고 실험해 본다.

② 여러 종류의 나뭇잎을 만져 보고, 딱딱한 것에서부터 부드러운 것까지 순서대로 분류한다.

③ 도자기와 돌의 느낌은 어떻게 다른지, 같은지 이야기한다.

④ 우리 주변에서 볼 수 있는 여러 가지 물건들을 만져 보고 촉감에 따라 분류한다.

⑤ 옷감의 두께와 구성성분에 따라 촉감을 비교해 본다.

⑥ 소금이 녹기 전과 녹은 후의 촉감을 관찰하고 기록한다.

⑦ 서로 다른 재료(철사, 도자기, 천, 밀가루 등)를 혼합한 비밀상자에서 촉감에 따라 재료 를 분류한다.

⑧ 다양한 카펫을 만져 보고 그 성분을 비교해 본다.

⑨ 신선한 호박과 삶은 호박의 촉감을 비교한다.

⑩ 서로 손을 잡고 악수한 후 촉감을 이야기한다.

⑪ 따뜻한 촉감은 어떤 것인지 찾아본다.

⑫ 딱딱한 촉감과 부드러운 촉감을 비교해 본다[그림 13-6].

그림 13-6 ❙ 고구마 잎은 부드럽지만, 줄기는 뻣뻣하다.

5. 활동경험의 실제

✚ 흙 반죽하기

활동목표 여러 종류의 흙을 반죽해 봄으로써, 흙의 특성을 이해할 수 있다.

참가인원 3~4세 유아, 4~6명

준 비 물 돋보기, 확대경(3배수), 디지털 카메라, 관찰기록지, 물, 스포이트, 거름종이, 일회용 접시, 비커, 거름망, 신문지, 여러 종류의 흙(운동장 흙, 모래 흙, 화분 흙, 밭 흙, 논 흙)

활동방법

① 흙의 종류를 눈으로 관찰하고 이야기를 나눈다.
② 흙의 종류를 분류하고 돋보기와 확대경으로 관찰한다.
③ 흙을 종류별로 거름망에 걸러서 확대경으로 관찰한다.
- 흙의 종류에 따라 색이 다른 것을 안다.
- 흙의 종류에 따라 입자의 크기가 다른 것을 안다.
- 흙의 종류에 따라 유기물질이 다른 것을 안다.

④ 거름망에 거른 흙을 종류에 따라 접시에 담아서 만져 보고 비벼본 다음 촉감에 대해 이야기한다[그림 13-7].
⑤ ④의 흙에 물을 넣고 손으로 반죽한다.
⑥ 잘 뭉쳐지는 흙과 뭉쳐지지 않는 흙의 촉감에 대해 이야기한다.
⑦ 잘 뭉쳐지는 흙에서부터 차례로 분류하고 그래프로 그려 본다.

그림 13-7 | 반죽하기에 가장 좋은 흙은 진흙이다.

04 무게 프로젝트

1. 교육목표

무게와 관련된 개념을 실제적인 경험과 과학적 분석 방법(관찰, 비교, 분류, 측정, 예상, 추리, 의사소통 과정)으로 형성하고, 무게가 우리의 일상생활과 어떤 관계가 있는지 알아본다.

2. 주제

무거움, 가벼움, 깃털같이 가벼움, 쇳덩이처럼 무거움, 그램(g), 킬로그램(kg), 톤(t), 몸무게, 저울, 천칭저울, 앉은뱅이 저울, 화물차, 역도, 아령, 공기, 물

3. 교수 개념

① 공간을 차지하는 것은 모두 무게가 있다.
- 깃털, 종이, 동전, 과일, 의복, 채소, 도구, 물, 사람, 식물, 동물, 광석, 흙, 모래

② 무게는 저울이라는 측정도구로 잰다.

③ 무게는 변할 수 있다.
- 증가 : 사람의 몸무게(옷을 입었을 때), 물을 흡수한 스펀지, 유아의 신체적 성장, 공기가 가득한 튜브
- 감소 : 공기가 빠진 튜브, 물이 마른 스펀지, 사람의 몸무게(옷을 벗었을 때)

④ 무게의 변화는 외양을 변화시킨다.
- 몸무게가 늘었거나 줄어들 경우
- 풍선에 공기가 가득 들었을 때와 빠졌을 때

그림 13-8 ┃ 공의 크기와 무게는 관계가 있을 수도 있고 없을 수도 있다.

⑤ 동일한 물건은 형태가 바뀌어도 무게는 같다.

⑥ 무게는 부피, 모양에 의해 결정되지 않는다[그림 13-8].

- 못 ↔ 솜, 스티로폼 ↔ 책

⑦ 다른 종류의 물건이라도 무게는 같을 수 있다.

- 몸무게 = TV 무게, 설탕무게 = 강아지 무게

⑧ 많은 물건들이 200g, 400g, 600g 등의 단위로 포장되어 있다.

⑨ 같은 종류라도 무게는 다르다.

- 과일, 자동차, 자전거, 책, 채소, 도구, 크레파스, 연필

⑩ 공기도 무게가 있다.

4. 활동경험

① 포장한 물건을 보고 무게를 예상하여 맞춰 본다.

② 납작한 튜브와 팽팽한 튜브의 무게를 재어 본다.

③ 마른 스펀지 무게를 재어 보고, 젖은 스펀지의 무게를 재어 본다.

④ 저울을 이용하는 장소에 견학을 간다.

- 양호실, 의료기상회, 화물계량소, 대형 곡물창고, 슈퍼마켓, 가축경매장, 우체국, 식당

⑤ 여러 가지 다른 크기의 상자를 가벼운 것부터 차례로 분류한다.

⑥ 한 바구니의 사과를 무거운 순서대로 나열해 본다.

⑦ 저울을 이용하여 같은 무게끼리 짝을 지어 본다.

⑧ 못, 종이, 풍선, 사탕, 콩 등의 무게를 똑같이 500g으로 하려면 얼마만큼의 양이 각각 필요한지 실험한다.

⑨ 자신의 몸무게를 재고 기록하여 평가한다.

⑩ 친구들 중에서 누가 가장 무거운지 또는 가장 가벼운지 몸무게를 측정하고 비교한다.

⑪ 역도기 또는 아령의 무게와 부피를 관찰한다.

⑫ 학용품의 무게를 종류별로 달아 보고 그래프를 작성한다.

5. 활동경험의 실제

✚ 몸무게 재어 보기

활동목표	몸무게의 변화에 대해 관심을 갖는다[그림 13-9].
참가인원	4~5세 유아, 8~10명
준 비 물	체중계, 신장계, 좌고계, 관찰기록지

그림 13-9 | 줄다리기와 몸무게는 관계가 있다.

활동방법

〔사전활동〕

① 체중계, 신장계, 좌고계를 관찰하고 어디에 쓰이는지 이야기한다.

② 체중계, 신장계, 좌고계의 이용방법을 이야기한다.

〔본 활동〕

① 신장계를 이용해서 키를 재고 기록한다.

② 체중계를 이용해서 체중을 재고 기록한다.

③ 좌고계를 이용해서 앉은키를 재고 기록한다.

④ 신장과 체중, 신장과 좌고, 체중과 좌고의 관계에 대해 이야기한다.

⑤ 신장, 체중, 좌고를 분류하고 그래프로 그려 본다.

05 색 프로젝트

1. 교육목표

색으로 넘쳐나는 이 세상의 모든 색들에 대하여 실제적인 경험과 과학적인 분석 방법(관찰, 비교, 분류, 측정, 예상, 추리, 의사소통 과정)을 통해 인식하고, 색이 우리의 생활과 어떤 관계가 있는지 알아보고 활용한다.

2. 주제

물감, 물, 꽃, 나무, 1차색, 2차색, 혼합, 밝은색, 어두운색, 중간색, 상징색, 무거운색, 가벼운색, 염색, 탈색, 삼원색, 오방색, 어울리는 색, 싫어하는 색, 좋아하는 색, 먹음직스러운 색, 과일색, 채소색

3. 교수 개념

① 모든 색은 이름이 있으며, 이러한 이름은 사물을 묘사하기 위해 사용한다.

② 대부분의 사물은 색이 있다.

③ 어떤 사물은 색이 없다 : 물, 투명플라스틱, 투명유리

④ 다른 종류인데 유사한 색을 가지고 있다.

- 빨강 : 사과, 체리, 토마토, 딸기, 빨간 꽃
- 초록 : 풀, 나무, 채소
- 노랑 : 레몬, 바나나, 옥수수

⑤ 같은 종류인데 다른 색을 가지고 있다.

- 사람의 머리색, 피부색, 눈동자 색, 사과, 피망, 고추

그림 13-10 ❙ 과일은 종류에 따라 색, 모양, 냄새, 맛이 다르다.

⑥ 같은 색이라도 명도가 다를 수 있다[그림 13-10].

- 나무의 초록, 하늘과 바다의 파랑, 어두움의 검정

⑦ 같은 종류인데 다양한 색을 가지고 있다 : 사진, 식물, 물고기, 천

⑧ 색은 변화시킬 수 있고, 변화될 수도 있다.

- 색의 혼합(1차색→2차색), 재료의 첨가, 가열, 요리, 건조, 자연 변화(식물, 동물)

⑨ 색은 상징물이 될 수 있다.

- 계절 : 봄(연두), 여름(파랑 또는 초록), 가을(주황, 갈색), 겨울(회색)
- 공휴일 : 크리스마스(빨강과 파랑색), 초파일(황금색)
- 의복 : 봄 · 여름(밝고 가벼운 색), 가을 · 겨울(어둡고 무거운 색), 상복(흰색 또는 검정색), 신부(흰색), 신랑(검정색)
- 교통안전 : 빨강(멈춤), 초록(통과), 주황(주의)
- 위험 : 빨강
- 기상 안내 : 빨강(더움), 파랑(추움)

- 공공기관 : 우체국, 병원, 학교, 회사 등의 상징색
- 맛있는 색 : 빨강(사과), 노랑(바나나)

4. 활동경험

① 색을 관찰하고 1차색에서 2차색을 혼합해 본다.

② 음식의 색을 관찰하고 분류한다.

③ 손가락 그림으로 여러 색을 섞어 보고 무슨 색이 되는지 관찰한다.

④ 나뭇잎을 모아서 다양한 명암을 비교해 본다.

⑤ 주변 사물의 색을 분류해서 기록한다.

⑥ 색과 음식 이름을 짝지어 맞추기 게임을 한다.

- 갈색 = 도너츠와 된장, 흰색 = 떡국과 식혜, 붉은색 = 김치와 돼지고기 양념
- 고동색 = 불고기와 약식, 빨간색 = 고추장과 토마토 케찹

⑦ 색 맞추기 카드놀이를 한다.

⑧ 색판 돌리기 놀이를 한다.

⑨ 비커에 물을 담고 색소를 한 방울씩 떨어뜨려서 색깔을 관찰한다.

⑩ 색깔 찾기, 게임을 한다 : 비슷한 색, 같은 색, 밝은색, 어두운색, 따뜻한 색, 찬 색

⑪ 색 수수께끼를 한다.

⑫ 꽃잎을 찧어서 물감을 만들고 이를 관찰한다.

⑬ 자연물을 이용하여 물감을 만들고 이를 염색하여 관찰한다[그림 13-11].

⑭ 꽃집과 온실에 견학 가서 다양한 색을 관찰한다.

⑮ 미술가를 초청하여 다양한 혼합색을 관찰한다.

- 창호지, 갱지, 셀로판지에 각각 같은 물감을 들여 보고 비교 관찰한다.
- 가을에 나뭇잎과 풀잎이 변하는 것을 관찰하고 기록한다.

그림 13-11 ❙ 염색의 마지막 단계는 건조과정이다.

5. 활동경험의 실제

✚ 색깔에 대한 주제, 관련 활동, 일일 활동계획안 구성하기
(중앙대학교 사범대학 부속 유치원, 1997)

주제계획안

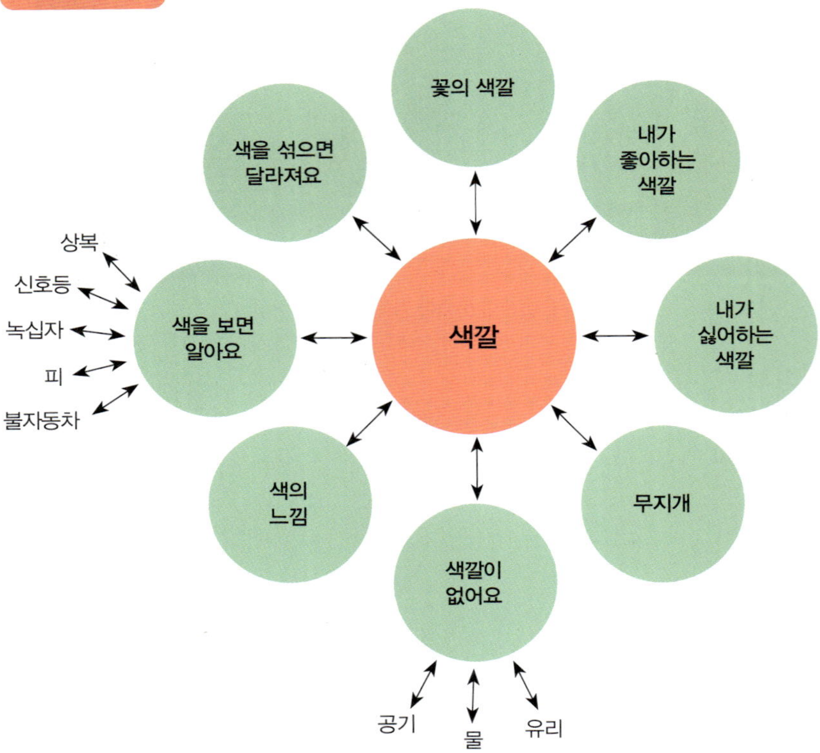

주제관련 활동 계획안

- 주제 : 색깔
- 추정기간 : 　　월　　일 ~ 　　월　　일

색깔

이야기 나누기

1. 이야기 나누기 주제 전개는 전장 참조
2. 확산적 사고를 위한 질문
   - 내 마음의 색깔은?
   - 우리 동네를 아름다운 색깔로 칠한다면?
   - 내 몸이 다른 색일 수 있다면?

언어 · 책 보기

1. 언어
   - 듣기
     - 동운어 듣기와 찾기 (빨간 꽃 하얀 꽃)
     - 들은 대로 찾아보기 (동화: 누구의 우산일까?)
   - 말하기
     - 모양과 색깔 빙고
     - 같은 색깔 물건 찾기
     - 색카드 놀이
   - 읽기
     - 나는 어떤 모습일까?
     - 색과 숫자 맞추어 카드 읽기
     - 색깔 글씨와 흑백 글씨 짝 맞추기
   - 쓰기 – 색깔책 만들기
   - 짓기 – 색의 느낌으로 동시 짓기
2. 책 보기
   - colors(색깔들)
   - 세 가지 빛깔의 요술

수

- 분류
  - 색깔에 따른 분류(옷, 과일, 상징)
  - 색깔고리 분류
  - 색도형/ 색깔 매트리스
- 배열 – 색구슬/ 색도형
- 비교 – 색의 명도(색카드)
- 측정
  - 좋아하는 색/ 그래프
- 시계판 놀이
- 집 뺏기

조작 · 나무토막 · 실외

1. 조작
   - 색깔 퍼즐, 색끈 직조
2. 나무토막
   - 신호등 놀이
3. 실외
   - 색깔 찾기
   - 색깔 바꿔 뛰기(훌라후프)

과학

- 색안경 놀이
- 색깔책 만들기
- 비슷한 색깔 찾기 (색구슬, 책받침 조각)
- 색의 날
- 색 혼합

동화 · 동극 · 역할

1. 동화
   - 빨강이와 노랑이
   - 무지개 아저씨
   - 빛깔 · 빛깔 · 빛깔
   - 하얀 장미와 빨간 장미 (VTR)
2. 동극
   - 빨간모자
   - 무지개 나라
   - 붉은 여우털
3. 역할
   - 색깔집 놀이

신체 · 음률 · 음악 · 게임

1. 신체
   - 창의적인신체표현활동 – 색깔나라
2. 음률
   - 무지개를 그려요
   - 구름–비–지우개
3. 음악
   - 노래 – 흰구름, 하늘, 삼원색, 무지개
   - 노래율동–요기저기, 무슨 옷 입었니
4. 게임
   - 색깔 바꿔 뛰기
   - 도깨비 소탕작전
   - 색깔탕
   - 파란구슬 · 하얀구슬
   - 보기만 하고서
   - 코로 하는 물감칠

미술

- 그리기
  - 물감그림 그리기
  - 색깔 혼합하기
- 꼬기 – 색끈 꼬기
- 점토 – 밀가루 점토
- 핑거페인팅
- 만들기 – 색깔집
- 스크랩 – 색깔스크랩

일일 활동 계획안

■ 주 제: 색깔–내가 좋아하는 색깔(4월 15일)

■ 예상한 목표

1. 여러 가지 색의 이름을 안다.
2. 색에 대한 느낌을 다양한 방법으로 표현해 본다.

내가 좋아하는 색깔

이야기 나누기

- 내가 좋아하는 색깔의 물건 소개하기 (예: 색깔명, 좋아하는 이유, 색의 느낌)
- 소개한 물건을 색깔별로 분류해 보기
- 내가 싫어하는 색과 그 이유에 대해 이야기해 보기
- 언어를 통한 문제해결: 내 몸이 다른 색일 수 있다면?

게임 '색깔탕'

- 어린이들은 좋아하는 색깔의 색종이를 한 장씩 몸에 붙인 다음 둥글게 의자에 앉기
- 술래가 원 안에 들어가 여러 색깔 중 하나를 택하여 부르면 그 색깔을 붙인 어린이들은 서로 자리를 바꾸어 앉기
- 의자에 앉지 못한 어린이는 술래가 되고 3번 이상 술래가 되면 원밖으로 나가기

동화

'빛깔 · 빛깔 · 빛깔'
'삼원색' 동요
음감놀이
'색깔 찾는 딱따구리'

실외 자유선택활동

- 색깔 찾기
- 색깔 바꿔 뛰기(훌라후프)

자유선택활동(기본활동 外)

- 언어
  - 나는 어떤 모습일까요?
  - 모양과 색깔 빙고
- 수
  - 분류: 색깔에 따른 분류(색도형, 매트릭스)
  - 규칙적 배열 : 색구슬, 색도형
- 과학
  - 색 혼합하기(스포이트, 물감)
  - 색안경놀이
- 미술
  - 물감그림 그리기
  - 색깔집 만들기
  - 그림을 통한 문제해결 활동 '내 몸이 다른 색일 수 있다면?'
- 조작
  - 직조하기(색종이, 부직포)
- 역할
  - 색깔집 놀이

학습후 평가

담당교수		교과목명	
학번		이름	

진단영역		진단문항	매우 미흡	미흡	보통	우수	매우 우수
감각	후각(냄새) 프로젝트	1. 나는 냄새나는 물질과 냄새나지 않는 물질을 구별하여 교육자료를 적절하게 배치할 수 있다.					
		2. 나는 냄새 항목과 냄새군을 분류하여 설명할 수 있다.					
	미각(맛) 프로젝트	1. 나는 다양한 맛의 경험을 제공하여 맛의 차이와 특징 등을 이해하도록 지도할 수 있다.					
		2. 나는 식재료에 열을 가하면 맛과 향이 다르게 변한다는 사실을 실험을 통해 증명할 수 있다.					
	촉감 프로젝트	1. 나는 촉감이 변화될 수 있다는 사실을 실험적인 방법으로 지도할 수 있다.					
		2. 나는 촉감자료분류에 대한 교재를 개발할 수 있다.					
	무게 프로젝트	1. 나는 무게 주제의 교수개념을 수립할 수 있다.					
		2. 나는 무게 중심에 대한 개념을 지도할 수 있다.					
	색 프로젝트	1. 나는 색의 종류를 분류하고 느낌을 표현할 수 있도록 지도할 수 있다.					
		2. 색 프로젝트 활동계획안을 작성할 수 있다.					
예시		• 냄새나는 것과 냄새나지 않는 물질을 구분하여 도표 제작하기 • 과일향과 꽃향기를 비교하는 단어카드 만들기 • 색과 계절의 느낌에 대한 도표 만들기 • 촉감자료 개발하고 흥미영역에 비치하기					

진단결과

진단영역		문항수	점수	점수÷문항수
감각	후각(냄새)프로젝트	2		
	미각(맛)프로젝트	2		
	촉감 프로젝트	2		
	무게 프로젝트	2		
	색 프로젝트	2		
합계		10		

chapter 14

주제중심 과학프로젝트

주제중심(Thematic)이란 교사가 유아의 흥미와 경험에 기초한 주제를 논리적인 순서에 의해 조직하고 이를 유아의 경험과 연결하는 것이다. 특히, 주제중심 교육은 주제, 목표, 기본 주제, 하위 주제가 명확하지만, 계획의 형식은 자연적이면서 융통성이 있다. 따라서 주제중심 과학교육은 생활주제를 탐구생활 영역과 연계하여 유아와 집단의 흥미와 요구에 따라 구성하는 것이다.

이 장에서는 주제중심 과학교육에 대한 실제 과학 프로그램을 제시하고자 한다.

학습전 평가

담당교수		교과목명	
학번		이름	

진단영역	진단문항	매우 미흡	미흡	보통	우수	매우 우수
주제중심 과학 프로젝트	1. 나는 유아의 학급의 연령과 구성원의 흥미와 관심을 고려하여 주제중심 과학 프로젝트 수업의 기초가 되는 주제망을 조직할 수 있다.					
	2. 나는 과학 프로젝트 수업을 위한 활동자료를 조직적이고 합리적인 방법으로 구비하여 제시할 수 있다.					
	3. 나는 과학 프로젝트 수업의 진행과정에서 유아의 수준에 맞춰 적절한 질문을 할 수 있다.					
	4. 나는 과학 프로젝트 수업 과정에서 유아들이 알고 싶어하는 내용이 무엇인지 파악할 수 있다.					
	5. 나는 주제중심 과학 프로젝트 수업을 진행하면서 수업의 방향과 내용에 대해 평가 할 수 있다.					

진단결과

진단영역	문항수	점수	점수÷문항수
주제중심 과학 프로젝트	5		
합계	5		

능력단위(분류번호)	과학교육의 실제 내용과 방법(0701040106-13V1)	
능력단위요소	주제중심 과학 프로젝트(0701040106-13V1.3)	
학습목표(수행준거)	• 주제 중심 과학 프로젝트를 통해 유아의 흥미와 요구를 고려하며 적절한 시기에 개방적인 질문을 할 수 있다.	
지식(Knowledge)	기술(Skill)	태도(Attitude)
• 주제 선정 동기와 주제망 • 교육목표 설정 • 활동 자료 제시 • 전체 활동에 대한 회상 및 마무리	• 주제중심 프로젝트 수업과 관련된 전문자료탐색 능력 • 유아의 요구수준과 흥미 파악능력 • 적절한 순간에 적절한 내용을 질문할 수 있는 능력	• 유아의 흥미와 요구에 대한 민감성 • 유아의 흥미와 요구에 따라 교재교구를 제공해주는 열의 • 유아 개개인의 수준을 배려하는 자세
수행내용	• 주제 선정 동기와 주제망 • 교육목표 설정 및 자료구성 • 질문의 적절성과 질문의 적기성	

출처 : 국가직무능력표준(www.ncs.go.kr)

주제중심 과학 프로젝트란 교육부(2015)가 고시한 누리 교육과정에 의해 자연탐구 내용에 대한 주제를 유아의 발달 수준과 경험 가능한 과학 내용을 고려하여, 프로젝트식으로 전개하는 것이다. 즉 과학관련 주제를 유아의 연령이나 흥미, 수준에 따라 통합적으로 깊이 있게 학습하는 것이다. 따라서 주제중심 과학 프로젝트는 하나의 주제를 1주일 혹은 2주일 또는 1달동안 운영함으로써 유아들의 흥미와 높은 학습 의욕을 오랫동안 유지할 수 있다. 다음은 나의 몸에 대한 주제중심 과학 프로젝트의 예이다.

01 나의 몸

1. 주제 선정 동기

유아기는 자신이나 친구의 몸에 대해 상당히 관심을 갖는 시기이며, 신체적으로 급격한 발달을 이루는 시기이기도 하다. 해마다 성장하여 달라지는 키와 몸무게, 젖니가 빠진 자리에 영구치가 자라 나오는 모습 등을 보며 유아들은 성장하는 자신의 몸에 대해 자연스럽게 호기심을 가지게 된다. 이러한 흥미를 기초로 한 자신의 몸에 대한 이해는 자신의 몸과 마음에 대해 알아보고 우리 몸의 소중함으로 인식할 뿐 아니라 다른 사람과의 공통점과 차이점을 발견하고 인정하는 토대가 된다.

또한 유아들과 우리 몸에 대한 다양한 활동을 통해 신체 각 부분의 기능과 특성을 이해하고 이러한 활동은 유아들의 과학적 태도를 발달시킬 수 있을 것이다(정진희, 2009).

2. 주제망

우리 몸은 서로 다른 수십 개의 기관, 근육과 뼈, 혈관과 뼈, 뇌와 신경조직 등으로 구성되어 있다[그림 14-1]. 이러한 우리 몸에 대해 유아들은 겉모습뿐만 아니라 몸속의 기관과 성장과정에 대해 호기심을 가지고 있다. 따라서 유아들이 우리 몸이라는 주제를 통해 자신의 몸을 소중히 여기고 건강과 안전을 습관화하여 실천할 수 있도록 다음의 [표 14-1]과 같이 주제망을 구성하였다.

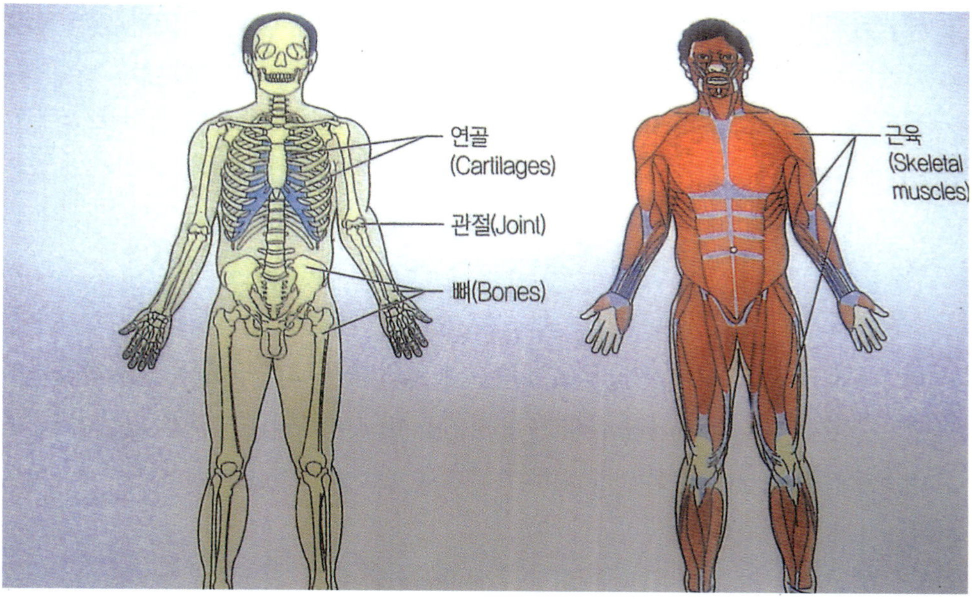

그림 14-1 ┃ 우리 몸의 형태를 이루는 기본은 근육과 골격이다.

표 14-1 ┃ '나의 몸' 주제망(대상연령 : 5세)

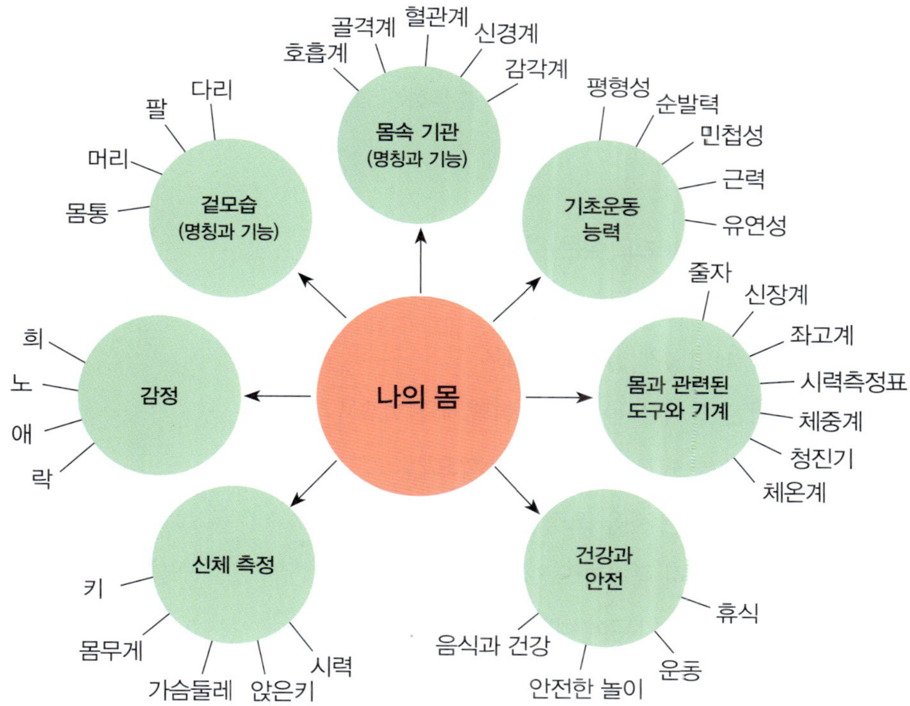

3. 활동 전개 방향

5월의 활동주제는 '나의 가족'이다. 따라서 유아들이 유치원의 일과 과정을 통해 자연스럽게 우리 몸을 건강하고 안전하게 지키기 위한 방법을 알기 위해서 다음과 같은 활동 전개방향을 설정하였다.

① 우리 몸에 대해 관심 가지기

- 내가 어렸을 적에 – 나에 대해 관심을 가지기 위해 주말 활동지를 활용하여 자신의 어릴 적 사진과 현재 모습 사진을 비교하며 달라진 점을 찾아보고, 우리 몸의 성장과 변화 관찰하기 → 대표적으로 달라진 점 : 키와 몸무게, 독립보행, 언어구사 등
- 우리 몸은 얼마나 자랐을까요? – 유아들의 신체(키, 몸무게)를 측정하기
- 우리의 키 · 몸무게와 같은 물건 찾아보기 – 나의 키와 같은 물건을 찾아보기 위해 다양한 물건들의 길이를 재어 보고 출생 때의 몸무게만큼 물건 무게 맞추기
- 우리 몸을 이용한 물건 길이 재어보기 – 우리 몸을 이용한 임의의 측정도구를 사용해 물건의 길이를 재어 보고 표준화된 측정도구 사용 시의 차이점을 알아보기

② 우리 몸에 대해 알아보고 싶은 것들

- 우리는 어떻게 태어났을까요?
- 우리는 몸을 어떻게 움직일까요?
- 우리가 먹은 음식은 몸속에서 어떻게 될까요?
- 우리가 어떻게 보고 들을 수 있을까요?
- 우리의 뇌는 모든 것을 조정할까요?
- 뼈는 어떻게 다시 붙을까요?
- 사람들마다 정말 지문이 다를까요?

③ 우리 몸에 대해 알아보기

- 우리 몸 그리기 – '우리 몸' 큰 그림 그리기 활동을 통해 우리 몸의 구조 알아보기
- 나의 겉모습(얼굴)을 탐색해 보고 각 부분의 명칭과 기능을 알아보기 – 감각기관의 종류 와 원리 등을 알아보고(정면, 측면) 그리기(3차)[그림 14–2]
- 우리 몸속 기관 탐색하기 – 우리 몸속 기관을 골격계, 소화계, 혈관계, 감각계, 호흡계 등으로 나누어 살펴보고, 다양한 신체활동 및 실물모형을 이용하여 몸속 기관에 대해 알아 보기
- 우리 몸의 기초운동 능력 측정해 보기 – 우리 몸을 이용한 기초운동 능력을 알아보고 직접 측정해 보기

④ 우리 몸의 건강과 안전에 대해 알아보기

- 즐거운 운동과 휴식
- 깨끗한 나와 환경 – 질병 예방을 위해 내가 할 수 있는 일 알아보기

그림 14–2 ❙ 얼굴의 측면에서 가장 돋보이는 것은 귀이다.

- 맛있는 음식과 건강 – 올바른 식사습관 가지기(골고루 · 바르게 · 즐겁게 먹기 등)
- 안전한 놀이와 생활 – 우리 생활 주변에서 안전을 생활화하며 위험한 요소를 알고 상황에 대처하기
- 우리 몸의 건강과 안전을 위해 우리를 도와주는 기관이나 사람들의 역할을 알아보기
- 친구들과 병원놀이 함께 하기

⑤ 전체 활동에 대한 회상 및 마무리

- 우리 몸에 대한 여러 활동들을 회상하며 자신의 작품 전시하기

4. 프로젝트 활동의 실제

① 우리 몸에 관심 가지기

5월에 접어들어 자신의 어릴 적 모습을 소개하는 시간이었다. 유아들은 이 시간을 통해 자신이 성장해감에 따라 겉모습뿐만 아니라 몸속 내부 기관(뼈, 근육 등)도 함께 자란다는 것을 알게 되면서 우리 몸에 대해 관심을 가지게 되었다.

✚ 내가 어렸을 적에(5월 첫째주)

교육목표	• 어렸을 적 모습과 현재의 모습을 비교해 봄으로써 사람은 계속 성장함을 알 수 있다[그림 14-3]. • 성장함에 따라 달라진 점들을 이야기할 수 있다.
활동자료	어렸을 적 사진, 현재 모습 사진, 실물 화상기
활동예시	교사 : 아기사진을 잘 살펴보고, 우리 반 친구 중에 누구인지 맞춰 보세요. 유아1: 저 사진은 ○○예요. 눈이 커다랗게 생긴 게 똑같아요. 유아2: 난 △△ 인 것 같은데…. 교사 : 왜 그렇게 생각해요? 유아2: 보세요. 얼굴이 통통하고 귀엽잖아요.

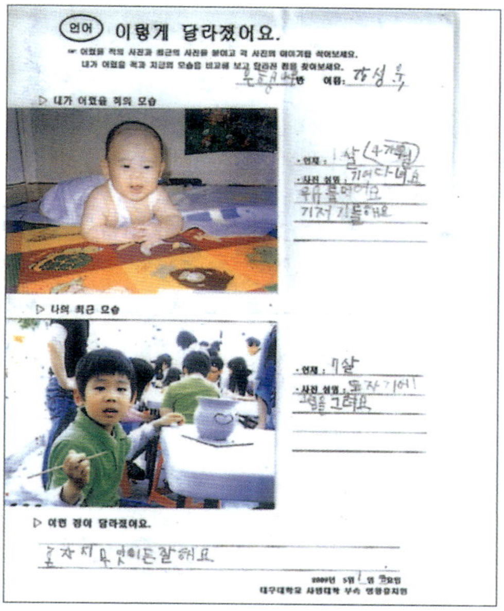

그림 14-3 ❙ 유아기의 성장은 매우 빠르다.

유아3: 저도 △△ 같아요. 왜냐하면 지금도 얼굴이 동그랗게 생겼으니까요.

유아1: 그런데 ㅁㅁ를 보니까 저 사진이랑 닮은 것 같아요.

교사 : 그러네요. 그럼, 친구에게 언제 사진인지 소개해 줄 수 있어요?

유아4: 1살 때 사진인데, 보행기 타고 놀고 있는 사진이에요.

교사 : 그렇구나, 아기였을 때도 무척 귀엽게 생겼네요. 아기였을 때랑 지금과 달라진 점은 무엇이 있는지 소개해 줄 수 있을까요?

유아4: 지금은 키도 많이 크고 몸무게도 늘었어요. 그래서 혼자 걸을 수 있어서 보행기가 필요 없어요. 그리고 1살 때보다 말도 잘 해요. 생각도 잘 해요.

유아들은 아기 사진을 보면서 나름대로 그 친구일 것 같은 이유를 설명해 주었다. 한 유아는 모든 아기들이 비슷해서 누구인지 모르겠다며 웃어 버리기도 했다. 또한 자신들이 생각한 ○○이나 △△가 아니라 전혀 다른 친구일 경우에는 '우와~' 하며 놀라워했다.

✚ 우리 몸은 얼마나 자랐을까요?(5월 둘째주)

교육목표

- 태어났을 때와 지금의 키와 몸무게를 비교해 봄으로써 사람은 계속 성장해 감을 알 수 있다.
- 여러 가지 수를 그래프로 나타낼 수 있다.
- 측정 대상에 따른 측정도구를 바르게 이용할 수 있다[그림 14-4].

그림 14-4 ❙ 싱장계에 올라갈때는 맨발로 올라가야 한다.

활동자료

신장계, 체중계

활동예시

교사 : 우리 친구들이 아기 때와 다른 점으로, 첫 번째로 이야기 한 것이 키와 몸무게가 늘었다는 것이었는데, 오늘은 친구들과 함께 키와 몸무게가 얼마나 되는지 알아보려고 해요. 그런데 키와 몸무게를 재기 위해서는 어떤 것이 필요할까요?

유아1: (과학 영역에 있는 플라스틱 자를 가리키며) 자가 있으면 돼요.

유아2: 아니야, 그건 우리 키보다 짧기 때문에 네 키를 어떻게 재냐?

교사 : 그럼, 키를 잴 때는 어떤 것이 필요할까요?

유아2: 병원에 가면 자동으로 내려오는 기계가 있어요.

유아3: 나도 재어 봤는데, 몸무게도 한꺼번에 잴 수 있어요.

유아2: 아! 맞다. 저울이요.

교사 : 맞아요. 저울은 우리 몸뿐만 아니라 다른 물건들의 무게를 재는 것이기도 해요. 하지만 주로 우리 몸의 무게를 재는 것은 체중계라고 한데요.

이와 같이 유아들은 실제로 키와 몸무게를 잴 수 있는 도구와 기계의 사용법을 이해하고 난 후, 자신들의 키와 몸무게를 서로 측정해 보며 비교해 보았다.

✚ 내 몸은 측정도구(5월 둘째주)

교육목표

- 임의의 측정단위를 사용하여 물건을 측정할 수 있다.
- 길이의 측정에 관한 어휘를 알 수 있다.
- 표준화된 측정도구와 임의의 측정도구의 차이점을 말할 수 있다.

활동자료

자 또는 줄자

활동예시

교사 : 지난 번 키를 잴 때 우리들이 사용한 도구는 무엇이었죠?

유아1: 자예요

유아2: 키 재는 자!

교사: 그래요. 키 재는 자였는데 그걸 다른 말로도 불렀었죠?

유아1: 신장계요.

교사 : 네, 우린 신장계를 이용했었는데 만약 그런 자가 없다면 어떻게 물건들의 길이를 잴 수 있을까요?

유아3: 막대로? 아니면 끈?

유아1: 우리 몸으로 잴 수도 있어요. (팔을 뻗으면서) 이렇게 말이에요.

교사 : 그것도 좋은 생각이네요. 그럼, ㅇㅇ의 이야기처럼 몸으로 잰다면 어느 부분으로 잴 수 있을까요?

유아4: 우리 교실 정리 기호 중에 손으로 재는 뼘이 있어요. 손가락을 쭉 펴고 재는 것 말이에요.

유아1: 우리 몸으로 재니까 도구가 필요 없어서 좋아요[그림 14-5].

유아2: 내가 쉽게 움직일 수 있어서 어렵지 않았어요.

교사 : 그렇죠? 우리 몸을 이용하니까 따로 도구를 가지고 있지

그림 14-5 ❙ 발은 길이를 잴 수 있는 간편한 도구이다.

않아도 잴 수 있어요. 그럼, 친구들이 재어본 것을 함께 보기로 할까요?

유아2: 나는 책상이 7뼘인데 ○○는 8뼘이에요.

교사 : 왜 그럴까요?

유아3: 사람 손가락이 다 다르기 때문이에요. 어떤 친구는 길고 저는 짧아요.

교사 : 그럼, 사람들마다 뼘이 다를 수 있다는 이야기군요.

유아4: 네, 그래서 우리 모두 달라요. 보세요.

유아2: 사람마다 몸의 길이가 다르기 때문에 사람에 따라 재는 게 달라져요.

유아들은 이렇게 표준화된 측정도구와 임의의 측정도구의 차이점을 분류하여 서로 이야기하고 그것을 기록해 보며 활동을 마무리했다.

② 우리 몸에 대해 알고 싶은 것들

우리 몸에 대해 유아들이 관심을 가지고 알아보고 싶은 것들을 모아 본 결과는 [표

14-2]와 같다.

표 14-2 ❙ 우리 몸에 대해 유아들이 알아보고 싶은 것

유아들이 알고 싶은 것	관련 주제
• 우리는 어떻게 태어났을까요?	• 출생과정
• 우리는 몸을 어떻게 움직일까요?	• 골격계, 근육계
• 우리가 먹은 음식은 몸속에서 어떻게 될까요?	• 소화계
• 우리는 어떻게 보고 들을 수 있을까요?	• 감각계
• 우리의 뇌는 모든 것을 조정할까요?	• 신경계
• 뼈는 어떻게 다시 붙을까요?	• 골격계
• 사람들마다 정말 지문이 다를까요?	• 피부, 감각계

③ 우리 몸에 대해 알아보기

유아들이 우리 몸에 대해서 호기심을 가지고 알고 싶어 하는 것을 모아서 분류해 본 결과, 보여지는 겉모습뿐만 아니라 몸 기관에도 관심이 많은 것을 알 수 있었다. 따라서 다음 단계에서는 우리 몸의 겉모습과 몸속의 기관에 대해서도 알아보기로 하였다.

✚ 우리 몸 그리기(5월 둘째주)

교육목표

• 우리 몸의 구성 요소에 대해 알아보고 다양한 방법으로 표상활동을 할 수 있다.
• 협동적인 조형활동을 통해 생각과 느낌을 표현할 수 있다.

활동자료

색연필, 연필, 지우개, 전지, 털실, 색종이, 목공용 풀, 물풀, 참고도서 – 우리 몸(현대출판사), 우리 몸(예림당), 인체(KIZDOM), 우리 몸의 구조와 기능(교원))

활동예시

교사 : 우리 몸은 어떤 부분으로 이루어져 있을까요?

유아1: 머리랑, 팔, 다리, 배, 가슴이요.

유아2: 어! 곤충은 머리, 가슴, 배로 되어 있는데.

교사 : 그래요. 곤충은 그렇게 이루어져 있는데 사람들은 머리, 팔, 다리 그리고 배와 가슴이 있는 곳을 이렇게 부르기도 한대요(몸에 관한 책을 살펴보면서 몸통이라는 부분을 유아들이 찾을 수 있도록 제시한다).

유아2: 몸통이라고 해요. 여기에 있어요.

유아3: 그럼, 우리 몸은 머리, 몸통, 팔, 다리로 된 거네요?

교사 : 네, 우리들이 보여지는 겉모습은 그렇게 이루어져 있어요.

유아4: 배에는 몸속 기관도 있어요. 위도 있고, 심장도 있어요.

유아2: 간도 있어요. 모두 몸통에 있는 것 같아요.

교사 : 친구들이 이야기한 것처럼 몸통에 있는 것도 있지만 또 어떤 것들이 있을까요?

유아5: 뼈랑 근육도 있어요.

교사 : 친구들이 말한 대로 우리 몸은 여러 부분과 여러 몸속 기관들이 있어요. 그럼, 이런 우리 몸을 어떻게 표현할 수 있을까요?

유아들은 자신의 겉모습을 그리는 과정 중에 몸속 기관에 대해서도 알고 싶어 했다. 그러나 어떤 기관이 어디에 있는지 몰랐기 때문에 그림을 제대로 그릴 수가 없었다. 그러자, 유아들은 인터넷 검색, 백과사전 그리고 인체모형을 통해 관련정보들을 찾아낸 후, 토론을 거쳐 몸속 기관들을 그리게 되었다[그림 14-6].

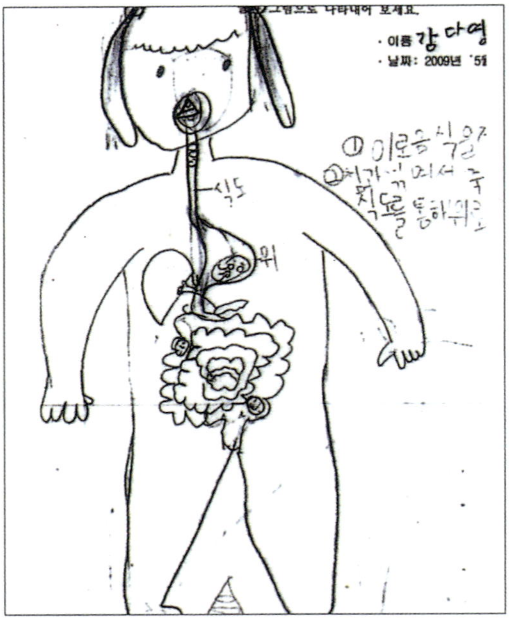

그림 14-6 ┃ 우리 몸속에서 제일 길고 큰 것은 창자이다.

✚ 자화상 그리기(5월 둘째주)

교육목표
- 나의 몸에 대해 관심을 가지고 탐색하여 표상할 수 있다.

활동자료
- 연필(2B, 4B), 지우개(미술용), 도화지, 거울, 유아 사진(정면, 옆모습)

활동예시

1차 표상활동

교사 : 여러분의 얼굴은 어떻게 생겼을까요?

유아1: 눈, 코, 입이 있어요. 귀와 머리카락도 있어요.

교사 : 또 다른 것이 있을까요?

유아2: 눈썹도 있어요.

교사 : 그럼, 오늘은 여러분들의 얼굴을 그려 보기로 할까요?

2차 표상활동

유아들이 그린 그림을 함께 살펴보며 거울 속 자신의 모습과 비교해 보기로 했다.

교사 : 어때요? 여러분들의 얼굴을 다 그렸어요?

유아들: 네!

교사 : 참 잘 그렸네요. ○○는 눈이 커다랗게 생긴 것이 꼭 닮았네요.

유아1: (친구의 얼굴 그림을 보면서) 어! 내 얼굴에는 눈썹이 없어요.

교사 : 정말? 만약 친구 말처럼 우리 얼굴이 눈썹이 없다고 한번 생각해 보세요. 어떤 일이 생길까요?

유아2: 땀이 눈으로 다 들어가요. 이마에 있는 눈썹 말이에요.

유아3: 속눈썹은 먼지를 막아 주는 일도 하죠?

교사 : 그러네. 친구의 얼굴에 눈썹이 없어서 그런 점들이 불편하겠네요.
그럼, 다른 친구들의 얼굴은 어떤지 거울을 보면서 여러분들의 그림과 실제 얼굴의 다른 점 찾기 놀이를 해 볼까요?

유아들: 좋아요.

유아3: 나는 눈 위에 있는 눈썹은 있는데 속눈썹은 없어요.

교사 : 속눈썹이 없었구나. 그럼, 속눈썹은 어디에 있어요?

유아3: 눈꺼풀에 있어요(자신들의 얼굴을 가리키며).

유아4: 속눈썹은 밑에도 있어요. 위에 있는 게 더 많긴 하지만요.

유아3: 위의 속눈썹이 길기도 해요. 밑에 있는 것보다….

교사 : 그러네요. 그런데 눈썹을 그린 친구들을 보니 모두 눈썹이 하나로 되어 있네요. 사람들의 눈썹은 하나로 나있을까요?

유아3: 따로따로 되어 있어요. 꼭 털 같아요.

교사 : 우리 몸에 또 털이 있는 곳이 있을까요?

유아4: 머리카락이요. 어! 내 머리카락이 몇 개 없네?

유아들은 이런 방법들을 통해 자신의 그림과 거울에 비친 실제 모습을 관찰 · 비교하면서 같은 점과 다른 점을 찾아보고 자신들의 자화상을 보다 구체적이고 사실적으로 그렸다[그림 14-7]. 특히, 유아들은 자화상 그리기 활동 이후 다른 표상활동에서도 인물을 표현할 때는 아주 구체적이고 사실적으로 표현하였다.

그림 14-7 ❙ 자화상은 자신의 거울이다.

✚ 나의 몸속은 신기해요(5월 셋째주)

교육목표

- 몸속에 있는 것을 예측하여 이야기할 수 있다.
- 몸 속에 있는 기관들에 관심을 가진다.
- 우리 몸속에는 소화계, 골격 · 근육계, 감각계, 신경계, 호흡계, 순환계 등이 있음을 안다.

활동자료

몸속 기관 모형, 인체모형 도서(신기한 우리 몸(예림당)), 몸속 ppt자료, 관찰지

활동예시

활동 전 유아들과 함께 우리 몸에 관한 책을 읽고 시작하였다.

교사 : 지난번 친구들과 함께 우리 얼굴에 있는 기관들을 살펴보고 그림도 그려 보았는데, 우리 몸속에는 어떤 기관들이 있을까요?

유아1: 우리가 생각할 수 있게 해 주는 뇌도 있어요.

유아2: 뼈도 있어요. 그래서 우린 걸을 수도 있고 설 수도 있어요.

유아3: 위도 있고 대장, 소장도 있어요.

유아4: 피부도 있고 어제 알아봤던 감각기관도 있잖아요.

교사 : 그럼, 우리친구들이 말한 것들은 서로 비슷한 일을 하는 것끼리 모아 보면 어떨까요?

유아2: 뼈는 우리 몸을 움직이게 하는 것!

교사 : 혹시 우리 몸을 움직이기 위해서 또 필요한 기관이 있었나요?

유아1: 근육도 필요해요. 그래야지 뼈가 움직였다가 다시 제자리로 돌아온대요.

이와 같이 몸속 기관에 대해 유아들은 겉모습에서 볼 수 있는 감각기관을 시작으로 골격 및 근육계, 소화계, 혈관계, 신경계 등을 살펴보았다[그림 14-8]. 그러나 몸속 기관은 유아들이 직접 경험을 통해 관찰할 수 있는 대상이 아니기 때문에 관련 분야의 책과 인체모형을 이용하거나 교구를 활용하였다.

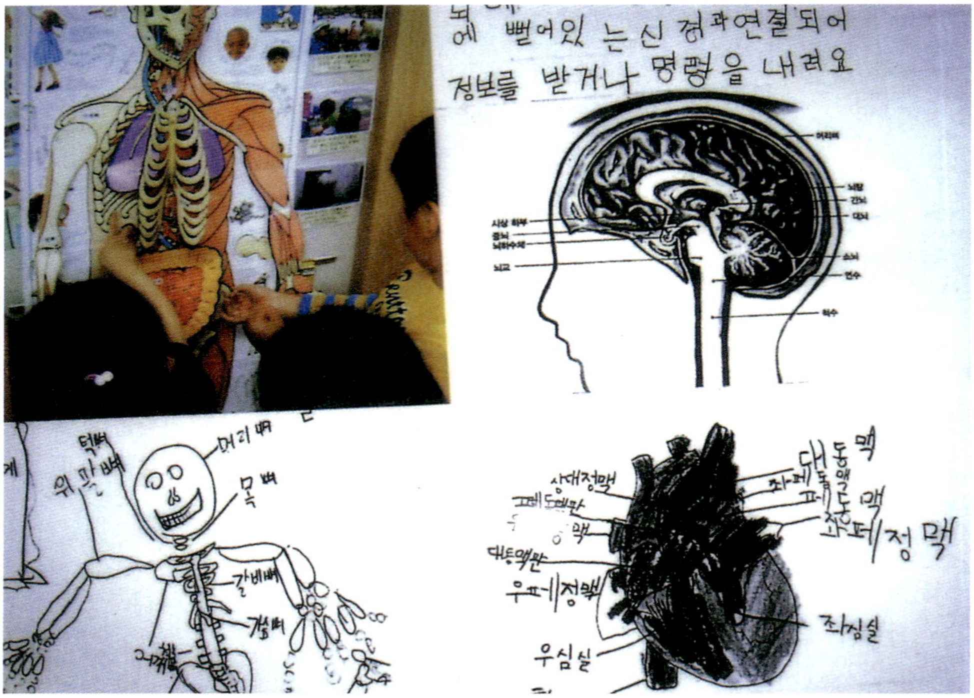

그림 14-8 ❙ 우리의 몸은 우주 전체이다.

④ 우리 몸의 건강과 안전에 대해 알아보기

우리 몸의 활동목표는 유아들이 자신의 몸과 마음에 대해 이해를 토대로 긍정적인 자아개념을 가지고 자신을 소중하게 여길 수 있도록 하기 위함이다. 따라서 우리 몸에 대한 활동의 마지막 단계는 우리 몸과 건강 · 안전을 연관지어 봄으로써, 유아 스스로 자신의 건강을 위한 대처능력을 기를 수 있도록 돕는 것이었다.

✚ 건강을 위해 내가 할 수 있는 운동(5월 셋째주)

교육목표

- 건강을 위해 우리가 실천할 수 있는 다양한 방법을 찾을 수 있다.
- 운동은 몸을 건강하게 해 준다는 것을 알 수 있다.
- 여러 가지 운동 방법을 찾을 수 있다.

활동자료

여러 종류의 운동 사진자료, 여러 종류의 운동 기구, 종이, 사인펜, 색연필, 연필, 지우개

활동예시

교사 : 소중한 우리 몸을 건강하게 유지하려면 우리들은 어떻게 해야 할까요?

유아1: 골고루 먹어야 해요.

유아2: 아프지 않도록 운동도 해야 돼요.

유아3: 깨끗이 씻어야 해요. 예방접종도 했어요. 작년에 독감예방접종을 했어요.

교사 : 맞아요. 우리의 건강을 위해서는 여러분들이 말한 것처럼 음식도 골고루 먹어야 하고, 적절한 운동도 필요해요. 그리고 아프지 않도록 미리 예방 접종을 하는 경우도 있지요. 그래서 오늘은 우리들이 건강을 위해서 할 수 있는 운동을 이야기해 보기로 해요.

유아4: 저는 집에서 아빠랑 축구를 많이 해요. 우리 아빠는 일요일마다 학교운동장에 가서 축구를 해요. 조기 축구회!

유아들은 건강을 유지하기 위한 방법으로 적절한 음식 섭취, 위생, 건강검진 등과 함께 운동에 대해서 이야기하였다. 특히, 운동 부분에서는 축구에 대한 이야기가 가장 많았기 때문에 유아들에게 적절한 운동 종류를 다시 알아보기로 하였다.

✚ 우리의 건강을 도와주는 기관들(5월 셋째주)

교육목표

- 우리의 건강을 위해 도와주는 기관을 알 수 있다.
- 우리의 건강을 위해 도와주는 사람들의 역할을 알 수 있다.

활동자료

병원 · 보건소 · 건강검진센터 · 약국 · 운동과 관련 장소와 사진자료 및 그곳에서 일하시는 분들 사진자료

활동예시

얼마 전 열감기로 결석을 했던 유아의 이야기를 들으며 활동을 시작한다.

교사 : 우리 ○○이가 며칠 만에 유치원에 왔는데 그동안 어떻게 지냈는지 이야기를 들어 볼까요?

유아1: 감기 때문에 집에 있었어요. 약 먹으면서….

유아2: 나도 지난번에 감기 걸렸는데….

유아3: 선생님, 저도 열감기 때문에 지난번에 병원에 가서 주사 맞았어요.

교사 : ○○이가 아팠던 이야기를 하니까 친구들도 아팠던 기억

들이 생각나는군요? 지금 친구들은 아파서 병원에 갔던 이야기들을 많이 하는데 병원 말고 다른 곳을 가본 적이 있나요?

유아3: 저는 보건소도 갔어요. 할머니랑 보건소 가서 진찰했어요.

유아1: 병원은 가지 않고 약국에 갔었어요.

유아4: 저는 배가 아파서 한의원에 간 적 있어요.

유아들은 자신이 진료나 예방접종을 위해 병원을 다녀온 경험과 한의원, 약국, 건강검진센터에 갔던 경험들을 이야기하며 건강을 도와주는 기관들과 그곳에서 사람들이 어떤 일들을 하는지 이야기해 보았다.

활동 후, 유아들은 병원의 종류와 병원 구성을 위해 필요한 것들, 병원에서 일하는 사람들에 대해 알아보고 병원놀이로 활동을 확장하였다.

✚ 병원놀이(5월 넷째주)

교육목표

- 병원이 어떤 일을 하는 곳인지 알 수 있다.
- 병원에서 일하시는 분의 역할을 알 수 있다[그림14-9].
- 창의적 구성활동을 통하여 표현능력을 기를 수 있다.

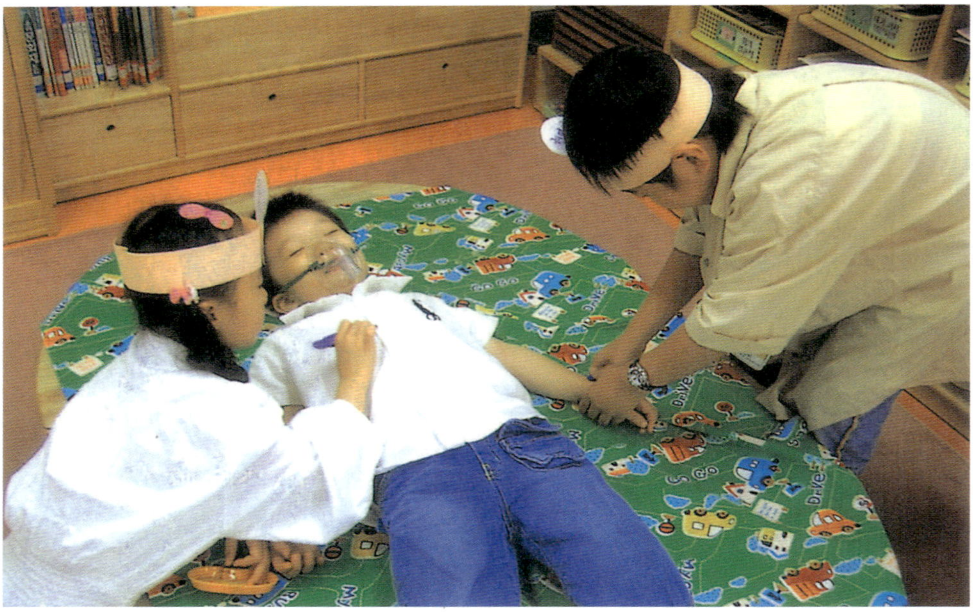

그림 14-9 ❙ 응급실에는 언제나 의사선생님이 있다.

활동자료 • 병원간판, 병원놀이기구, 진료카드, 병원진료 사진자료, 병원 내부 사진 자료 등

⑤ 전체 활동에 대한 회상 및 마무리

활동의 마지막 단계에서 유아들은 우리 몸에 대한 활동 중에서 가장 기억에 남는 것과 재미있었던 것에 대해 이야기하는 시간을 가졌다. 이 시간을 통해 유아들은 자신들이 알게 된 것을 되돌아보고 우리 몸에 대해 어떻게 이해하고 받아들였는지에 대해 이야기하였다. 마지막으로 유아들은 자신들의 작품을 벽면에 제시하였다.

학습후 평가

담당교수		교과목명	
학번		이름	

진단영역	진단문항	매우 미흡	미흡	보통	우수	매우 우수
주제중심 과학 프로젝트	1. 나는 유아의 학급의 연령과 구성원의 흥미와 관심을 고려하여 주제중심 과학 프로젝트 수업의 기초가 되는 주제망을 조직할 수 있다.					
	2. 나는 과학 프로젝트 수업을 위한 활동자료를 조직적이고 합리적인 방법으로 구비하여 제시할 수 있다.					
	3. 나는 과학 프로젝트 수업의 진행과정에서 유아의 수준에 맞춰 적절한 질문을 할 수 있다.					
	4. 나는 과학 프로젝트 수업 과정에서 유아들이 알고 싶어하는 내용이 무엇인지 파악할 수 있다.					
	5. 나는 주제중심 과학 프로젝트 수업을 진행하면서 수업의 방향과 내용에 대해 평가할 수 있다.					
예시	• 예상되는 유아의 질문과 교사의 질문 방법에 대한 고찰 • 주제에 의한 주제망 선정 • 주제선정의 적절성과 자료제시 방법					

진단결과

진단영역	문항수	점수	점수÷문항수
주제중심 과학 프로젝트	5		
합계	5		

chapter 15

주제중심 과학 일일 교육활동

주제중심 과학 일일 교육은 유아들의 하루 일과를 과학관련 주제로 전개하되 동적인 활동과 정적인 활동이 교차되고, 집단 활동과 개별 활동, 실내 활동과 실외 활동, 교사주도 활동과 유아주도 활동이 균형 있게 구성되도록 계획된 것이다. 따라서 일과의 구성은 교육부(2015)에서 제안한 등원, 실내자유선택활동, 정리정돈, 대 · 소집단활동, 바깥놀이 활동, 간식 및 점심, 휴식 및 낮잠, 평가 및 귀가 등이 포함되어야 한다. 다음은 무당벌레에 대한 주제중심 과학 일일 교육계획안의 예로서, 먼저 월간 교육계획안과 주간 교육계획안을 제시하고 이에 따른 일일 교육계획안을 제시한다.

학습전 평가

담당교수		교과목명	
학번		이름	

진단영역	진단문항	매우 미흡	미흡	보통	우수	매우 우수
주제중심과학 일일교육활동	1. 나는 유아의 학급 연령과 구성원의 수준을 고려하여 월간 · 주간 교육계획안에 대한 주제망을 조직할 수 있다.					
	2. 나는 주간 교육계획안을 토대로 하며 일일교육계획안을 작성할 수 있다.					
	3. 나는 일일 교육계획안을 유아주도형으로 구성하여 작성할 수 있다.					
	4. 나는 일일 교육계획안 작성시 기대되는 학습효과를 예상할 수 있다.					
	5. 나는 주간 및 일일 교육계획안 작성시 자료제공 및 유의점을 고려할 수 있다.					
	6. 나는 일일 교육계획 활동에 대한 평가를 할 수 있다.					

진단결과

진단영역	문항수	점수	점수÷문항수
주제중심과학 일일교육활동	6		
합계	6		

능력단위(분류번호)	과학교육의 실제내용과 방법(0701040106-13V1)	
능력단위요소	주제중심 과학 일일 교육 활동(0701040106-13V1.3)	
학습목표(수행준거)	• 주제중심 과학 일일 교육 활동의 목표와 내용에 근거하여 편성, 운영, 평가를 할 수 있다. • 주제중심 과학 일일 교육 활동을 위한 주간 교육계획안을 작성할 수 있다.	
지식(Knowledge)	기술(Skill)	태도(Attitude)
• 월간, 주간, 일일 교육계획안 작성 • 기대되는 학습효과 • 학습자료 및 유의점 • 교육활동평가	• 일일 교육계획수립과 관련되는 전문자료 탐색능력 • 월간 · 주간 · 일일 교육 주제와 관련된 자료정리능력 • 유아의 요구수준과 흥미파악 능력	• 학습효과를 증대시킬 수 있는 방법을 연구하는 열의 • 유아 개개인의 수준을 배려하는 자세 • 평가를 적극적으로 활용하는 태도
수행내용	• 월간, 주간, 일일 교육계획안 작성 • 교육목표와 교육과정 관련요소 파악 • 기대되는 학습효과 및 학습자료 제공	

출처 : 국가직무능력표준(www.ncs.go.kr)

01 무당벌레 움직임

1. 월간 교육계획안

생활주제 (봄 · 동물) 유치반(5세)	
교육 목표	• 봄의 날씨 변화 및 동식물의 변화에 대해 관심을 갖고 관찰하고, 탐구할 수 있는 태도와 이러한 변화를 이해하고 적응할 수 있는 능력을 기른다. • 동물의 종류와 생태, 특성을 알고 탐구하는 자세를 기르며, 동물보호에 관심을 갖는다.
교육 내용	(아래 그림)

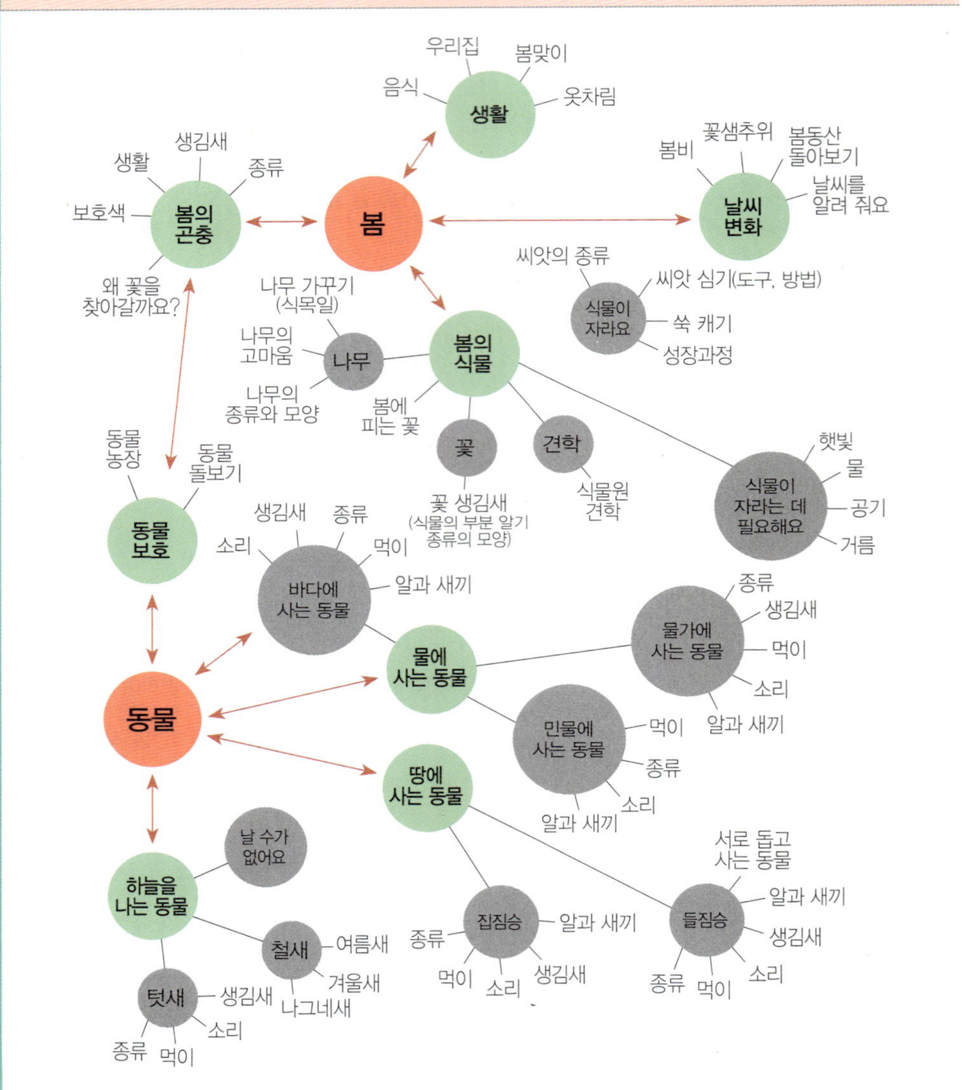

2. 주간 교육계획안

<table>
<tr><th colspan="2">생활주제 (무당벌레) 유치반(5세)</th></tr>
<tr><td>교육
목표</td><td>• 무당벌레의 종류, 모양, 습성, 먹이 등을 알아봄으로써 곤충의 일반적인 특징을 이해한다.</td></tr>
<tr><td>교육 내용</td><td>

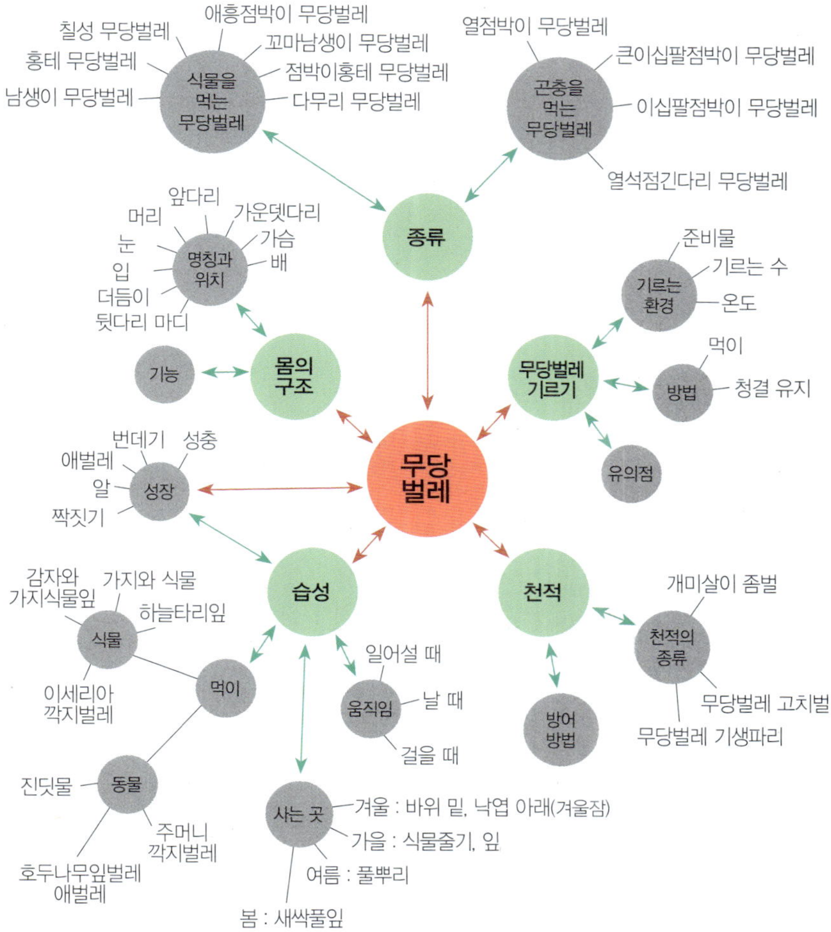

</td></tr>
</table>

3. 일일 교육계획안

생활주제 (무당벌레의 움직임)			유치반(5세)
생 활 주 제	동물	주제	곤충(무당벌레)
소 주 제	무당벌레는 어떻게 움직일까요? (무당벌레의 움직임)	대상	5세 유아
교 육 목 표	무당벌레의 움직임을 관찰하고 그 특징을 알아봄으로써 다른 곤충과 비교할 수 있다.		
교육과정 관련요소	• 신체운동건강 – 신체조절과 기본운동하기(무당벌레와 나의 몸 움직임의 차이점 알아보기) • 의사소통 – 말하기(무당벌레와 관련된 낱말로 문장 만들기) • 사회관계 – 다른 사람과 더불어 생활하기(무당벌레의 이로운 점 알아보기) • 예술경험 – 아름다움 찾아보기(다양한 무당벌레의 무늬 그려보기) • 자연탐구 – 탐구하는 태도 기르기(무당벌레의 움직임 관찰하기)		

활동명 및 활동시간	생활 영역	활동 내용		기대되는 학습 효과	자료 및 유의점
		교 사	유 아(예상반응)		
등 원 (9:10)	사회	• 유아를 반갑게 맞이하고 인사를 나눈다.	• 등원하는 친구, 선생님과 서로 인사를 나눈다.	• 즐거운 유치원 하루를 시작할 수 있다. • 대상과 상황에 알맞게 인사할 수 있다.	• 출석 스티커, 출석부
자유 선택 활동 (9:10~10:10)	자연 탐구, 사회 관계, 의사 소통	[무당벌레 기르기] • 무당벌레를 기를때 필요한 준비물을 마련해 둔다.	• 4월 하순 유아들과 산책을 하면서 무당벌레를 찾아 빈 통에 담아 가져온다. • 무당벌레를 기르기 위해 필요한 준비물을 알아본다.	• 주변환경을 관찰하는 능력을 기를 수 있다.	• 투명한 컵 또는 샬레 • 그물, 고무줄 • 먹이 – 진딧물이 붙은 풀잎, 얇게 썬 사과 • 무당벌레 4~5마리
		• (무당벌레를 보면서) 유아들이 흥미로워하는 무당벌레를 어떻게 하면 좋을지 이야기 해 본다. • 무당벌레를 기를 때는 무엇이 필요할까요?	• 길러봐요 • 관찰하고 놓아 줘요 • 무당벌레 집과 먹이가 있어야 해요. • 물도 있어야 해요. • 풀잎 같은 곳에서 잘 살아요. • 풀뿌리 같은 곳에서도 사니까 풀이 필요해요. • 먹이가 없으면 서로 잡아먹어요. • 무당벌레는 날 수도 있기 때문에 덮개도 필요해요.	• 자신의 생각을 조리 있게 표현할 수 있다.	[주의점] 1. 바깥에서도 쉽게 관찰할 수 있도록 투명한 그릇을 사용한다. 2. 달아나지 않도록 그물로 뚜껑을 만들어 덮어 준다. 3. 먹이가 부족하면 서로 잡아먹으므로 4~5마리가 적당하다. 4. 애벌레를 기를 경우 청결을 유지할 수 있도록 매일 그릇을 닦아주어야 한다.
		• 무당벌레는 무엇을 잘 먹을까요?	• 식물(하늘타리, 가지, 감자)의 잎을 먹어요. • 애벌레를 잡아먹기도 해요. • 아세리아 깍지벌레, 호두나무 잎벌레, 애벌레, 주머니 깍지벌레를 잡아먹어요.	• 무당벌레의 먹이를 알 수 있다. • 무당벌레의 먹이를 분류할 수 있다.	

활동명 및 활동시간	생활 영역	활동 내용		기대되는 학습 효과	자료 및 유의점
		교 사	유 아(예상반응)		
미술 영역	예술 경험	• 우리가 무당벌레를 기를 수 있도록 준비해 볼까요?	• 그릇: 바깥에서도 쉽게 관찰할 수 있도록 투명한 컵이나 샬레 같은 용기에 무당벌레(애벌레)를 넣는다. • 애벌레가 달아나지 않도록 그물로 뚜껑을 덮는다. • 먹이: 진딧물이 붙어 있는 풀잎을 통째로 넣어 준다. (가끔씩 수분을 공급해 주기 위해서 사과를 얇게 썰어 준다)	• 무당벌레의 특성에 대해 관심을 가지고 관찰할 수 있다. • 그물 뚜껑을 알맞게 측정하여 만들 수 있다.	
			• 적정한 수: 먹이가 부족하면 서로 잡아먹을 수 있으므로 4~5마리가 좋다.	• 먹이가 부족하면 서로 잡아 먹을 수 있다는 것을 예상하고 추리할 수 있다.	
		• 무당벌레가 잘 살 수 있도록 우리가 어떻게 하면 좋을까? • 무당벌레와 관련된 책과 확대경을 무당벌레 집 옆에 함께 놓아 둔다.	• 매일 그릇을 닦아 주고 먹이를 갈아 준다. • 무당벌레 집을 어디에 두고 계속해서 관찰을 해야 할지 이야기하며 장소를 정한다.	• 사물을 탐색하고 관찰하는 태도를 기를 수 있다. • 관찰도구를 바르게 이용할 수 있다.	
		[무당벌레 만들기] • 무당벌레를 만들 수 있도록 재료를 준비해 둔다.	• 무당벌레의 생김새와 특징을 관찰하고 이야기 나눈다. • 무당벌레의 앞날개와 뒷날개의 모양들이 그려진 비닐을 자른다. • 날개에 유성매직을 사용하여 무늬를 그려 넣는다. • 날개를 뒤집어 팔, 어깨에 끼울 수 있도록 팔걸이를 만든다.	• 무당벌레 생김새의 특징을 알 수 있다. • 다양한 재료를 활용하여 관찰한 것을 표현할 수 있다. • 심미감을 기를 수 있다. • 다양한 색깔을 활용하여 창의적으로 표현할 수 있다.	• 무당벌레의 날개가 그려진 비닐 • 색종이 • 가위, 풀 • 매직 〈주의점〉 • 가위를 안전하게 사용할 수 있도록 지도한다.

활동명 및 활동시간	생활 영역	활동 내용: 교사	활동 내용: 유아(예상반응)	기대되는 학습 효과	자료 및 유의점
과학 영역	자연 탐구	[무당벌레 시소실험] • 실험재료를 준비해 둔다. • 무당벌레의 움직임에 대해 서로 이야기 나누도록 한다.	• 무당벌레의 움직임에 대해 서로 이야기 나눈다. ①준비된 삼각대 위에 작고 얇은 나무조각을 올려 시소처럼 만든다. ②시소처럼 된 한 곳에 무당벌레를 올려 놓는다.	• 무당벌레의 움직임의 특징을 알 수 있다. • 직접 실험하고 탐구하는 태도를 기를 수 있다. • 실험의 자료와 방법을 보고 결과를 예상해 볼 수 있다.	• 무당벌레 1마리 • 삼각대 2cm×10cm 크기의 얇은 판자
		• 실험결과에 대해 서로 예측해 보도록 한다.	(실험 결과 예측해보기) • 무당벌레가 나무 아래로 내려올 것 같아요. • 다시 높은 곳으로 되돌아 갈 것 같아요. • 떨어질 것 같아요. ③무당벌레의 움직임을 관찰한다. ④실험 결과 관찰하기 • 무당벌레가 높이 올라간 반대편으로 간다. • 낮은 곳에 가면 또 다시 돌아 높은 곳으로 올라온다.	• 무당벌레는 조금이라도 높은 쪽으로 올라가는 특성이 있음을 알 수 있다.	
정리정돈 (10:10~10:20)	신체·건강 사회 관계	• 유아들에게 피아노로정리 시간임을 알려 준다.	• 정리신호에 따라 놀이를 마무리하고 정리정돈한다.	• 올바른 정리정돈 습관을 기를 수 있다.	
이야기 나누기 (10:20~10:45)	자연 탐구, 사회 관계, 의사 소통	[무당벌레는 어떻게 움직일까요?] (도입) • 오늘 자유선택활동 시간에 어떤 놀이를 했어요?	• 무당벌레 만들기를 했어요. • 무당벌레 시소실험을 했어요. • 무당벌레 기를 준비했어요. • 과학 영역에서 무당벌레를 관찰했어요.	• 무당벌레의 특징을 이해할 수 있다.	• 투명한 컵 • 그물 • 먹이: 진딧물이 붙은 풀잎, 수분, 얇게 썬 사과, 무당벌레(4~5마리)

활동명 및 활동시간	생활 영역	활동 내용		기대되는 학습 효과	자료 및 유의점
		교 사	유 아(예상반응)		
		〔전개〕 • 무당벌레는 어떻게 생겼을까요?	• 무당벌레의 생김새와 움직임을 관찰한다. • 무당벌레의 몸의 구조는 더듬이, 입, 눈, 머리, 앞다리, 가운뎃다리, 가슴, 배, 뒷다리 마디로 되어 있어요. • 등에 무늬가 있어요. • 색깔은 빨간 무늬도 있어요. • 검정색 무늬도 있어요.	• 무당벌레의 생김새를 알 수 있다. • 무당벌레가 움직일 때의 특징을 관찰하여 알수 있다.	
		• 그럼 오늘은 무당벌레가 움직이는 모습을 관찰해 볼까요? • 무당벌레가 어떻게 일어설까요?	• 무당벌레를 손으로 만지면 발을 움츠리고 죽은 채 해요. • 뒤집어 봐요. • 조금 지나면 무당벌레가 날개를 펴고 다리를 움직이면서 일어나려고 애를 써요. ①일어서려고 발톱을 바닥에 건 채, 머리를 땅에 붙이고 뺑뺑 돌아요. ②부드러운 뒷날개를 펴고 몸을 일으키려 해요. ③바닥을 밀듯이 하며 일어서요.	• 무당벌레가 움직이는 모습을 관찰하고 상황에 따라 그 특징을 적절한 말로 표현할 수 있다. • 사물을 탐색하고 관찰하는 능력을 기를 수 있다.	
		• 무당벌레가 걸어갈 때는 어떻게 걸어 갈까?	• 발 끝에 가는 털이 있어요. • 그래서 미끄러운 곳에도 잘 올라갈 수 있어요. • 다리 마디에서 노란 액이 나와요.	• 무당벌레의 다리구조를 다른 곤충과 비교하여 알 수 있다.(뒷다리 마디에서 노란색이 나오고 끈적끈적하다).	
		• 무당벌레가 날 때 모습을 살펴보면 어떨까?	• 무당벌레가 나무 위로 올라가요. 그런데 무당벌레는 더 이상 올라갈 데가 없으면 날아가요. • 딱딱한 앞날개는 위로 올린 채 거의 움직이지 않아요. • 얇은 뒷날개를 펴서 앞뒤로 활발히 움직이며 날아가요.	• 무당벌레 날개의 기능을 알 수 있다(앞날개는 비행기의 날개 기능을 하고 뒷날개는 프로펠러 구실을 한다).	

활동명 및 활동시간	생활 영역	활동 내용		기대되는 학습 효과	자료 및 유의점
		교사	유아(예상반응)		
이야기 나누기 (10:20 ~10:45)	자연 탐구, 사회 관계, 의사 소통	〔마무리〕 • 그럼 우리가 관찰한 무당벌레의 움직임을 우리가 표현해 볼까요?	• 몸을 이용하고 무당벌레가 되어 직접 움직여 본다. • 자유선택활동시간에 만든 무당벌레의 날개를 어깨에 걸고 직접 무당벌레의 움직임을 표현해 본다.	• 사물을 관찰하고 그 특징이나 자신의 느낌을 신체를 활용하여 표현할 수 있다. • 표현력을 기를 수 있다. • 대근육을 발달시킬 수 있다.	• 경음악 테이프 • 무당벌레 날개 • 리듬막대
과학 비디오 (10:45 ~10:55)	자연 탐구	[무당벌레 비디오] • 자연관찰 비디오 「무당벌레」 편을 준비하여 틀어 준다.	• 비디오를 시청하면서 무당벌레의 모양과 움직임을 관찰하고 그 특징을 서로 이야기한다.	• 무당벌레의 생김새와 특징을 알고 이야기할 수 있다.	• 자연관찰 비디오 「무당벌레」 편
작업 (10:55 ~ 11:25)	예술 경험	[움직이는 무당벌레] • 무당벌레의 상태를 알 수 있는 사진자료 및 도서를 교실에 미리 준비해 둔다. • 무당벌레를 만들기 위한 마분지와 실, 빨대, 투명테이프를 준비해 둔다. • 움직이는 무당벌레 작업순서도를 준비한다.	• 무당벌레의 모양에 대해 이야기 나눈 후 무당벌레를 만들 수 있는 여러 방법을 예상하여 이야기 나눈다. • 움직이는 무당벌레 순서를 함께 알아본 후 필요한 도구(가위, 크레파스, 색연필)를 준비한다. ①유아들이 관찰한 무당벌레를 얼마만큼 크게 그릴 것인지 측정해 보고 마분지에 그리고 크레파스나 색연필을 이용하여 색칠한다. ②가위로 무당벌레를 오려낸다. ③뒷면에 자기 이름을 적고 빨대 2개를 八자 모양으로 투명 테이프로 붙인다. ④빨대에 실을 끼워 아래쪽 부분이 빠지지 않도록 끼운다. ⑤목에 걸고 아래의 실을 좌·우로 벌리면 무당벌레는 움직이며 위로 올라간다.	• 무당벌레의 생김새를 알고 표현할 수 있다. • 다양한 색을 이용하여 색감을 익힐 수 있다. • 필요한 도구의 안전한 사용법을 알고 바르게 사용할 수 있다. • 정리정돈 습관을 기른다.	• 무당벌레 작업순서도 (4절지 크기) • 마분지, 실, 빨대(5cm 길이 80개), 실(80cm 길이 40개), 투명테이프, 가위, 크레파스, 색연필 〈주의점〉 • 가위를 안전하게 이용할 수 있도록 지도한다. • 작업 후 사용한 도구와 종이를 스스로 정리할 수 있도록 지도한다.

<table>
<tr><th rowspan="2">활동명 및 활동시간</th><th rowspan="2">생활 영역</th><th colspan="2">활 동 내 용</th><th rowspan="2">기대되는 학습 효과</th><th rowspan="2">자료 및 유의점</th></tr>
<tr><th>교 사</th><th>유 아(예상반응)</th></tr>
<tr><td rowspan="2">산책
(11:25 ~ 11:50)</td><td rowspan="2">신체운동 · 건강
자연탐구,
사회관계,
의사소통</td><td>[산책]
• 유아들과 어떤 곳으로 산책을 나가면 무당벌레를 찾을 수 있을지 이야기 나눈다.</td><td>• 무당벌레가 사는 곳이 어떤 곳인지 이야기 나눈다.
• 우리 유치원 주변에서 무당벌레를 찾을 수 있는 곳을 예상해 보고 함께 산책을 나간다.</td><td>• 무당벌레의 습성을 알고 사는 곳을 알 수 있다.
• 주변 자연환경에 관심을 가지고 탐색하는 태도를 기를 수 있다.</td><td rowspan="2">• 개인별 식물도감 · 곤충도감
• 필기구
• 돋보기</td></tr>
<tr><td>• 유아들이 궁금해하는 식물과 곤충을 도감책에서 함께 찾아본다.</td><td>• 필요한 필기도구와 산책도감(식물, 곤충도감), 돋보기를 가지고 친구들과 함께 산책을 나가서 주변의 식물들과 곤충 등을 탐색한다.</td><td>• 여러 종류의 식물과 곤충의 이름을 직접 책에서 찾아보고 알 수 있다.</td></tr>
<tr><td>점심
(11:50~ 12:40)</td><td>신체운동 · 건강</td><td>• 식단을 소개하고 차례대로 점심을 가져가도록 한다.
• 유아 스스로 정리정돈하고 양치질을 하도록 지도한다.</td><td>• 차례대로 손을 씻고 도우미 유아가 반찬을 나누어준다.
• 차례대로 점심을 가져가서 맛있게 골고루 먹는다.
• 점심을 먹은 후 자리를 정리정돈한다.
• 양치질을 한다.</td><td>• 올바른 식습관을 기를 수 있다.</td><td>• 식단표
• 시간, 젓가락
• 숟가락
• 반찬(3종류)
• 국
• 칫솔, 치약, 양치질컵</td></tr>
<tr><td>중간놀이
(실외놀이)
(12:40~ 1:00)</td><td>자연탐구,
사회관계,
의사소통</td><td>[구멍으로 물이 나와요?]
• 물놀이 도구를 제시하고 그 놀이방법을 이야기해 준다.
• 병의 물이 밖으로 나오게 하는 방법에 대해 이야기 나눈다.
• 놀이 후 유아 스스로 정리정돈할 수 있도록 지도한다.</td><td>물놀이
[구멍으로 물이 나와요]
• 여러 가지 물놀이 도구를 관찰해 보고 그 이용방법을 이야기한다.
• 병 밑에 구멍이 있는 병과 구멍이 없는 병에 물을 부어 보고 물의 움직임을 관찰한다.
• 병 밑에 구멍이 작은 병과 구멍이 큰 병에 물을 부어 보고 어느 병의 물이먼저 빠지는지 실험해 본다.
• 병 구멍의 위치에 따라 물이 나오는 방향을 실험해 본다.
• 놀이 후 스스로 정리정돈한다.</td><td>• 놀이도구를 살펴보고 그 쓰임새를 예상할 수 있다.
• 물은 높은 곳에서 낮은 곳으로 움직임을 알 수 있다.
• 병 구멍의 크기에 따라 물이 빠지는 양이 다름을 알 수 있다
• 구멍의 위치에 따라 물줄기의 방향이 다르다는 것을 안다.</td><td>• 물컵걸이대 2개
• 플라스틱 병
• 밑구멍이 난 플라스틱병(굵기 2종류)
• 옆구멍이 난 플라스틱병
• 수조
• 손잡이 컵
• 계량컵
• 식용색소
(황색, 녹색)
• 병뚜껑(구멍을 뚫지 않은 것과 크기별 구멍을 뚫은 것)</td></tr>
</table>

<table>
<tr><th rowspan="2">활동명 및
활동시간</th><th rowspan="2">생활
영역</th><th colspan="2">활 동 내 용</th><th rowspan="2">기대되는
학습 효과</th><th rowspan="2">자료 및
유의점</th></tr>
<tr><th>교 사</th><th>유 아(예상반응)</th></tr>
<tr><td>동화
(1:00~
1:10)</td><td>의사
소통</td><td>[우리 집(곤충들의 집)]
• 동화를 제시하고 동화를 읽는다.
• 동화를 다 읽어 준 후에 다시 그림만을 제시한다.</td><td>• 여러 곤충들이 어떤 곳에서 사는지 곤충들의 습성에 따라 사는 곳이 다르다는 것을 비교하는 내용
• 동화의 그림을 보면서 내용을 생각해 본다.</td><td>• 곤충들의 서식지와 습성에 대해 예상하고 추리해 볼 수 있다.
• 곤충들의 습성에 따라 사는 곳이 다름을 구분하여 알 수 있다.</td><td>• 입체동화
[우리 집]</td></tr>
<tr><td>귀가지도
(1:10)</td><td>사회
관계</td><td>• 유아들과 인사를 나누고 하원지도를 한다.</td><td>• 하루 일과 중 즐거웠던 경험을 이야기한다.
• 교사와 인사를 나누고 귀가한다.</td><td>• 자신의 생각을 말로 표현할 수 있다.
• 하루의 활동내용을 회상하고 평가할 수 있다.
• 바르게 인사할 수 있다.</td><td></td></tr>
<tr><td rowspan="4">평가</td><td>교육
활동</td><td colspan="4">• 교육목표에 적합하였는가?
• 연령 · 발달 수준/ 활동시간 · 활동간의 연계성은 적합하였는가?</td></tr>
<tr><td>교사</td><td colspan="4">• 주제와 관련된 교재 및 환경을 제공하였는가?
• 유아들의 수준에 적합한 상호 작용을 제공하였는가?</td></tr>
<tr><td>유아</td><td colspan="4">• 활동에 흥미를 가지고 참여하였는가?
• 활동내용을 이해하고 참여하였는가?</td></tr>
<tr><td>기타</td><td colspan="4">• 활동 전개중 유아들의 안전 및 예기치 못한 상황을 고려하였는가?</td></tr>
</table>

연습문제

1. 다음의 문장을 읽고 알맞은 단어를 써 넣으세요.

1) 아침-저녁의 쌀쌀한 기온, 풀, 대지들의 풀, 흙의 촉감 (   )

2) 곡식, 사과, 감, 추수, 꿀 (   )

3) 쏟아지는 빗물, 계곡물, 선풍기, 구운감자 (   )

4) 함박눈, 떡국, 팥죽, 수정과 (   )

5) 동물은 다양한 종류의 (   ) 특징을 가지고 있다.

6) 식물은 종류에 따라 색깔, 크기, (   ), 모양, 무게 등의 특징이 있다.

7) 바람은 청각, 시각, (   ), 촉각으로 느낄 수 있다.

8) 소리는 (   )를 제공하고 우리의 행동을 자극한다.

9) 무게는 부피(   )에 의해 결정되지 않는다.

10) 주제중심교육은 계획의 형식은 자연적이면서 (   )이 있다.

2. 유아들과 특정한 주제를 중심으로 탐구활동 (관찰, 비교, 측정, 예상, 추리, 의사소통)를 실시하고 평가해 보세요. 다음은 탐구활동 주제의 예입니다.

예) 꽃과 나무 관찰하기, 식물 기르기, 곤충 기르기 등

정답 : 1) 봄의 냄새와 느낌 2) 가을의 시각과 냄새
3) 여름의 소리와 맛 4) 겨울의 시각과 맛
5) 신체적 6) 구조 7) 후각 8) 정보 9) 모양 10) 융통성

학습후 평가

담당교수		교과목명	
학번		이름	

진단영역	진단문항	매우 미흡	미흡	보통	우수	매우 우수
주제중심과학 일일교육활동	1. 나는 유아의 학급 연령과 구성원의 수준을 고려하여 월간 · 주간 교육계획안에 대한 주제망을 조직할 수 있다.					
	2. 나는 주간 교육계획안을 토대로 하며 일일 교육계획안을 작성할 수 있다.					
	3. 나는 일일 교육계획안을 유아주도형으로 구성하여 작성할 수 있다.					
	4. 나는 일일 교육계획안 작성시 기대되는 학습효과를 예상할 수 있다.					
	5. 나는 주간 및 일일 교육계획안 작성시 자료제공 및 유의점을 고려할 수 있다.					
	6. 나는 일일 교육계획 활동에 대한 평가를 할 수 있다.					
예시	• 주제중심 교육계획안을 위한 일일 교육계획안작성 • 주제중심 주제망 구성 • 기대되는 교육효과 및 평가					

진단결과

진단영역	문항수	점수	점수÷문항수
주제중심과학 일일교육활동	6		
합계	6		

참고문헌

강인애(1997). 인지적 구성주의와 사회적 구성주의에 대한 간략한 고찰. **교육공학 연구 11**(2), 3~20.

고관(2000). 도시 숲 자원을 활용한 생태체험형 환경교육프로그램의 개발. 경운대학교 대학원 석사학위논문.

교육과학기술부(2011). **3~5세 누리과정.**

교육과학기술부, 보건복지부(2013). **3~5세 연령별 누리과정.** 교육과학기술부 · 보건복지부.

곽노의 외 17인(2001). **유아교육과정.** 문음사.

교육과학기술부(2008). **유치원 교육과정해설 Ⅰ.** 교육과학기술부.

______________(2009). 유치원 지도서 3 **나와 가족.** (주)두산.

______________(2009). 유치원 지도서 6 **건강과 안전.** (주)두산.

교육부(1993). 유치원 교육과정 해설. 교육부.

______(1998). 유치원 교육과정(교육부 고시 제1998 - 0호). 교육부.

______(1998). 유치원 교육과정 해설. 교육부.

______(1998). 제6차 유치원 교육과정 연수자료. 교육부.

교육인적자원부(2003). **놀이를 통한 유아과학교육활동.** (주)서울멀티넷.

______________(2007). 2007 개정 유치원 교육과정. 교육인적자원부.

권성기(1998). **과학학습과 구성주의, 구성주의 교육학.** 교육과학사.

권영례(2000). **유아과학교육.** 학지사.

권영례, 박영충(2000). **탐구영역을 위한 수학/과학 주제통합.** 양서원.

김만희, 김범기(2002). 현대 과학교육의 동향과 시스템사고 패러다임의 비교 연구. **한국과학교육학회지, 22**(1), pp64~75.

김미경(1998). **유아교사를 위한 유아과학교육.** 창지사.

김민수(1973). 일제의 한국침략과 언어정책「한」동경, 17, 93.

김영이(2005). **신비하고 오묘한 우리 몸.** 현대출판사

김옥경(2000). **유아과학교육.** 동문사.

김재복(1985). **교육과정의 통합적 접근.** 교육과학사.

______(1999). 21세기와 통합교육. 한국유아교육협회, **유아교육,** 22.

______(1999). 통합교육활동의 정의의 기능. 한국유아교육협회, **유아교육,** 17~26.

김지현 외 1인(2004). **생활 속 원리과학 11-14.** 한국노벨.

나정(1998). 제6차 교육과정 연수자료 - 탐구생활. 교육부.

남기원, 이정진(2004). 자연친화교육"하늘". 한국유아교육협회, **유아교육, 제27호** 117~158.

덕성여자대학교 유아교육연구소(1993). **상호작용이론에 기초한 유아교육과정.** 창지사.

______________________(1995). **상호작용이론에 기초한 유아교육과정.** 창지사.

문교부(1979). 유치원 교육과정.

문희경 외(2007). **발달에 적합한 영유아교육과정.** 양서원.

박승재 외(1987). **과학교육.** 교육과학사.

박영충(1997). 포트폴리오 평가가 유아와 교사의 상호작용에 미치는 효과. **열린유아교육연구, 2**(2), 257~280.

_____(1997). 포트폴리오의 유아교육 현장적용효과. 숙명여자대학교 대학원 박사학위논문.

박완서(2002). **그 많던 싱아를 누가 다 먹었을까.** 웅진닷컴.

박은혜(1996). 반성적 사고와 유아교사교육. **유아교육연구, 16**(1), 175~192.

_____(1999). 교사교육에서 저널쓰기 활용에 대한 교찰. **한국교사교육, 16**(2), 195~216.

박인용 역(2006), 스티브파커 저. **Science Library 신비한 몸.** 다산교육.

박찬옥(1993). **발달에 적합한 유아 과학교육.** 한국어린이육영회.

방인옥 외(2002). **유아교육과정.** 정민사.

방인옥 외 5인(2000). **유아교과교육론.** 창지사, 37~72.

서영숙, 오현주, 이남정, 안소영, 김희정, 이종현, 오주연, 안지혜(2000). **프로젝트 중심 통합적 유아교육과정.** 서울 양서원.

서울여자대학교 부속유치원(2008). **우리 몸을 도와주는 과학.** (주)교문사.

서혜애, 오필석, 홍재식 역, National Research Council(2000). **국가과학교육 기준–미국의 과학교육 개혁–.** 교육과학사.

신은수, 김은정(1994). 소집단 교수법의 전개유형이 유아의 과학적 능력과 과학적 의사소통능력에 미치는 영향. 유아교육연구, 14(2), 76~96.

신은수, 안경숙, 유윤영, 김은정(1996). **생활과 환경중심의 유아과학교육.** 양서원.

______________________(2000). **생활과 환경중심의 유아과학교육.** 양서원.

신은수, 안경숙, 김은정, 안부금(2008). **생활과 환경중심의 영유아과학교육.** 양서원.

안부금(2002). 구성주의 이론에 기초한 유아과학교육 교사 연수 프로그램의 개발과 효과에 관한 연구. 덕성여자대학교 대학원 박사학위논문.

안삼영, 김대희(1999). 독일에서의 생태학습장을 이용한 환경교육 사례연구. **환경교육, 12**(1), 365~377.

엄기영(1999). 21세기 창조적 지식기반 사회를 위한 한국 아동과학교육의 방향. 미래 유아교육학회 춘계 전국 학술 대회 자료집.

원소영 역(2005), 애나 글레이번 저. **클릭, 인체의 신비.** 승산출판사 .

유경숙(1999). 구성주의에 기초한 밀가루점토활동 구성 방식에 따른 유아의 과학적 개념, 과정기술 및 태도의 차이 분석. 중앙대학교 대학원 박사학위논문.

윤애희, 김온기, 이혜경(2007). **사고과정을 중심으로한 유아 수 · 과학교육.** 학지사.

이경민(2000). 상호작용적 교수법에 의한 과학교육이 유아의 과학적 개념, 탐구능력, 태도에 미치는 효과. 중앙대학교 대학원 박사학위논문.

______(2010). 역량있는 미래 인재 양성을 위한 유아교육의 비전–2010년도 춘계 학술 대회, 유아과학교육의 방향과 과제, 한국 영유아교원교육학회, 55~82.

이경우, 이정환(1989). **유아를 위한 과학교육.** 창지사.

__________(1995). **유아를 위한 과학교육.** 창지사.

이경우, 조부경, 김정준(2000). **구성주의 이론에 기초한 유아과학교육.** 양서원.

________________(2001). **유아과학 교수 방법.** 양서원.

이돈희(1999). 21세기와 통합교육. 한국유아교육협회, **유아교육,** 9~16.

이명숙(1991). 한국 유아교육과정의 변천에 관한 연구. 숙명여자대학교 대학원 박사학위논문.

이성묵 외 9인(2001). **중학교 과학1.** (주)금성출판사.

이수남(2001). 가정연계 과학활동이 유아의 호기심, 부모의 과학교육 태도 및 부모 – 자녀의 과학적 상호작용에 미치는 효과. 경희대학교 대학원 박사학위논문.

이숙재(1995). **유아를 위한 놀이 이론과 실제.** 창지사.

이연섭(1985). **유아교육과정.** 창지사, 58.

이영석, 이정화(2000). **영역별 포트폴리오 평가 방법의 적용원리와 실제.** 교육과학사.

이원영(1999). 유아교육에서의 통합의 의미. 한국유아교육협회, **유아교육,** 27~33.

이정환, 박은혜(1996). **교사를 위한 유아 관찰 워크북 II.** 사단법인 한국어린이 육영회.

이종희, 김선영 역(2001), **유아과학교육의 구성주의적 접근.** Christine Chaille · Lory Britain 저, 교육과학사.

임우진 역(2004), 닉 그래함 27. **인체.** KIZDOM.

임재택(1995). **상호작용론적 유아교육프로그램.** 창지사.

임청환, 권성기, 송명섭, 송남희 역(2001), Martin, D. J. 저. **초등과학교육.** 시그마프레스.

장명애(2003). **우리 몸의 구조와 기능.** 교원.

전영우 외(1999). **숲 체험 프로그램.** 수문출판사.

전형미(2000). 실험구성활동이 유아의 호기심과 과학적 문제해결력에 미치는 영향. 중앙대학교 교육대학원 석사학위논문.

정영목 역(2010), 랠프네이더 저. **열일곱개의 전통.** 재인.

정정희(1999). 유치원 아동을 위한 포트폴리오 수행에 관한 질적 연구. **교육인류학 연구, 2**(3).

정진희(2009). 삶에서 출발하는 유아과학교육"우리의 몸". 한국유아교육학회 대구 · 경북지회 2009 유치원 교원직무연수, 81~97.

조부경, 고영미, 남옥자(2009). **예비교사와 현직교사를 위한 유아과학교육.** 양서원.

조부경, 백운주(2001). 발달적 장학을 통한 유아교사의 과학교육에 대한 관점 및 교수 실제의 변화과정. **유아교육연구, 21**(1), 269~296.

조한무(1998). **수행평가를 위한 포트폴리오 평가.** 교육과학사.

조형숙(1999). 새로운 유아 과학 교수법의 이론과 실제. 한국유아교육협회, 교사연수회.

______(2009). 삶에서 출발하는 유아과학교육의 실제-2007 개정교육과정에 따른"삶에서 출발하는 유아과학교육". 한국유아교육학회 대구 · 경북지회 2009 유치원 교원직무연수, 1~12.

조희숙, 황해익, 김선옥, 허정선 역(1978), Vygotsky, L. S. 저. **사회속의 정신.** 성원사.

조희형(1994). **과학 - 기술 - 사회와 과학교육.** 교육과학사.

조희형, 최경희(2001). **STS 무엇인가.** 사이언스북스.

주민수(1999). 개념도를 적용한 구성주의 학습 전략이 개념학습과 과학적 태도에 미치는 영향. 전북대학교 대학원 박사학위논문.

중앙대학교 사범대학 부속유치원(1997). **활동중심통합교육과정.** 양서원.

지성애(1994). **유아를 위한 과학활동.** 한국유아교육협회.

지옥정(2000). **유아교육현장에서의 프로젝트 접근법.** 창지사.

지옥정 역(1997), Latz, L., & Chard, S 저, **프로젝트 접근법 : 교사를 위한 실행지침서.** 창지사.

최미현(2000) 생태 중심적 유아환경교육에 관한 기초연구. **미래유아교육학회지, 7**, 161~186.

최인숙(2001). **탐구하며 문제해결력을 키우는 유아과학교육.** 학지사.

______(2009). **과학주제 중심 다중지능통합교육.** 학지사.

홍찬의(2004). 자연 친화교육 : 바람. 한국유아교육협회, **유아교육 제27호,** 87~111.

______(2009). 자연 친화교육 : 바람. 한국유아교육협회, **유아교육 제27호,** 87~116.

황의명, 조형숙(2002). **탐구능력 증진을 위한 유아과학교육.** 정민사.

AAAS.(1993). ***Benchmarks for science literacy.*** New York : Oxford University Press.

Abbott, C.(1995). Child care center design and the potential of architecture. Paper presented at the annual conference of the Southern Early Childhood Association, New Orleans : LA.

Althoues, R.(1987). ***Investigating science with young children.*** New York : Teacher College Press.

Appelton, K.(1997). Analysis and description of students'learning during science classes using a constructivist-based model. ***Journal of Research in Science Teaching, 34***(3), 303~318.

Arter, J. A., & Spandel. V.(1992, Spring). Using portfolios of student work in instruction and assessment. ***Educational Measurement : Issues and Practice,*** 11(1). 36~44.

Atkinson, S., & Fleer, M.(1995). ***Science with reason.*** Portsmouth, NH : Heinemann.

Batgle, J.(1992). ***Portfolio assessment and evaluation.*** Creative Teaching press, Inc, Cypress, CA.

Biddulph, F., & Osborne, R.(Eds.)(1984). Making sense of our world : An interactive teaching approach. Hamilton, New Zealand : Science Education Research Unit, University of Waikato.

______________________(1983). Floating and sinking : Some teaching suggestions. Learning in Science Project(primary). Working Paper, 117. Hamilton, New Zealand : Science Education, Research Unit, University of Waikato.

Bitner, B. L.(1993). ACT science, C-base science, college science hours and predictors of preservice elementary teachers'attitude toward the teaching of science. ERIC. ED. 363508.

Black, A., & Ammon, P.(1992). A developmental-constructivist approach to teacher education. ***Journal of Teacher Education, 43***(5), 323~335.

Bradbard, M. R., & Endsley, R. C.(1980). Developing young children's Curiosity : A review of research with implications for teachers. ***Young children, 35,*** 21~32.

Braun, L.(1991). School drop-outs, Economics & Technology. Computing Teacher.

Bredekamp, S., & Copple, C.(1997). ***Developmentally appropriate practice in early childhood programs.*** Washington, D.C. : National Association for the Education of Young Children.

Brewer, J. A.(1995). ***Introduction to early childhood education : Preschool through primary grades.*** Boston : Allyn & Bacon.

Bruner, J. C.(1960). ***The process of education.*** Cambridge, MA : Harvard University Press.

Burstein, N.(1999). Redesigning teacher education as a shared responsibility of schools and universities. ***Journal of Teacher Education, 50***(2), 106~118.

Chaill, C. & Britain, L.(1991). ***The young child as scientist-A constructivist approach to early childhood science education.*** New York : Harper Collins publishers.

Chan, K., & Caral, K.(1992). Constructive activity in learning from text. ***American Educational Research Journal, 29***(1), 97~118.

Charlesworth, R. & Lind, K.(1999). ***Math and science for young children.*** Delmar Publishers.

Checkley, K.(1997). The frist seven and the eighth : A conversation with Howard Gardner. ***Educational Leadership, 55***(1), 8~13.

Clayton, M. K.(1989). Places to Start : Implementing the developmental classroom. Greenfield, MA : Northeast Foundation for Children.

Cobb, P.(1996). Where is the mind? A coordination of sociocultural and cognitive constructivist perpectives. In Fosnot, C. T. (Ed.), ***Construtivism : Theory, perpectives*** *and practice.* New York : Teachers College Press, 34~52.

Copple, C., Sigel, I. E., & Saunders, R.(1984). ***Educating the young thinker : Classroom strategies for cognitive growth.*** Hillsdale, NJ : Lawrence Elbaum.

Cowan, M. L.(1992). The effects of take-home science activitis on curiosity levels, attitudes towards science and parent/child interactions. A thesis submitted to the faculty of Graduates School of the University of Minnesota.

David, T. G., & Weinstein, C. S.(1989). The built environment and children's development, In Weinstein, C. S. and David,(Eds.) T. G. . Spaces for children : The built environment and child development. N.Y : Plenun Press, 3~18.

Dodge, D. T.(1992). ***Creative curriculum for early childhood.*** Washington, D.C. : Teaching Strategies, Inc.

Doherty-erkowski, G.(1995). ***Quality matters : Excellence in early childhood programs.*** NY : Addison-esly Publishers, Limited.

Eliason, C. & Jenkins, L.(1999). ***A practical guide to early childhood curriculum.*** Prentic-all, Inc.

Endsley, R. C., Hutcherson, M. A., Garner, A. P., & Martin, M. J.(1979). Interrelationships among selected maternal behaviors, authoritarianism, and preschool children's verbal and nonverbal curiosity. ***Child Development,*** 50.

Everwin, S. E. M.(1998), Organization and intergration of learning experiences in a curriculum : A case study. ***Journal of Curriculum Studies, 15***(2), 183~194.

Fensham, P. J., Gunstone, R. F., & White, R. T.(eds.)(1994). ***The content of science: A constructivist approach to its teaching and learning.*** London : The Falmer Press.

Fenton, G. M.(1996). Back to our roots in nature's classroom. ***Young Children, 51***(3), 8~12.

Fosnot, C. T.(1996). Constructivism : A psychological theory of learning. In Fosnot(Ed.), C. T. ***Constructivism : Theory, perspectives and practice.*** New York : Teachers College Press.

Gelman, R.(1979). Preschool thought. ***American Psychologist, 34,*** 900~905.

Gestwicki, C.(1997). ***The essential of early education.*** Albany, NY : Delmar.

Glaserfeld, E. Von(1987). ***Constructivism as scientific method.*** Pergamon Press.

Good, T. L.(1996). Teaching Effects and Teacher Evaluation, Sikula, J. et al(Eds.). ***Handbook of research on teacher education,*** 2nd ed., Association of Teacher Educations. New York : Macmillan Library Reference USA. 617~665.

Greenman, J.(1988). ***Caring spaces, learning places : Children's environments that work.*** Redmond, Washington : Exchange Press.

Harlan, J. D., & Rivkin, M. S.(2000). ***Science experiences for the early childhood years.*** Prentic-all, Inc.

Hawkins, D.(1965). Messing about in science. ***Science and Children, 2***(5), 5~9.

Henderson, A.(1987). ***The evidence continues to grow : Parent involvement improve student achievement.*** Columbia, MD : National Committee for Citizens in Education.

Henderson, J., & Hawthrone, R.(2000). ***Transformative curriculum leadership.*** Englewood Cliffs, NJ : Prentice Hall, Inc.

Holt, B. G.(1990). ***Science with young children.*** Washington D.C. : National Association for the Education Young Children.

Howe, A. C.(1993). Science in early childhood education. In Spodeck, B.(Ed.), ***Handbook of research on the education of young children.*** New York : Macmillan, 225~235.

__________(1996). Development of science concept within a Vygotskian frame work. ***Science Education, 80***(1), 35~51.

Hurd, P. D.(1985). ***A changing society : New perspectives for science education.*** Paper adapted from an address delivered at the PACE Seminar on Educational policy For a Changing California Economy, Sacramento, DA, June 14, 1984, Eric Document Number. ED 271311.

__________(1990). Guest editorial : Change and challenge in science education. ***Journal of Research in Science Teaching, 27***(5).

Inagaki, K.(1992). Piagetian and post-iagetian conceptions of development and their implications for science education in early childhood. Early Childhood Research Quarterly. 7, 115~133.

Ingram, A. V.(1982). ***The curriculum : Theory and practice.*** London : Harper and Row, Publishers.

Johnston, J.(1996). ***Early explorations in science.*** Buckingham, Philadelphia: Open University Press.

Kamii, C., & Devries, R.(1978). ***Physical knowledge in preschool education : Implications of Piaget's theory.*** Englewood Cliffs, NY : Prentice-all.

Kamii, C.(1985). ***Young children reinvent arithmetic: Implications of Piaget's theory.*** New York: Teachers College Press.

Koch, J.(1999). ***Science stories : Teachers and children as science learners.*** Boston : Houghton Mifflin Company.

Koran, J. Jr., & Longino, S. T.(1982). Curiosity and children's science learning. ***Science and Children, 20***(2).

Kostelnik, M. J.(1997). Spaces to learn and grow : Indoor environments in early childhood education. Samsung Conference.

Lally, R. J., & Stewart, J.(1990). ***A guide to setting up environments : Infant/toddler caregiving.*** Sacramento, CA : Center for Child and Family Studies, Far West Laboratory for Educational Research and Development, California Department of

Education.

Lee, J.(1995). Korean kindergarten teachers'conceptual understanding of mathematics instructional content. Doctoral dissertation. University of Wisconsin－adison.

Lind, K. K.(1996). ***Exploring science in early childhood : A developmental approach.*** Albany, N.Y. : Delmar

Lorsbach, A. & Tobin, K.(2002). Constructivism as referent for science teaching. Hom Page: http://www.exploratirium.edu/IFI/resources/research/constructivism.html

Martin.(2009). ***Elementary science methods : A constructivist approach,*** (5th ed.) CA : Wadsworth.

Maryann(1987). Science and the early childhood curriculum : Outthing heads to another. YoungChildren, Set.

Mattews, M. R.(2000). Appraising constructivism in science and mathematics education. In Phillips, D. C. ***Constructivism in education : Opinions and second opinions on controversial issues.*** Chicago : The University of Chicago Press.

McComas, W. F.(ed.)(2000). ***The nature of science in science education rationales and strategies.*** Boston : Kluwer Academic Publishers.

Miyake, N., & Hatano, G.(1991). Socio－ultural contraints and beyond. Advances in Japanese ***Congnitive Science, 4,*** 105～131.

Moore, R. C.(2000). Environment & safety for children : Children immersed in nature. The 8th international conference & exhibition, Samsung Conference.

Morine & Dershimer, G.(1991). Preservice teachers'conceptions of content and pedagogy : Measuring growth in reflective, pedagagical decision－aking. ***Journal of Teacher Education, 40***(5), 46～52.

Murphy, S., & Smith, M. A.(1990. Spring). Talking about portfolio. The quarterly of the national writing project and the center for the study of writing. CA : University of California.

Naisbitt, J.(1982). ***Megatrends.*** New york : Warner Books, Inc, 17.

National Research Council(1996). ***National science education standards.*** Washington, D.C. : National Academy Press. National Science Teachers Association(1992). Standards For Science Teacher Preparation. Rettrieved [Sep 10 2002] from http://www.nsta.org/main/pdfs/NSTAstandards1998. pdf.NSTA(National Science Teachers Association)(2002). Scope, Sequencecand Coordination of Secondary School Science. Vol 1. The Content Core: A Guide for Curriculum Developers. Washington, DC : NSTA.

Northwest Evaluation Association(1990). Writing portfolio assessment issues and concerns (Summerly). NWEA Writing Assessment Conference. Lake : Oswege. OR. Author.

Novak, J. D., & Staff. A. D.(1981). The use of concept mapping and Gowin's mapping instructional strategies in junior high school science. Itache, New York : Cornal University(ERIC Document Reproduction Service No. ED 200437).

Osborne, J.(1995). Science from a child's perspective(chp.3). ***Science with reason.*** Portsmouth, NH : Heinemann.

Piaget, J. & Inhelder, B.(1969). ***The psychology of the child.*** New York : Basic Books.

Piaget, J.(1962). ***The psychology of intelligence.*** New York : Harcourt, Brace and World.

________(1970). ***The envelopment of thought : Equilibration of cognitive structures.*** New York : Viking Press.

________(1972). ***Science of education and psycology of the child.*** New York : Viking.

________(1973). ***To understand is to invent : The futire of education.*** New York : Grassman.

Prochansky, E., & Wolfe, M.(1974). The Physical setting and open education. ***School Review, 82***(4), 557~574.

Robison, H. F., & Schwartz, S. L.(1982). ***Designing curriculum for early childhood.*** Boston : Allyn & Bacon.

Rutherford, F. J. & Ahlgren, A.(1990). ***Science for all americans.*** New York, NY : Oxford University Press.

Sagan, C.(1989). Why we need to understand science. Parade.

Saunders, W. L.(1992). The constructivist perspective : Implications and teaching strategies for science. ***School Science and Mathematics, 92***(3), 136~141.

Schifter, D., & Fosnot, C. T. (1993). ***Reconstructing mathematics education : Stories of teachers meeting the challenge of reform.*** New York : Teachers College Press.

Schon, D.(1987). ***Educating the reflective practitioner.*** San Francisco : Jossey-ass.

Seefeldt, Carol (1992). ***The early childhood curriculum.*** New York : Teachers College Press.

Stein, J.(Ed.).(1967). ***The random house dictionary of the english language.*** New York, NY : Random House.

Stickland, R.(1995). Starting science from talking, listening and questioning(chp.6). ***Science with reason.*** Portsmouth, NH : Heinemann.

Surbeck. E., & Kelly. M.(1991). History of preschool assessment in Bracken, B. A. ***The psychoeducational assessment of preschool children***(ed.). Boston : Allyn and Bacon, 1~77.

Therman, E.(1990). Research on science laboratory activities : In pursuit of better questions and answers to improve learming. ***School Science and Mathematics,*** 90.

Tobin, K. (1991). Learning how to teach science. Paper presented at annual of Southeastern Association for the Education of Teachers in Science, Stone Mountain, GA, 1991.

Vygotsky, L. S.(1978). Interaction between learning and development. In Steiner, V.(Ed.), ***Mind in society.*** Cambridge : Harvard University Press, 79~91.

____________(1978). In Cole, M. John-teiner, V. Scriber, S. and Souberman E.(Eds.).

Cambridge, MAO : Harvard University.

____________(1986). ***Thought and language.*** Cambridge, MA : MIT Press.

Wade, N.(1993). The good, bad and ugly Review of Bad Science : The Short Life and Weird Times of Cold Fusion by Gary Taubes Nataure, 364, 5.

Waite－tupiansky, S.(1997). ***Building understanding together : A constructivist approach to early childhood education.*** Delmar Publishers.

Webster Dictionary(1992). Lexicon publications. Inc.

Weinstein, C. S.(1987). Designing Preschool Classrooms to Support Development : Research and Reflection, In Weinstein, C. S. and David T. G. (Eds.). ***Spaces for children : The built environment and child development.*** NY : Plenum Press, 159~186.

Weinstein, C. S., & Mignano, A. J.(1997). ***Elementary classroom management : Lessons from research and practice.*** NY : McGraw－ill Companies, Inc.

Wertsch, J.(1979). From social interaction to higher psychological process. ***Human Development, 22,*** 1~22.

Wilson, R. A.(1995). Nature and young children : A natural connection. ***Young Children, 50***(6), 4~11.

____________(1996). The development of the ecological self. ***Early Childhood Education Journal,24***(2), 121~123.

Wittrock, M. C.(1992). Generative learning processes of the brain. ***Educational Psychologist, 27*** (4), 531~541.

Wood, D., Bruner, J., & Ross., G.(1976). The role tutoring in problem－olving. ***Journal of Children Psychology and psychiatry, 17.*** 89~100.

Wortham, S. C.(1998). ***Early childhood curriculum.*** New Jersey : Pearson Education, Inc.

Yager, R. E. & Tamir, P.(1993). Accomplishing STS instruction and the student learning that results. In Thirun–arayanan, M. O.(ed.), Handbook of science, technology and society, Volume 1 : A theoretical and conceptual overview of science, technology and society education. Tempa, Ariz. : Arizona State University, College of Education.

____________________(1993). STS approach : Reasons intension, accomplishment and outcomes. ***Science Edncation, 77***(6), 637~658.

Yager, R. E.(1996). ***Science/Technology/Society as Reform in science education.*** State University of New York, Press.

Yager, R., Tamir, P., & Mackinnu(1991). The effect of an STS approach on achievement and attitudes of students in grades four through nine. Manuscipt Submitted for publication.

Ziman, J.(1984). ***Teaching and learning about science and society.*** Cambridge : Cambridge University Press.

찾아보기

인명

내용

ㅈ

ㅊ

ㅌ

ㅍ

ㅎ

이기현

- 중앙대학교 사범대학 유아교육학과 졸업
- 중앙대학교 대학원 교육학 전공(교육학 석사)
- 효성여자대학교 대학원 교육학 전공(교육학 박사)
- University of Central Florida 유아교육과 객원교수
- 영남대학교 대학원 외국어로서의 한국어 교육전공(한국어 교육학 석사)
- 〈현재〉 대구대학교 사범대학 유아교육학과 명예교수

유아과학교육

1판 1쇄 인쇄 2016년 8월 25일
1판 1쇄 발행 2016년 8월 30일

지 은 이 | 이기현
발 행 인 | 강철원
발 행 처 | 양성원
주 소 | 경기도 파주시 월롱산로 71(야동동)
전 화 | 031-946-3861(代)
팩 스 | 031-946-3864
이 메 일 | tnwpub@naver.com
출판등록 | 2015년 8월 31일 제2015-000211호

ISBN 979-11-87118-74-9

정가 19,000원